ALEXANDRE DUMAS FILS

DE L'ACADÉMIE FRANÇAISE

THÉATRE
COMPLET
AVEC PRÉFACES INÉDITES

VI

MONSIEUR ALPHONSE
L'ÉTRANGÈRE

PARIS
CALMANN LÉVY, ÉDITEUR
ANCIENNE MAISON MICHEL LÉVY FRÈRES
3, RUE AUBER, 3
—
1896
Droits de reproduction et de traduction réservés.

THÉATRE COMPLET

DE

ALEXANDRE DUMAS FILS

DE L'ACADÉMIE FRANÇAISE

VI

CALMANN LÉVY, ÉDITEUR

ŒUVRES COMPLÈTES

D'ALEXANDRE DUMAS FILS
DE L'ACADÉMIE FRANÇAISE

Format grand in-18.

AFFAIRE CLÉMENCEAU. — Mémoire de l'accusé.....	1 vol.
ANTONINE...	1 —
AVENTURES DE QUATRE FEMMES..................	1 —
LA BOITE D'ARGENT.................................	1 —
CONTES ET NOUVELLES.............................	1 —
LA DAME AUX CAMÉLIAS...........................	1 —
LA DAME AUX PERLES..............................	1 —
DIANE DE LYS.......................................	1 —
LE DOCTEUR SERVANS..............................	1 —
ENTR'ACTES..	3 —
LE RÉGENT MUSTEL.................................	1 —
LE ROMAN D'UNE FEMME.........................	1
SOPHIE PRINTEMS..................................	1 —
THÉATRE COMPLET, avec préfaces inédites........	6 —
THÉRÈSE...	1 —
TRISTAN LE ROUX..................................	1 —
TROIS HOMMES FORTS.............................	1 —
LA VIE A VINGT ANS...............................	1 —

ÉMILE COLIN — IMPRIMERIE DE LAGNY

MONSIEUR ALPHONSE

PIÈCE EN TROIS ACTES

Représentée pour la première fois, à Paris,
sur le théâtre du Gymnase-Dramatique, le 26 novembre 1873.

A

ALEXANDRE PROTAIS

Mon cher ami,

Laissez-moi vous dédier cette comédie en souvenir des grosses émotions que je vous cause à chacune de mes pièces et surtout comme un témoignage de ma grande amitié pour vous.

A. DUMAS FILS.

PRÉFACE

J'ai lu beaucoup de livres, et j'ai entendu beaucoup de discussions d'où il résultait que les hommes ont une âme et que les animaux n'en ont pas. Si nous n'attribuons au mot âme que ce sens général : principe de la vie, de la pensée et de la volonté chez l'homme, nous reconnaîtrons tout de suite que l'homme a, en moyenne, moins d'âme que l'animal. En effet, la seule supériorité de celui-là sur celui-ci, jusqu'à nouvel ordre, est d'avoir donné, de la vie, de la pensée et de la volonté, une définition dont il a exclu tous les autres êtres animés, sans se demander si ces êtres n'usent pas beaucoup mieux que lui de ces facultés dont il s'attribue le privilège.

Pour prendre les choses à leur principe même, l'amour, qui est la source de la vie et qui a, par conséquent, une si grande action sur la pensée et la volonté des hommes, est de même manifestation physique et surtout de même résultat matériel chez tous les êtres organisés vivant à la surface de la terre; de plus, il a cet avantage qu'il fait partie de ce qu'ils n'ont besoin d'apprendre ni les uns ni les autres.

La seule différence à constater entre l'amour auquel obéit l'animal et l'amour auquel obéit l'homme, c'est que l'animal cède à un besoin physiologique qui a ses intermittences et ne remplit qu'une fonction mécanique qui a ses limites, tandis que l'homme suit, dit-il, un entraînement à la fois physique et moral que le sentiment, l'intelligence et l'idéal ont mission d'ennoblir. Chez l'animal, l'amour n'a pour but que la reproduction et la perpétuité de l'espèce; chez l'homme il constitue une entente secrète mais positive, une solidarité consciente avec le Créateur. Une fois le besoin satisfait, une fois l'acte accompli, sous certaines influences de saisons et de contrées, l'animal perd tout souvenir de la sensation perçue, il rompt tout lien avec son conjoint, et, au bout d'un certain temps, avec son produit; il ne distingue plus son ascendant de son descendant, et il recommence, à des époques déterminées, avec d'autres individus de son genre, quelquefois avec ceux dont il est issu ou qui sont issus de lui, cet acte de la génération dont il paraît éprouver alors d'autant plus le besoin qu'il en avait plus perdu la mémoire. L'homme, au contraire, doué d'intelligence et investi de liberté, dispose, pour l'amour, de toutes les saisons et de toutes les latitudes. La compagne qu'il s'est choisie librement et volontairement reste pour lui l'épouse unique et définitive, et les enfants qui viennent se joindre, par lui et par elle, aux hommes et aux femmes dont ils sont nés tous deux, forment la famille indissoluble, éternelle, sacrée qui relie l'humanité à Dieu.

La procréation chez l'homme, étant libre et préméditée, se rattache ainsi à la création divine, puisque non seulement cette procréation donne une forme matérielle et animée au produit, mais qu'elle lui communique cette intelligence, cette pensée et cette volonté qui, si elles sont développées comme elles méritent, comme elles ont le droit de l'être, complèteront l'âme et la feront communier avec le principe inépuisable et infini. En un mot, l'amour, dans toutes les acceptions supérieures du mot, est l'agent qui, mis au service de l'homme par Dieu, ramène à Dieu l'homme après qu'il a rempli sur la terre sa quadruple mission d'être organisé, intelligent, sensible et producteur.

Tels sont ou à peu près les arguments de ceux qui attribuent une âme à l'homme et en refusent une à l'animal.

Si l'humanité suivait cette loi de l'amour, du travail, de la famille, de la responsabilité mutuelle, si bien définie dans le christianisme, la grande vérité serait bientôt connue, et l'alliance avec Dieu serait bientôt faite; après quoi notre monde serait appelé très probablement aux conseils divins et nous participerions bien vite, avec connaissance des causes qui nous sont cachées aujourd'hui, au gouvernement et à la direction de l'univers; mais nous ne sommes pas près d'atteindre à cet état supérieur, et, en attendant, malgré le grand mépris que les hommes ont pour les animaux, nous voyons plus souvent ceux-ci s'acquitter de leur fonction jusqu'au bout que nous ne voyons ceux-là remplir leur mission jusqu'à la fin.

Parmi les animaux, toutes les femelles, dont les soins sont nécessaires à leurs petits, donnent ces soins à leur progéniture. Il faut un cas de force majeure, une persécution de l'homme par exemple, pour qu'une ovipare abandonne sa couvée ou qu'une mammifère, même dans l'ordre des carnassiers, délaisse ou tue ses petits. Et, de plus, nombre de volatiles couvent pieusement des œufs qu'ils n'ont pas pondus, et nombre de mammifères donnent leur lait à des animaux, y compris l'homme, qu'ils n'ont point engendrés.

Quel autre spectacle nous offrent les intelligents humains! Combien d'hommes qui, le besoin satisfait, le plaisir épuisé, tournent le dos à leur conjointe momentanée, sans s'inquiéter des conséquences de l'acte qu'ils viennent d'accomplir, et se mettent aussitôt en quête d'une nouvelle forme de femme, auprès de laquelle ils pourront retrouver cette sensation agréable, mais passagère, qu'ils voudraient bien rendre à la fois ininterrompue, variée et gratuite. Les moineaux, qui sont les plus mal famés parmi les oiseaux, passent pour en faire autant; mais au moins aident-ils la femelle qui s'est laissée convaincre à faire le nid, et vont-ils lui chercher, pendant qu'elle couve, des vers et des mouches. Le mammifère mâle est plus indépendant, et, si le chien s'est fait la réputation de l'animal le plus intelligent après l'homme, c'est sans doute parce qu'il y a entre le plus grand nombre des hommes et lui une certaine ressemblance quant à la façon de comprendre l'amour. En général, le propriétaire de la chienne sinon compromise, du moins abandonnée par un chien qui passait et qu'on n'a plus revu, jette à l'eau les trois quarts des petits qu'elle a mis bas, et ne garde que ceux qui lui servent ou qu'on lui demande. Quelque désir, pour des raisons réputées excellentes, que les sociétés aient de se débarrasser de la même façon des enfants nés de messieurs qui passaient et qu'on n'a pas revus, il a fallu s'abstenir, du moins ostensiblement, de ce moyen facile, économique et sommaire. On ne tue donc pas publiquement les enfants quand on les trouve trop nombreux et trop coûteux, on se contente de les laisser mourir ou tuer par des mammifères à forme humaine qui leur ont donné le jour, on ne sait pas pourquoi, puisqu'ils le leur reprennent aussitôt. Ce procédé est un peu plus long, mais en somme cela revient à peu près au même, et le budget y trouve son compte.

L'économie, en y regardant bien, n'est malheureusement pas encore aussi certaine qu'elle paraît l'être au premier abord, parce que des agents trop zélés, au nom de je ne sais quelle morale dite à la fois naturelle et divine, ayant connaissance de ces infanticides, les dénoncent quelquefois, et qu'il faut payer des magistrats pour juger ces mères indépendantes, des geôliers pour les garder, des cantiniers pour les nourrir, des bourreaux pour leur couper la tête, bien qu'on les condamne rarement à mort, peut-être parce que, malgré la loi respectable qui innocente et protège le père, il ne semble pas à tout le monde que l'homme, dans cette circonstance, doive jouir seul de l'immunité.

Je ne vois pas très bien ce que devient, et surtout ce que fait l'âme, attribut divin de l'homme, dans ces sortes de combinaisons ignorées des animaux. Nous admettrons donc, si le voulez bien, qu'il y a un certain nombre d'hommes qui font leur devoir, qu'il y en a un beaucoup plus grand nombre qui ne le font pas, en ceci comme en une foule d'autres cas et circonstances, et que cette âme en question n'est la qualité que de quelques-uns, lesquels s'efforcent, par le travail, par les vertus, par l'exemple, par la parole, par l'action, par l'écriture même, de la communiquer à ceux qui ne l'ont pas encore.

Cependant le spectacle des passions, des vices, des erreurs, des fautes, des crimes humains ne doit pas plus nous émouvoir outre mesure qu'il ne doit nous décourager complètement. Les vérités morales sont parfaitement connues des hommes; ils le déclarent du moment qu'ils prétendent pratiquer une des nombreuses religions où ces vérités sont promulguées et ordonnées, et s'ils prévariquent, c'est qu'ils ont espéré trouver dans la prévarication des satisfactions et des jouissances plus grandes que dans l'accomplissement des devoirs prescrits. Il y a eu là, de leur part, une sorte d'arbitrage dont ils ont toute la responsabilité, et un aléa dont ils ont perdu le droit de se plaindre, s'il tourne contre eux. Ils ont espéré être heureux plutôt par le mal que par le bien, leur combinaison n'a pas réussi, tant pis pour eux; ils m'intéressent peut-être comme observateur, ils ne m'émeuvent pas plus qu'il ne convient. Au milieu de toutes les catastrophes qui résultent des inepties humaines, il n'y a qu'un être véritablement intéressant qui mérite que l'on vienne toujours, sans cesse et sans restriction, à son secours, parce qu'il peut être toujours malheureux sans avoir jamais été coupable., c'est l'enfant.

Eh bien, par une inconséquence qui met le comble à l'illogisme et à la culpabilité des hommes et des lois qu'ils font, c'est contre cet être faible, ignorant, innocent, digne de tous les amours, de tous les respects, de toutes les pitiés et de toutes les protections, c'est contre ce petit être sans défense, que les sociétés s'acharnent avec une férocité sauvage, quand il naît dans de certaines conditions dont il ne peut jamais être responsable; c'est à lui qu'elles font payer alors toutes les fautes dont elles déchargent ses générateurs.

A cet enfant auquel, lorsqu'il sera arrivé à l'âge de raison, s'il y arrive, malgré tous les obstacles que lui crée le milieu où il naît, à cet enfant auquel les lois et les sociétés demanderont l'accomplissemaut de tous les devoirs, ces dites sociétés et lois ne reconnaissent qu'une partie des droits acquis aux autres hommes; elles ne lui en reconnaissent quelquefois aucun, pas même le premier de tous, le droit de vivre. Tout en se faisant une gloire de donner la mort au plus grand nombre possible d'individus des autres pays, car ce sont les armées les plus nombreuses, les plus fortes et les plus meurtrières qui constituent et constitueront longtemps encore les plus grandes civilisations, ces mêmes lois ne font même pas ce raisonnement bien simple qu'il serait de l'intérêt moral et économique des sociétés de protéger sérieusement la vie des enfants qui naissent dans les milieux quels qu'ils soient qu'elles régissent, puisqu'elles auront besoin un jour de ces enfants pour produire le plus grand nombre possible de défenseurs et pour tuer le plus grand nombre possible des voisins en question.

Tous les êtres sont conçus de la même façon, ils viennent au monde de la même manière, ils vivent et se reproduisent par les mêmes procédés, ils meurent par les mêmes phénomènes; il y a là une égalité naturelle qui devrait éclairer le législateur et pénétrer la loi. Ce n'est pas tout; la religion que nous pratiquons dans nos pays soi-disant civilisés, cette religion dont le dernier révélateur a voulu naître, dit la légende, dans une étable parmi les plus obscurs, les plus pauvres et les plus persécutés, cette religion que le législateur invoque toujours, aurait dû lui inspirer quelque justice pour les enfants qui naissent dans des conditions analogues à celles de l'enfant Dieu. Le doux pasteur des âmes, à qui on n'a jamais connu d'autre père que Joseph, père adoptif, et Dieu, père invisible, n'est-il pas le type divin de l'enfant naturel, et, s'il est venu sur la terre, n'est-ce pas pour affirmer, étendre, consacrer la loi de Moïse, ce type par excellence de l'enfant abandonné? En présence de pareilles traditions, le législateur chrétien eût dû prendre quelque souci des enfants naturels et des enfants abandonnés, lesquels ont beaucoup le droit et un peu la gloire de pouvoir revendiquer comme ancêtres Moïse et Jésus.

Il n'en va pas ainsi. Voici ce que fait le législateur; il se dit :

« Pour donner la vie à un être humain, que faut-il? Un homme et une femme. Si cet homme et cette femme sont unis par le mariage, ce sera très moral et je défendrai les droits de l'enfant même contre eux, le cas échéant; mais s'ils ne sont pas unis par le mariage, ce sera très immoral, et je devrai sévir. Quel est, dans ce second cas, le plus coupable des trois : du père, de la mère ou de l'enfant? C'est incontestablement le père, puisqu'il ne court aucune chance physique ou morale, qu'il n'a d'autre but que de satisfaire sa curiosité, son désir, ses sens. Eh bien, puisqu'il n'a pas de responsabilité physique ni morale, je vais le libérer de toute responsabilité matérielle et sociale. Je le mets hors de cause (car je suis homme, moi aussi, et l'on ne sait pas ce qui peut arriver à moi ou à quelqu'un des miens mâles), et ni la femme qu'il a rendue mère, ni l'enfant qu'il a volontairement appelé à la vie ne pourront rien lui réclamer. Il veut rester inconnu et libre, il restera inconnu et libre ; il veut pouvoir, s'il est constitué pour cela, donner ainsi le jour à des centaines d'enfants sans que personne ait le droit de lui dire quoi que soit, que ce droit lui soit acquis.

» La femme est-elle moins coupable que cet homme ? Évidemment ; l'homme qui prend possession d'une femme sait toujours quelles conséquences cet acte peut avoir ; la femme, la jeune fille surtout, qui s'abandonne à cet homme ne le sait pas toujours. En tous cas, ce qui la fait moins coupable, c'est qu'elle est plus exposée, que son honneur et sa vie sont en jeu et qu'elle ne pourra cacher qu'elle a commis une faute qu'en trompant ou en détruisant !

» La femme étant moins coupable que l'homme, moi, législateur, puisque je n'ai pas puni l'homme, et qu'il faut cependant qu'il y ait punition, puisqu'il y a eu contravention aux lois morales, sociales et religieuses, je vais punir la femme. De même que j'ai reconnu à l'homme le droit de l'abandonner, je vais reconnaître à l'enfant le droit de la poursuivre, pendant que la société se sera arrogé le droit de la mépriser et de l'exclure.

» Reste l'enfant, qui est absolument innocent, lui, qui n'a pas demandé à naître, qui n'a jamais rien fait de mal, excepté, à ce qu'il paraît, comme nous tous, des milliers d'années avant de naître, par l'entremise d'Adam, et qui n'a aucun moyen de se défendre et de se protéger. Qu'il se prépare, cet innocent, ce faible, ce pauvre ! car c'est sur lui que je vais frapper. Écoute donc bien ceci, avant de naître, et que cela te décide, si tu as quelque bon sens, à ne pas venir au monde :

» Si tu es un enfant naturel non reconnu, tu n'auras aucune revendication morale ni sociale à exercer contre ton père, quelques preuves que tu aies de sa paternité. Tu auras droit, si tu peux prouver ta filiation, à des aliments comme le cheval qui traîne sa charrette ou le chien qui garde sa maison; mais tu pourras rechercher ta mère? Quand cela? Quand tu seras arrivé à l'âge où l'on sait ce que l'on fait, si tu as une pièce écrite et si tu peux prouver que tu es bien le même enfant qui est sorti de ses entrailles. — Comment vivrai-je jusque-là? — Comme tu pourras, cela ne me regarde pas. En attendant, si tu vis et que tu te conduises mal, tu auras beau me dire que tu n'as eu ni famille, ni éducation, ni argent, ni morale, ni métier, je te mets en prison. Si tu n'es pas en prison quand tu atteindras vingt et un ans, j'interviendrai enfin dans ta vie, je te ferai soldat, et je t'enverrai défendre la patrie, la famille et le foyer des autres. Si tu veux te soustraire à cette loi, je te fais arrêter; si tu désertes, je t'envoie au bagne; si tu lèves la main sur ton caporal, je te fusille. Va, mon garçon.

» Si tu es un enfant naturel reconnu, tu auras droit d'exiger de tes parents le gîte en plus de la nourriture; mais s'ils t'ont fait apprendre un métier manuel, ils ne te devront plus rien. A leur mort, quand leur père, leur mère, leurs frères, leurs sœurs, leurs neveux et leurs nièces se seront partagé l'héritage, on te donnera quelque chose, selon le nombre des ascendants ou des collatéraux, ou des descendants légitimes qui auront pu venir après toi. Si ton père, t'ayant reconnu, veut te laisser la totalité de sa fortune, il ne le pourra pas au détriment des parents ci-dessus nommés; mais il pourra la laisser, sauf la petite part que nous te reconnaissons, au premier étranger venu.

» Si tu es adultérin ou incestueux, c'est-à-dire si tes générateurs sont encore plus coupables et si tu es encore plus malheureux, ma vengeance contre toi n'aura plus de bornes. Non seulement tu ne pourras jamais rechercher ton père, mais il te sera interdit de rechercher ta mère, tu ne pourras jamais être reconnu, tu n'auras ni nom ni état civil, mais tu seras tout de même soumis à tous les devoirs du citoyen et à toutes les charges du soldat.

» Si tu es du sexe féminin au lieu d'être du sexe masculin, c'est encore plus simple : le suicide ou la prostitution ; la rivière ou le trottoir. »

Pour parer un peu à toutes ces conséquences, à toutes ces injustices et à toutes les catastrophes qui en découlent, nous avions fondé, jadis, des maisons hospitalières avec un mécanisme appelé tour, où la mère sans ressources pouvait venir incognito déposer son enfant et, grâce à certains signes, le reprendre plus tard, si quelque bonne chance lui permettait le repentir. Cela pouvait ainsi faire, surtout dans l'enfance et la première jeunesse, une famille de tous ceux et à tous ceux qui n'en avaient pas.

Nous avons supprimé cela, c'était trop chrétien et surtout trop cher. Et puis, des personnes pieuses ont jugé que c'était un encouragement à la débauche et à la corruption, parce que quelques femmes adultères ou incestueuses avaient ainsi caché le fruit de leur faute, ou que des époux légitimes même, malgré le sacrement et le contrat, mettaient à notre charge le fruit de leurs conjonctions légales. Nous avons donc remplacé ce foyer anonyme et toujours ouvert par un asile où il faut que la mère déclare son nom avec la preuve qu'elle est sans ressources, ou bien par un secours mensuel à la fille mère pour qu'elle nourrisse elle-même son enfant, secours dérisoire, cela va sans dire, qui prétend, moyennant sept ou huit francs par mois, inoculer l'amour maternel aux créatures qui ne l'ont pas. Nous avons ainsi obtenu une grande diminution dans nos dépenses, parce que nous avons provoqué ainsi une grande augmentation dans la mortalité. Ces mères assistées empochent le premier mois de secours, ce qui est toujours ça, et laissent ensuite mourir leurs enfants faute de soins et de nourriture. Puis les avortements et les infanticides nous sont venus en aide ; c'est tout bénéfice, comme vous voyez : le budget est moins grevé ; nous sommes débarrassés de tous ces enfants de l'amour qui demandaient à manger, et nous avons le droit de dire que nous avons fait de notre mieux, en appelant la charité au secours du sentiment maternel[1].

Or, si vous avez lu la note ci-jointe, vous ne serez pas très étonné d'apprendre que, pour peu que les choses continuent de la sorte, dans six cents ans (on a fait le calcul), il n'y aura plus de Français ; ce qui ne laissera pas que d'être agréable à ces voisins que nous continuons en même temps à vouloir exterminer.

En face de cette éventualité qui semble nous être parfaitement indifférente, à nous, il est certain que ce n'est ni avec des conseils, ni avec des statistiques, ni avec des préfaces surtout, que l'on modifiera les mœurs et les passions des sociétés ; il y faut des obstacles, des châtiments, des dérivatifs dont les lois seules ont la disposition. Comment espérer que l'homme poussé, enivré

---

[1]. En 1832, le nombre des inculpés d'avortement ou d'infanticide était de 885 ; en 1862, il était de 1720. Et combien d'avortements et d'infanticides restés inconnus ! Il faut aussi ajouter à ce chiffre celui des enfants mort-nés illégitimes, c'est-à-dire de ceux que les découvertes scientifiques modernes permettent d'aller tuer avant qu'ils naissent dans le sein de leur mère, et sans que le crime laisse de traces. Ces enfants mort-nés étaient en 1839 de 27 490 ; en 1873 (après la perte de deux provinces et l'abaissement de la population de 38 millions à 36 millions), ils ont été de 44 487. Enfin, sur la totalité des naissances, la proportion des mort-nés de 1865 à 1873 a été de 1 sur 19 pour les naissances illégitimes ; cette proportion a été de 1 sur 11 en 1874. Sur un chiffre de 781 000 naissances, on a compté près de 45 000 mort-nés, où le crime s'en donne certainement à son aise. De 1868 à 1870, la mortalité des enfants illégitimes s'est élevée dans une proportion de 100 à 207 ; il meurt chaque année en France de 100 000 à 120 000 enfants envoyés en nourrice, 50 000 enfants trouvés, 50 000 dans les premiers mois de leur retour dans la famille, c'est-à-dire un total de 200 000 à 220 000 enfants par an, enfin, sur 1 million d'enfants qui naissent par an, chez nous, il en meurt du jour de leur naissance à la première année accomplie 360 000. (Consulter à ce sujet le livre du docteur Brochard : *la Vérité sur les enfants trouvés* et le rapport de M. Bérenger au Sénat sur le rétablissement des tours.)

par le désir le plus naturel, fasse tout à coup, dans l'intérêt d'un enfant qui ne naîtra peut-être pas, un retour violent sur lui-même, le délit étant doux, l'impunité étant assurée. Il cède donc, et le drame commence, non pour lui qui se tire presque toujours d'affaire par des moyens de comédie, mais pour la femme. Peut-on imaginer que la nature ait vraiment voulu cette injustice, que tout le plaisir soit pour l'un des deux, et tout le danger, toute la fatigue, toute la douleur soient pour l'autre ? Non. Si la nature a dispensé immédiatement celui-là des conséquences qu'elle impose immédiatement à celle-ci, c'est qu'elle a besoin de cette première force, redevenue subitement disponible pour aider à la mère et à l'enfant. Cette force devra veiller sur cette faiblesse qu'elle a vaincue, l'abriter, la défendre contre ce qu'elle ne saurait combattre toute seule, lui alléger le travail extérieur, pour que toutes ses énergies se concentrent sur l'enfant et pour que celui-ci puisse vivre, puisqu'on lui a donné la vie sans qu'il la demandât. L'homme qui se soustrait aux conséquences de la paternité, c'est-à-dire d'un acte qu'il a volontairement et sciemment accompli, est un réfractaire mille fois plus coupable que celui qui se soustrait au service de la patrie, puisque le premier savait qu'il allait se donner un plaisir sans danger, tandis que l'autre a toute raison de croire qu'il ne court que la chance d'un danger sans plaisir. La société devrait donc sévir aussi rigoureusement contre l'un que contre l'autre, parce que l'un et l'autre lui causent un dommage réel. Elle ne veut pas, elle veut innocenter le père ; alors, qu'elle s'occupe de l'enfant ! Elle ne veut pas davantage ; alors elle devient la complice du père. Qu'elle s'attende donc à ce que l'enfant, s'il vit, ne pouvant pas s'en prendre à lui, s'en prenne à elle ; et c'est probablement parce qu'il y a danger pour elle à ce que cet enfant vive dans ces conditions-là, qu'elle permet tout ce qu'il faut pour qu'il meure le plus promptement possible.

Car la mort de ces malheureux est, pour tout dire, ce que semblent souhaiter, au fond, le législateur, l'économiste, le membre de la commission du budget, l'agent de l'administration, et, le plus souvent, les pères et les mères, aussi embarrassés les uns que les autres de toutes ces existences très irrégulières et, en apparence, inutiles. Nous l'avons déjà dit autre part, et nous le répétons ici parce qu'on ne saurait trop répéter une vérité qui n'a encore servi de rien, et que combattent avec succès certaines banalités sentimentales et d'une circulation facile, « l'amour maternel est divin, quand il existe, mais il est beaucoup plus rare qu'on ne le croit, et surtout qu'on ne le dit ».

Lorsque nous énonçons cette vérité devant des honnêtes femmes, elles s'élèvent toutes contre ce qu'elles appellent un paradoxe impie, et déclarent que nous ne savons pas ce que nous disons, que nous n'avons pas de cœur nous-même, en niant le sentiment, non seulement le plus indiscutable, mais le plus naturel qui existe. Ces honnêtes femmes se trompent, le plus sincèrement du monde, et justement parce qu'elles sont des honnêtes femmes. Elles éprouvent toutes, j'en suis convaincu, ce sentiment qu'elles défendent avec tant de véhémence, mais ce n'est pas une raison pour affirmer qu'il est indiscutable ni même naturel, c'est-à-dire qu'il existe par lui-même, quand même, partout et toujours, quelles que soient les conditions environnantes. Aimer les enfants, désirer en avoir beaucoup, n'est pas un besoin inné chez toutes les femmes. L'amour maternel peut donc être ou ne pas être selon certaines circonstances, et il ne suffit pas d'une femme qui engendre et d'un enfant qui naît pour le produire nécessairement. Au contraire, la nature peut très bien avoir poussé irrésistiblement à la fonction et rester impuissante à imposer le sentiment, et il se présentera bien souvent, trop souvent, des cas où la conception, au lieu de produire l'amour, produira la haine pour l'enfant, et où la mère, loin de se réjouir de la naissance, souhaitera, résoudra, provoquera la mort de l'être à qui la nature l'a contrainte de donner la vie.

« Cette femme-là est un monstre, direz-vous, qui n'était ni capable ni digne de devenir mère. »

Qu'en savez-vous? Elle serait peut-être mère et excellemment dans les conditions opposées à celles où elle se trouve. En attendant que j'arrive aux preuves que j'ai à donner de mes affirmations, croyez-vous que ce soit pour avoir des enfants que toutes les jeunes filles veulent se marier, croyez-vous même qu'il y en aurait autant qui se marieraient, si elles savaient, avant le mariage, quelles épreuves la maternité leur réserve? Êtes-vous sûr qu'une fois mariées, elles aimeront leurs enfants au-dessus de tout, qu'elles en concevront autant qu'elles pourraient en concevoir, et que des considérations de fortune, de position, de calcul, de plaisir même, ne viendront jamais se mettre en travers de la maternité possible? Que devient cet amour maternel, naturel et indiscutable, dans toutes ces occurences, et s'il peut en être ainsi dans les situations normales, que sera-ce donc dans des situations irrégulières?

Oui, la nature a établi de certaines lois indiscutables qu'elle impose à l'homme quelles que soient les raisons que celui-ci croirait avoir de les enfreindre ou de s'y soustraire. La nature veut absolument que l'homme mange, qu'il boive, qu'il dorme, qu'il respire. Elle a des raisons pour qu'il en soit ainsi, et bien qu'elle ne me les dise pas, je suis certain qu'elles sont meilleures que celles que l'homme pourrait avoir de faire autrement, et la preuve c'est qu'il s'y soumet. Mais il est d'autres lois que la nature ne fait qu'indiquer à l'homme, qu'elle ne lui impose pas absolument, et que son libre arbitre peut éviter, contrecarrer, fausser, telles que le travail, l'amour, la reproduction de l'espèce. Si l'homme ne veut ni manger, ni boire, ni dormir, ni respirer, il meurt ; mais, dans de certaines conditions, il peut se dispenser de travailler, de se reproduire et d'aimer ; il n'en meurt pas nécessairement. Ce sont ceux qui travaillent et qui aiment, qui ont voulu constituer la famille, qui en meurent quelquefois. Oui, la nature demande que les pères et les mères aiment et élèvent leurs enfants, c'est bien certain. Comment se fait-il donc que tous les pères et toutes les mères n'obéissent pas à cette loi naturelle si facile, si douce, si pleine de joies et de récompenses pour ceux qui la suivent ? C'est qu'à chaque instant la loi sociale vient heurter et contredire la loi naturelle, et que, dans cette lutte, la loi naturelle est toujours vaincue.

Que dit la loi naturelle à l'homme pubère ? « Engendre » ; à la fille nubile ? « Conçois ». Que leur dit la loi sociale ? « Engendrez et concevez, mais unis éternellement par le mariage, ou vous me trouverez contre vous. »

Cette loi sociale est-elle la conséquence logique de cette loi naturelle ? Pas le moins du monde.

Voici comment procède la loi naturelle chez l'homme qui est l'initiateur : d'abord le désir physique de posséder la femme ; — auquel succède la possession résultant du désir ; — puis le plaisir résultant de la possession ; — puis l'enfant *pouvant* résulter du plaisir ; — et l'amour pour la femme et l'enfant *pouvant* résulter du tout...

Je ne vois rien là qui implique logiquement le mariage, surtout précédant tous ces phénomènes. Je comprendrais qu'un homme qui a désiré, possédé, fécondé une femme, qui a reçu d'elle le plaisir, l'enfant et la révélation de l'amour, je comprendrais que cet homme voulût s'associer éternellement cette femme et l'épousât, pour s'assurer, autant que possible, cette possession, ce plaisir, ce sentiment, cette famille ; c'est ce que font la plupart des hommes de la campagne qui sont plus près que nous de la nature et par conséquent de l'instinct, mais ce n'est pas ce que nous faisons, nous hommes des villes, qui nous disons plus près de la civilisation. Donc, si nous voulons rester en dehors des lois sociales quant à l'amour et ne suivre que les lois naturelles, nous voyons ces lois naturelles nous inspirer le désir, nous rendre énergiques pour arriver à la possession, et nous donner le plaisir. Jusque-là tout va bien. Puis tout à coup, si l'enfant apparaît et que nous voyions qu'il va falloir engager notre avenir, notre fortune, notre liberté, nous trouvons que cela ne se déduit plus aussi logiquement, et nous nous dérobons aux conséquences des lois naturelles avec d'autant plus de facilité que nous trouvons les lois sociales toutes disposées à nous venir en aide en laissant peser toute la responsabilité de notre initiative sur la femme et l'enfant, sans aucun recours contre nous.

Voilà donc l'enfant privé de l'amour paternel, si naturel que soit aussi cet amour pour les hommes honnêtes. Il va lui rester l'amour maternel pour le protéger.

Pourquoi celui-ci existerait-il plus que celui-là? S'il se manifeste dans ces conditions, il va être pour la femme la preuve de sa faute, il va entraîner pour elle le déshonneur certain. Cette femme, quatre-vingt-dix-neuf fois sur cent, ne va plus avoir qu'une idée, idée fixe, tournant à la manie : se soustraire à ce déshonneur, à ces charges et, disons le mot, — puisque c'est celui qu'elle invoquera pour se justifier le jour où la société lui demandera des comptes, — et à cette injustice. Que va devenir l'amour maternel dans le conflit? D'ailleurs prévoyait-elle seulement l'amour maternel, cette fille, quand elle s'est donnée sans mariage à cet homme? Non; car il était tacitement convenu, entre la confiance de l'une et la *Probité* de l'autre, que l'enfant serait évité. S'il arrive, ce n'est que par l'inadvertance de la première et l'égoïsme du second. Est-ce justement quand l'enfant va surgir comme un danger, comme une honte, que l'amour maternel va se faire jour dans le cœur de cette créature menacée de toutes parts? Il faudrait n'avoir jamais réfléchi une minute à toutes ces questions, il faudrait n'avoir jamais assisté à une de ces catastrophes pour ignorer que, sur dix mille filles pauvres qui ont encore quelque pudeur et qui donnent naissance à un enfant illégitime, il n'y en a pas une qui ait souhaité cet enfant, à moins que le père ne soit riche ou honnête, et que ce malheur ne doive faire espérer à la mère ou le bien-être ou le mariage. En dehors de ces deux hypothèses, non seulement elles n'éprouveront pas pour cet enfant ce sentiment maternel, déclaré si naturel et si indiscutable, mais, du jour où l'enfant se sera annoncé, il aura inspiré l'épouvante, la colère, la haine.

Quant aux femmes riches et honorées qui ont un amant, et que la nature avertit tout à coup que la maternité va venir, sans qu'aucun subterfuge puisse la rendre légitime, avons-nous besoin de définir le sentiment qu'elles éprouvent, à cette nouvelle, pour le malencontreux petit être qui vient ainsi compromettre la réputation, l'honneur et la situation de sa mère? Voulez-vous savoir ce qui se passe non pas dans le cœur, qui n'a plus rien à faire ici, mais dans l'esprit d'une de ces femmes en face de la maternité irrégulière et déshonorante? Dès qu'elle en a le soupçon, elle pâlit comme à l'annonce du plus grand malheur, puis immédiatement elle se met à espérer qu'elle se trompe. S'il lui est démontré qu'il n'y a pas de doute possible, elle commence à compter sur un accident naturel, ou, s'il le faut, à le provoquer. Si cet accident naturel ne survient pas, malgré les espérances, les prières, les vœux, les longues courses à pied, en voiture, à cheval, les sinapismes et les sangsues, cette femme passe du regret de la faute à la pensée du crime, elle se fait à l'idée de risquer sa vie pour que l'enfant ne vive pas. La créature immonde qui pratique des manœuvres clandestines au fond de quelque bouge ignoble apparaît dans le cerveau troublé de cette mère comme l'ange rayonnant du salut; si elle recule devant ce crime, ce qui n'arrive guère que si ses alentours le lui rendent impossible ou aussi compromettant pour elle que le fait tant redouté, elle cherche les moyens de disparaître le temps nécessaire sans éveiller les soupçons, mais avec la secrète espérance que l'enfant mourra dans le passage du néant à la vie; si, malgré tout, l'enfant s'obstine à naître, elle n'a qu'une idée, qu'on l'emporte, qu'on le cache, et qu'elle ne le revoie jamais.

Voilà, dans ces cas exceptionnels, les premiers rapports de la mère avec son enfant. Y trouvez-vous trace d'amour maternel, d'un sentiment irrésistible, acceptant tous les dangers, toutes les humiliations pour pouvoir éclater au grand jour? Si l'on vous montrait une femme mariée, respectée jusque-là, près de devenir mère par une faute qu'il lui serait impossible de celer, avouant franchement et publiquement cette faute, se retirant de la société, mettant son enfant au monde, l'allaitant, l'élevant et se consacrant à lui, aux yeux de tous, non seulement vous ne jetteriez pas la pierre à cette femme, si vous étiez un homme, mais vous la plaindriez et l'estimeriez, et, si vous étiez une femme, tout en étant forcée, au nom des exigences sociales, de vous écarter d'elle, vous l'admireriez dans le fond de votre conscience, et vous lui donneriez peut-être en secret toutes les marques et toutes les preuves de sympathie que mériterait ce triomphe de l'amour maternel; eh bien, si vous connaissez cette femme, montrez-la-moi, je n'attends qu'une preuve vivante pour la chanter sur la scène, ne l'ayant encore vue que dans mon imagination de poète. Une ou deux fois j'ai cru la rencontrer; en y regardant de près, j'ai reconnu qu'en accomplissant cet acte héroïque cette femme avait un intérêt caché, et qu'elle gagnait quelque chose à quitter ostensiblement son mari pour le père de son enfant.

Admettons ensemble, si vous voulez et pour tout dire, qu'au moment où le pauvre petit innocent pousse son premier cri, il y a un cri correspondant qui part des entrailles qu'il laisse béantes et délivrées, qu'il y a un élan spontané, total, naturel de la mère vers son enfant; qu'il y a oubli subit, complet, mais non durable, des obstacles qui vont les séparer toujours, peut-être : la femme pleure, elle se reproche alors, et très sincèrement, cette faute que ce malheureux va expier pour elle; elle le recommande avec une émotion profonde aux étrangers à qui elle est forcée de le confier; elle leur fait des largesses, elle leur promet plus qu'ils n'auraient rêvé. Elle se dit qu'elle viendra voir le cher petit en cachette, le plus souvent possible, et elle vient en effet quelquefois, de temps en temps, si elle est sûre de ne pas être connue de ces auxiliaires, de ne pas être trahie par des curieux ou des méchants, et, à mesure que l'enfant grandit et qu'elle va pouvoir échanger avec lui des caresses plus intimes, plus profondes, plus douces, plus compromettantes, elle se montre à lui de moins en moins, parce qu'il commence à voir, à se rappeler, à comprendre, et que finalement il ne faut pas qu'il sache. A partir du moment où il pourrait chercher et savoir qui est sa mère, elle ne reparait plus, ou elle prend l'aspect et le langage d'une personne étrangère et désintéressée.

Si la femme n'est pas mariée, si elle n'appartient pas aux classes aristocratiques, si elle n'a pas de comptes à rendre de sa faute à un juge armé d'un droit légal, comme le père ou le mari, si elle appartient à cette classe moyenne où les convenances sociales sont moins nombreuses et moins exigeantes, où, les filles peu dotées se mariant très rarement, le célibat forcé, injuste, humiliant de la femme, rend la faute plus possible, plus prévue, et la fait absoudre plus facilement, il peut arriver que cette mère soit conquise peu à peu et complètement par l'amour maternel et qu'elle en emplisse *secrètement* sa vie, sans autre espérance dans l'avenir que la reconnaissance et l'affection de l'enfant. C'est dans ce milieu que j'ai choisi mon héroïne pour le drame qui va suivre. Je ne pouvais la prendre que là, pour qu'elle fut en même temps intéressante et vraie. Au-dessous, dans le peuple, où la faute est plus fréquente encore, plus probable et presque couramment acceptée, elle ne produit plus les luttes et les conséquences que je voulais présenter au spectateur. Là, si la mère ne tue pas tout de suite l'enfant, par colère ou par misère, ou s'il ne meurt pas en nourrice du manque de nourriture et de soins, la mère le prend avec elle quand elle est libre, ou le confie à une parente ou à une voisine quand elle ne l'est pas, et elle le reconnaît et l'avoue publiquement. Si un ouvrier, un pauvre diable comme elle l'épouse, il sait à quoi s'en tenir. Là, pas de secret à garder, pas de mensonge à faire, pas de préjugés à respecter, pas de luttes psychologiques à soutenir, en un mot, pas de péripéties dramatiques ; là enfin le sentiment naturel peut paraître et s'imposer.

Le sujet qui nous occupe en ce moment est inépuisable, et je ne puis avoir la prétention de dire tout ce qu'il comporte, mais je n'en aurais pas indiqué tous les côtés saillants, si je n'ajoutais, pour finir, que là où l'enfant naturel, non seulement n'est que très rarement maudit et repoussé de sa mère, mais est souvent attendu avec impatience et reçu avec transport, c'est parmi les filles galantes, les femmes de théâtre, et, enfin, là où la femme passe pour n'avoir plus un sentiment humain : chez la fille publique. Et cela se comprend. Comme ces femmes sont plus ou moins, mais notoirement déchues, les dernières tombées au plus bas, cette nouvelle chute ne les abaisse plus, mais les relève. Quelque chose de pur et d'innocent va sortir de leur abjection, un être immaculé va les aimer et le leur dire sans leur rien reprocher, sans savoir qui elles sont. L'âme ressuscite un moment, et la pécheresse peut être sauvée par une des conséquences de son ignominie même.

Je supplie le lecteur de ne pas conclure de tout ce que

je viens de dire que je ne crois à l'amour maternel que
chez les femmes de mauvaise vie. J'ai voulu constater
seulement que ce sentiment qui devrait être naturel en
effet ne l'est et ne peut l'être incontestablement dans le
cœur des femmes, que quand les lois sociales, régulièrement suivies ou adroitement tournées, ont préventivement sanctionné ou couvert l'enfantement; j'ai ajouté
et démontré par certains exemples, que, pour les femmes,
quoi qu'elles en disent, il est des sentiments constitués
par des conventions antinaturelles qui priment en elles
ce sentiment créé et voulu par la nature, et qu'elles sont
prêtes à l'immoler toujours à leur honneur, surtout à
leur réputation, quelquefois à leurs intérêts, à leur
santé ou à leur plaisir; j'ai fait remarquer, à la suite
de ces observations, qu'à mesure que les femmes, par
leur situation, se trouvent affranchies des exigences
sociales, et se rapprochent de l'état de nature, le sentiment maternel, n'ayant plus rien à redouter du milieu, se manifeste plus librement et plus franchement
jusqu'à ce que, au plus bas de l'échelle sociale, c'est-
à-dire là où la femme est assimilée à l'animal, ce sentiment vienne reprendre tout à coup et véritablement
la forme la plus naturelle qu'il puisse avoir, celle de
l'instinct, puisque la mère elle-même ne sait pas plus
que le dernier des animaux par qui elle a conçu. Enfin
je déclare très volontiers que toutes ces analyses et tous
ces raisonnements n'aboutissent qu'à cette conclusion,
que, si la femme veut connaître l'amour maternel dans
toutes ses joies, et dans toute sa gloire, il faut d'abord
qu'elle soit sûre d'aimer l'homme qui la rendra mère,
qu'elle l'épouse avant de le devenir, qu'elle lui reste à
tout jamais fidèle après l'avoir été, et que la fécondité
lui soit chère, attrayante et sacrée, parce que longtemps
encore, toujours même, il faut l'espérer, ce sera, tout
compte fait, parmi les plus honnêtes femmes qu'on aura
la chance de trouver les meilleures mères.

Cependant, si je n'avais eu à dire que cette dernière vérité qui ressort de tous les codes, de toutes les religions, de toutes les philosophies et de tous les faits, il est bien certain que je me serais abstenu; mais une vérité a beau être évidente et même reconnue de tous, il ne faut pas que les cent mille formes sous lesquelles on la proclame et on l'affirme officiellement et pompeusement fassent croire qu'elle est autant d'usage que de règle.

En attendant que celle que nous venons de répéter, toute banale qu'elle est, soit universellement pratiquée, les quatre cinquièmes de mes semblables me paraissent avoir pris, de tout temps, et prendre de plus en plus, la résolution de s'affranchir de toutes les entraves qui les gênent et de vivre comme bon leur semble, aux risques et périls de leurs contemporains et surtout de leurs descendants, qui peuvent moins se défendre.

Une disposition vraiment naturelle et indiscutable de l'espèce à laquelle nous appartenons, c'est de préférer la liberté à la discipline, le droit au devoir, la jouissance au sacrifice, le plaisir à la peine. Grâce à cette disposition, les sociétés font craquer peu à peu, mais progressivement et fatalement, les formules politiques, sociales, religieuses, morales, dans lesquelles les législateurs qui avaient voulu faire une combinaison du bonheur et du bien les avaient primitivement enfermées. Cet ardent désir que nous avons de nous donner la plus grande somme possible de jouissance et de liberté, en supportant la plus petite somme possible d'obligations et de charges, nous n'essayons pas, pour la plupart, de le satisfaire par le moyen le plus sûr, qui est le bien, sous sa forme absolue, mais par le plus proche, le plus séduisant et le plus facile, qui est le mal, sous les pseudonymes et les euphémismes les plus variés. Il en résulte des désordres épouvantables qui fournissent matière à de fort beaux discours, tels que celui-ci, qui n'empêchent rien, mais aussi à de grandes catastrophes que rien ne peut empêcher non plus et que jusqu'à présent rien ne répare, les lois se déclarant piteusement impuissantes contre nos passions et nos vices, dès que nous avons l'habileté de les transformer en mœurs.

Les sociétés, la société française particulièrement qui vient pour la troisième fois de prendre l'homme par son faible en l'appelant à la liberté dans tous les ordres, les sociétés sont-elles en mesure aujourd'hui de forcer les hommes à préférer la peine au plaisir, le sacrifice à la jouissance, le devoir au droit, la discipline à la liberté? Non, bien certainement, et l'esprit d'indépendance et d'insoumission à tout ce qui gêne la fantaisie de l'homme ne va faire que se développer de plus en plus. Nous ne pouvons pas savoir jusqu'à quelles folies, de conséquences en conséquences, l'humanité sera entraînée par la logique de sa raison! Croyez-vous que l'homme va se dire de lui-même et tout à coup : « Borné dans ma durée, dans mes forces, dans mon intelligence, je dois et je veux être borné dans mes désirs, dans mes passions, dans mes plaisirs, dans mes droits, dans ma liberté. » Vous ne le supposez pas, ni moi non plus; au contraire, il va pousser tout droit devant lui, jusqu'à ce que, ayant dépassé son atmosphère morale, il ne puisse plus respirer. Quand l'esprit humain n'est plus dans la limite, il est dans le vide. L'homme reviendra donc sur ses pas, évidemment, puisque le vide est inhabitable; mais quand reviendra-t-il?

Voilà pour l'homme. Et la femme? Sera-t-elle demeurée stationnaire pendant cette exploration que l'homme aura faite? Aura-t-elle essayé de l'arrêter, ou l'aura-t-elle suivi? Elle l'aura suivi et devancé peut-être, ayant de bien autres revanches que lui et surtout contre lui à prendre. Qu'est-ce que le mariage, la famille, la pudeur, la filiation légitime ou non, l'amour même, vont devenir dans ce va-et-vient des âmes, dans ce tohu-bohu de premiers mouvements où tout le monde va partir pour quelque part, sans savoir bien où ça est.

L'homme ne veut plus se soumettre à un autre; il veut être libre; il ne reconnaîtra bientôt plus, sur toute la surface du globe, ni roi, ni prêtre, ni Dieu, ni père, ni patrie; le voilà qui entre dans une phase nouvelle par où l'esprit d'investigation qui est en lui devait passer fatalement, et la science le mène à la glorification de la matière et au culte du fait; vous ne l'arrêterez pas, quoi que vous fassiez. Bref, vous avez proclamé et vous voulez établir les Droits de l'homme; je le veux bien aussi; j'y tiens autant que vous, parce que je suis sûr de n'en pas abuser, et j'estime même que, quand vous l'avez fait, il y avait déjà longtemps que vous auriez dû le faire; mais maintenant, les droits de la femme, qui est pour moitié dans les treize cent millions d'habitants de la terre, quand les proclamerez-vous? Il va falloir y arriver, ne vous déplaise.

Vous imaginez-vous que le besoin de jouissance et de liberté nous est permis à nous seuls à cause d'une certaine forme physique que nous avons, qu'il ne gagnera jamais la femme et qu'elle va rester éternellement soumise à l'homme insoumis? qu'il pourra éternellement lui casser les pieds selon les lois de Confucius, l'enfermer dans un harem selon les lois de Mahomet, la condamner au mariage indissoluble, au couvent, à la stérilité ou au vice selon les lois, traditions et mœurs de nos sociétés catholiques? Si vous croyez cela, vous êtes dans une complète et dangereuse erreur. Nous voulons la liberté pour nous, nous serons forcés de la vouloir pour elle, et elle passera par toutes les portes que nous aurons ouvertes ou enfoncées. Cet être que nous opprimons dans toutes nos lois, quitte à le glorifier dans toutes nos littératures, dans tous nos arts et dans toutes nos modes, cet être va revendiquer ses droits, tout comme nous, et, nous l'avons déjà dit autre part, l'immense prostitution qui nous envahit et qui nous entame, n'est qu'une des premières formes de cette revendication, forme compatible avec les seules armes que vous avez laissées sous la main de l'opprimée. Croyez-vous que l'agréable privilège dont use et abuse l'homme de pouvoir prendre impunément une fille vierge, parce qu'elle est nubile, pauvre ou curieuse, de la rendre mère pour un moment de plaisir qu'elle ne partage presque jamais, de l'abandonner ensuite avec son enfant, et de la traiter finalement de drôlesse et de corruptrice; croyez-vous que ce privilège va être attribué à l'homme jusqu'à la fin des siècles? Vous figurez-vous même que le mariage tel que nous le pratiquons le plus souvent, c'est-à-dire le droit pour nous, hommes, de spéculer sciemment sur l'ignorance et de nous approprier légalement la fortune d'une jeune fille, d'aller et de venir ensuite comme bon nous semble, de lui être infidèles tant qu'il nous plaît, sans qu'elle puisse ni bouger ni se plaindre, condamnée à la fécondité s'il nous va d'être pères, à la stérilité si cela nous ennuie, nous gêne ou nous fatigue, au déshonneur et à la honte si elle demande à un autre homme ce que nous ne lui aurons jamais donné, l'épanouissement de son cœur, de son esprit et de ses sens, tandis que nous pouvons avoir autant de bonnes fortunes et compromettre, déshonorer, féconder, abandonner, tuer autant de femmes que nous le pourrons, laisser mourir autant d'enfants que nous aurons pu en faire sans que la moindre honte ni charge en retombe jamais sur nous, vous figurez-vous que ce mariage tout d'asservissement et d'humiliation pour elle, et où sa faute peut être punie du déshonneur et même de la mort, elle va l'accepter et le subir jusqu'au jugement dernier? Renonçons à cette illusion et commençons à prévoir.

Nous voulons l'égalité politique, civile, légale, sociale de tous les hommes; soit, décrétons cette égalité, la nature continuera à se charger des inégalités intellectuelles nécessaires. Eh bien, la femme aussi va demander l'égalité comme les hommes. Pourquoi pas? Est-elle un être vivant, pensant, travaillant, souffrant, aimant, ayant cette âme dont nous sommes si fiers, payant l'impôt comme vous et moi? Je voudrais bien connaître les raisons que vous ferez valoir pour lui refuser toujours la liberté que vous réclamez pour vous? Cette égalité de la femme et de l'homme, qui est déjà dans les lois et dans les mœurs américaines, qui pénètre visiblement dans les idées et dans les habitudes anglaises, va nous arriver comme conséquences inévitables de nos fameux principes de 89, proclamés immortels. Il va falloir compter avec les madame Roland et avec les Théroigne de Méricourt peut-être, lesquelles avaient bien leurs raisons pour se faire les apôtres de la Révolution, chacune à sa manière, l'une au nom d'un idéal qui l'a conduite à l'échafaud et à l'apothéose, l'autre au nom d'instincts qui l'ont menée au crime, à la folie et au cabanon. Quels arguments opposerez-vous aux femmes quand elles vous demanderont la liberté?

Le jour où elles trouveront pour les défendre, et ce jour n'est pas loin, un tribun de la conviction et de l'éloquence de Michelet, leur apôtre sincère et passionné, tribun qui viendra revendiquer à la Chambre les droits politiques de la femme, vous passerez à l'ordre du jour, comme vous le faites en ce moment à propos du divorce, vous les grands élus du suffrage universel, les grands protecteurs des droits humains, vous les disciples de Rousseau, les antagonistes du moyen âge, les ennemis de l'Église catholique, les apôtres de la religion naturelle! Quand la femme va venir vous dire, par l'organe de ce tribun, qu'elle est esclave depuis le commencement du monde et dans toutes les parties du globe, excepté dans la jeune Amérique républicaine, votre aïeule et votre aînée à vous, pères de la République française, quand elle va lever l'étendard de l'indépendance univer-

selle de la femme, comme vous avez levé le drapeau de
l'indépendance universelle de l'homme; quand elle va
appeler ses sœurs à la lumière du progrès, comme vous
y appelez vos frères, qu'est-ce que vous répondrez[1]?

1. Au moment même où je corrige les épreuves de ces dernières lignes,
je lis celles-ci dans un journal (23 janvier 1879) :

» Nous trouvons dans le *Voltaire* un appel adressé aux *Femmes de France*
par plusieurs personnes qui ne sont pas contentes de leur sort. Ce n'est pas
la première fois que nous avons à reproduire des appels semblables, mais
c'est toujours drôle :

» Après ce dernier triomphe de la République, voici venir l'heure de con-
» quérir notre liberté. La question politique tranchée, on va s'occuper de la
» question sociale. Si nous ne sortons pas de notre indifférence, si nous ne
» réclamons pas contre notre situation de mortes civiles, la liberté, l'égalité
» viendront pour l'homme; pour nous, femmes, ce sera toujours de vains
» mots.

» Les ministères se succéderont; la République de nom deviendra Répu-
» blique de fait. Si la femme se contente d'être résignée, elle continuera sa
» vie d'esclave, sans pouvoir se rendre indépendante de l'homme, dont le
» droit seul est reconnu, le travail seul rétribué.

» FEMMES DE FRANCE,

» Trois projets de loi qui nous concernent sont en ce moment soumis aux
» Chambres. Eh bien, pas une de nous ne pourra les soutenir ou les amen-
» der. Une assemblée d'hommes va faire des lois pour les femmes comme
» on fait des règlements pour les fous. Les femmes sont-elles donc des folles
» auxquelles on puisse appliquer un règlement?

» L'homme fait les lois à son avantage, et nous sommes obligées de cour-
» ber le front sans rien dire. Parias de la société, debout! Ne souffrons plus
» que l'homme commette ce crime de lèse-créature, de donner à la mère
» moins de droit qu'à son fils. Entendons-nous pour revendiquer la liberté
» et la faculté de nous instruire, la possibilité de vivre indépendantes en
» travaillant, la libre accession de toutes les carrières pour lesquelles elles
» justifieront des capacités nécessaires.

» L'association, et non la subordination dans le mariage;

» L'admission des femmes aux fonctions de juges consulaires, de juges
» civils et de jurés;

» Le droit d'être électeur et éligible dans la commune et dans l'État.

» Femmes de Paris, il ne tient qu'à nous de changer notre sort. Affirmons
» nos droits, réclamons-les avec persévérance et insistance. Nos sœurs de la
» province nous suivront, et les républicains sincères nous donneront leur

Vous hausserez les épaules, vous rirez dans vos barbes de libres penseurs autoritaires. Un Prud'homme de votre parti montera à la tribune et, pour en finir, il invoquera, quoi ? les principes qui sont dans les Évangiles, dans les Bibles, que vous raillez, insultez et attaquez depuis cent ans ?

La femme passera outre, et vous entendrez le même tribun lui dire : « Comment ! tu contiens la beauté, la séduction, le plaisir le plus grand, le plus noble, le plus puissant, le plus naturel que l'homme puisse éprouver ; tu es à la fois le rêve et la réalité, l'idéal et l'idole ; tu es l'amante, l'épouse, la mère ; tu apportes tout, et tu subis tout, et tu ne reçois rien. L'homme a fait deux morales : une pour lui, une pour toi ; une qui lui permet l'amour avec toutes les femmes, une qui ne te le permet qu'avec un seul, en échange de ta liberté éternellement enchaînée ! Pourquoi ? La nature t'a donné, comme à l'homme, des sentiments, des passions, des organes, des sens, le besoin d'aimer un être d'un autre sexe que toi et d'avoir des enfants. Tu veux être une *femme*, tu veux être mère, et en même temps tu veux garder ta liberté ? Eh bien, quelle différence y a-t-il entre toi et l'homme qui veut être un *homme*, qui veut être père, et qui veut rester libre ? Pourquoi serait-ce plus déshonorant pour toi que pour lui ? S'il n'y a pas plus de vénalité dans tes sentiments libres qu'il ne doit y en avoir dans les sentiments libres de l'homme, si tu es véritablement attirée par ton cœur et par tes sens vers celui à qui tu te donnes et que tu aimes, si tu élèves les enfants qui naîtront de cette involontaire attraction et de ce volontaire attachement,

---

» concours à la tribune et au scrutin, parce que tous savent qu'émanciper » la femme, c'est affranchir la génération naissante, c'est républicaniser le » foyer. »

Le rédacteur du journal qui a cité cette proclamation trouve cela drôle. S'il est encore de ce monde dans vingt ans, il reconnaîtra que cela n'était pas si drôle qu'il le croyait le 23 janvier 1879.

que pourra-t-on te reprocher? Vas-tu te soumettre éternellement à un préjugé barbare qui ne te permet l'enfant, l'amour maternel que par le mariage, qui te condamne soit à te priver de ce sentiment, de ce devoir, de cette joie, si le mariage ne se présente pas, soit à être déshonorée et méprisée si tu avoues et si tu aimes ton enfant, soit à le haïr, l'abandonner, le tuer pour échapper au déshonneur et au mépris que l'on t'inflige à cause de l'acte le plus naturel du monde?

» Certains grands hommes, pour faciliter certains accommodements sociaux, pour simplifier le mécanisme de la vie en commun, sont convenus en effet d'établir des lois dites morales, telles que le mariage, par exemple, qui veut que l'homme n'ait qu'une femme, que la femme n'ait qu'un homme, à la condition que celle-ci devra obéissance à celui-là, que celui-là devra protection à celle-ci, et que tous deux seront unis par l'amour. C'était une combinaison admirable, si admirable qu'on l'a déclarée au-dessus des lois naturelles, émanée directement de celui qui a fait la nature, divine en un mot. Mais voilà pas les hommes manquent de plus en plus à ce qu'ils ont établi, reconnu, accepté : ils veulent avoir plusieurs femmes, et que tu n'aies qu'un homme; ils ne te garantissent même pas que tu en auras un, si les conditions où tu te trouves ne leur sont pas tout avantageuses. Enfin, si tu rencontres cet homme, tu devras, sous peine de déshonneur, t'en tenir à lui, qu'il te batte, te ruine, t'abandonne. Tu auras bien à te soumettre, mais il n'aura pas à te protéger, ni comme vierge, ni comme épouse, ni comme mère, ni dans les lois, ni dans les mœurs. Il veut jouir de toi et t'asservir, te glorifier, te corrompre et te mépriser. Il te condamne, quand il ne lui plaît pas de t'épouser, à la stérilité ou à la prostitution, à la pauvreté ou au scandale, au meurtre ou à la honte. De quel droit? Du droit du plus fort. Quand il était asservi, lui, qu'est-ce qu'il a fait? Il a gémi pendant un certain temps comme toi, puis il s'est révolté et il a décrété l'égalité complète et la liberté absolue de la personne humaine. N'es-tu pas comprise dans la personne humaine? Sois comme lui, contre lui; proclame ton droit à l'amour, au plaisir et à la liberté.

» Tu veux aimer, aime; tu veux être mère, sois mère; c'est toi, n'est-ce pas, qui pour mettre l'enfant au monde risques ta santé, ta beauté, ta vie; c'est bien le moins que tu choisisses l'homme par qui tu concevras. Celui que tu as choisi ne t'aime plus, laisse-le là; tu n'aimes plus celui que tu aimais, prends-en un autre; traite l'amour comme l'homme le traite; la science et la nature te démontrent que les femelles obtiennent de plus beaux produits en changeant de mâles; suis la science et la nature, fais comme les femelles et, puisque c'est à leur fonction que l'homme te réduit, tires-en au moins les avantages réservés jusqu'à présent aux animaux. Pourquoi pas? Ta pudeur? Invention de l'homme pour t'asservir davantage, et d'ailleurs vois ce qu'il en fait, de ta pudeur? Ton âme? Regarde comme il se soucie de la sienne? Ton Dieu? C'est le sien; vois comme il en tient compte. Tes petits? Ils sont nés de lui; se gêne-t-il pour les abandonner? Si tu les aimes, élève-les; si tu ne les aimes pas, fais comme lui, laisse-les là. L'homme repousse bien la femme qui va devenir mère, pourquoi la mère ne repousserait-elle pas l'enfant au nom duquel elle est repoussée. Qui se chargera de l'enfant? La société qui a fait les lois dont tu souffres, qui s'est chargée des enfants de Jean-Jacques, sous l'invocation de qui l'homme accomplit ce qu'il appelle son progrès. Si la société le repousse, que restera-t-il à l'enfant? La mort. Que t'importe? Tu auras eu le plaisir sans la peine, ce qui est le but de la vie nouvelle. Et d'ailleurs n'aie que l'amour, n'aie pas l'enfant; c'est facile. Tu ne créeras ainsi ni remords à ton âme, à laquelle tu as l'air de croire, ni danger à ton corps auquel tu tiens. »

« Mais, dira la femme, où prendrons-nous la force nécessaire pour accomplir cette révolution ? — Nous sommes un sexe faible, sans volonté, sans énergie, sans persévérance, tout de sentiment, d'abandon, d'amour, ayant besoin de surveillance, de protection, créé pour obéir et pour se sacrifier ! »

« Où as-tu vu cela ? reprendra le tribun. C'est l'asservissement dans lequel l'homme t'a mise et te retient si habilement, à son seul profit, qui te fait croire à ta faiblesse. Regarde donc un peu attentivement et tu verras que, dans l'ordre intellectuel, moral, musculaire même, tu n'es pas aussi faible que l'homme le prétend. Un sexe qui peut donner des mères comme Cornélie et sainte Monique, sans parler de toutes les mères obscures et vaillantes que nous connaissons, des héroïnes comme Jeanne d'Arc, Jeanne Hachette, Jeanne de Montfort, Jeanne de Flandre, Jeanne de Penthièvre et Jeanne d'Albret (prédestiné ce nom de Jeanne !), des reines comme Sémiramis, Élisabeth d'Angleterre, Catherine de Russie, Marie-Thérèse d'Autriche ; des saintes comme Madeleine ; des martyres comme Agnès ; des écrivains comme Sapho, madame de Sévigné, madame de Staël et madame Sand (prédestinée cette lettre S) ; des diplomates comme madame de Maintenon, madame des Ursins, madame de Liéven ; des peintres comme la Rosalba, madame Vigée, Rosa Bonheur ; des tragédiennes comme Rachel ; des cantatrices comme la Malibran, c'est-à-dire des artistes dont le travail et l'intelligence peuvent produire des millions sans le secours d'un homme ; un sexe qui donne des guerrières comme les amazones et les patriotes de Saragosse, des gaillardes comme les marchandes de la halle, les porteuses de galets des bords de l'Océan, des gymnastes que nous applaudissons dans les cirques et qui font des exercices d'adresse et de force qu'aucun des membres du sexe fort présents ne serait capable de faire; un sexe qui nous dit continuellement : « Si vous » aviez vous, hommes, à supporter les douleurs de l'en- » fantement, vous n'y résisteriez pas; » un sexe qui fournit tant de sœurs admirables à la charité, tant de pétroleuses et d'incendiaires aux révolutions, tant de spectateurs aux exécutions capitales, ce qui prouve surabondamment que ce sexe peut vaincre la sensibilité maladive et impuissante à laquelle nous le déclarons condamné; un sexe enfin dont nos législateurs redoutent tellement le pouvoir sur les hommes qu'il en est résulté les lois qui l'enchaînent dans le monde entier, pour le rendre aussi inoffensif que possible; un pareil sexe n'est pas un sexe faible; il n'a pas si grand besoin qu'on le protège; il peut se conduire, se surveiller, se protéger lui-même; il n'a besoin pour cela que de l'éducation qui lui convient, qu'il est digne de recevoir, qu'il est capable de mettre à profit et qu'il est grand temps qu'on lui donne.

» Je ne dis pas, continuera le tribun, qu'il faut que la femme porte les armes, bâtisse des maisons, conduise des locomotives, pave les routes, pas plus que je ne dis que les hommes doivent faire de la tapisserie, porter des cheveux longs et des jupons brodés, mettre les enfants au monde et les nourrir du lait de leurs mamelles; je ne demande pas que les femmes abdiquent leurs grâces et leurs charmes, mais qu'elles y ajoutent, au contraire, en n'y voyant pas leur seul mérite et leur seul moyen d'action. Enfin, ne connaissant pas une seule raison juste, plausible, ou même spécieuse pour que cela leur soit refusé, je réclame pour elles la même liberté et les mêmes droits que pour les hommes. »

Telles sont, dans l'ordre social et moral, les théories auxquelles nous mèneront fatalement et rapidement les philosophies nouvelles. Et quand, d'un autre côté, la politique va nous entraîner, avec la même fatalité, nous l'Europe, les fils de Japhet, à défoncer à coups de canon les huttes de Cham et les tabernacles de Sem, d'où se répandront à travers le monde soi-disant civilisé les ignorances, les curiosités, les colères, les appétits, les instincts de toute espèce, refoulés depuis des milliers d'années, mais non détruits dans ces vastes espaces que nous croyons déserts parce qu'ils sont silencieux et que nous croyons inoffensifs parce qu'ils sont éloignés de nous; quand Dieu ou la nature (puisque vous ne voulez pas qu'on dise Dieu), pour pouvoir continuer son œuvre de création perpétuelle, va entamer les réserves de l'Orient mystérieux, comme certains symptômes commencent à l'annoncer; quand tout ce féminin libéré de l'oppression et de l'animalité, affamé lui aussi de liberté, de jouissance et d'idéal vague, va se jeter sur nos sociétés abâtardies, épuisées, anémiques, avec toutes les énergies accumulées pendant des siècles dans un tel esclavage et sous de telles latitudes; enfin, quand le grand choc de la haine des races et des besoins de l'espèce va se produire entre l'Orient et l'Occident, je me représente aisément ce qui se passera, et n'ai nulle peine à prévoir ce que deviendront nos petites lois, nos petites politiques, nos petites morales de clocher déjà ébranlées de toutes parts. Dans cet immense conflit plus proche qu'on ne le suppose, inévitable, indispensable aux desseins de la Providence, et d'où sortira finalement, après des luttes énormes, des guerres formidables, des destructions effrayantes, des croisements monstrueux, d'où sortira finalement l'unité de la famille humaine, conséquente avec l'unité originelle bien que multicolore de l'espèce, que deviendra la famille particulière, et déjà si désunie, si inquiète, si fragile?

Ce ne sera plus par armées de deux et trois cent mille hommes, comme nous venons de le voir tout récemment avec épouvante, que les peuples se rueront les uns sur les autres, ce sera par masses de millions d'hommes que le sol foulé sous leurs pas ne pourra pas nourrir, ce qui les forcera à s'exterminer, ce sera par masses de millions d'hommes que les races humaines se heurteront. La science aura fait de tels progrès qu'on pourra se battre sur la terre et dessous, sur les mers et sous les flots, dans les airs peut-être. C'est par centaines de mille que les cadavres engraisseront ces terres indifférentes, qui cultivées pourraient nourrir vingt milliards d'habitants et dont le milliard et demi d'hommes qui l'occupent se disputent avec acharnement les déserts et la stérilité ; on aura des foudres qui incendieront des villes entières, on chargera des mines qui feront sauter des quartiers du globe. Nous voudrions avoir ici assez de place pour montrer les bouleversements prodigieux que le besoin de connaître, de voir, de posséder, de jouir, va produire dans les choses établies.

Figurez-vous, dès lors, à quelle production d'hommes la femme va être forcée de fournir pour alimenter cette tuerie universelle. Croyez-vous que le mariage régulier, où les conditions économiques ne permettent guère qu'un enfant ou deux, que la procréation irrégulière où l'abandon, la misère des parents et l'égoïsme social tuent les trois quarts des produits, vont pouvoir y suffire ? Croyez-vous que dans cette grande mêlée qui se prépare et où la victoire restera naturellement au plus fort, la France, étant données les conditions de mortalité des enfants où elle se trouve, soit seulement en mesure d'accepter la lutte, quand cette lutte viendra ?

« Un seul Dieu adoreras, tes parents honoreras, adultère point ne seras, œuvre de chair ne désireras qu'en mariage seulement, le bien d'autrui tu ne prendras, homicide point ne seras. » Ces admirables commandements de Dieu, sur lesquels les sociétés s'appuieraient, se reposeraient inébranlablement s'ils étaient suivis, ne pressentez-vous pas qu'ils vont être culbutés et submergés par ces implacables revendications d'instincts qui montent comme des marées circulaires et nous menacent de l'Est, de l'Ouest, du Nord et du Midi?

En attendant, et comme pour faciliter la transformation générale qui se prépare, la famille se désagrège déjà partout, c'est visible, par les occasions et les facilités de dissémination des hommes sur toutes les parties du globe. Là où son intérêt pousse l'homme, là est aujourd'hui sa famille, et comme il peut se transporter d'un pôle à l'autre en quelques semaines, et qu'il est le seul animal à qui, en prévision de ce qui devait arriver, la nature ait donné la faculté de se reproduire sous toutes les latitudes, vous entrevoyez aisément ce qui en résultera. L'homme étant décidé à jouir, pour commencer, tendra de plus en plus à supprimer de sa vie tout ce qui l'a fait souffrir jusqu'ici.

Il a déjà bien diminué les distances pour son corps, il les a supprimées pour son esprit; il ne se fatiguera bientôt plus; il force déjà la matière à travailler à sa place; il a presque complètement fait disparaître la douleur de la maladie. Ce qu'il a obtenu au profit de sa personne physique, ne tentera-t-il donc pas de l'obtenir au profit de sa personne morale? Pourquoi ne s'efforcerait-il pas d'échapper à la domination des sentiments comme à toutes les autres, s'il lui est démontré que celle-là lui est tout aussi préjudiciable? Pourquoi n'essayerait-il pas enfin de se dérober aux chagrins que lui cause son cœur, comme il s'est dérobé aux souffrances que lui causaient ses autres organes? Puisque la seule raison qu'il ait d'accepter la vie c'est l'espérance et la recherche du bonheur, comment n'arriverait-il pas à se dire que la première chose à faire pour atteindre ce but, c'est de débarrasser sa route de toutes les peines définitivement inutiles? Ne plus être malheureux, n'est-ce pas déjà le commencement du bonheur?

L'humanité a eu beau, depuis des milliers d'années, prêter à un être abstrait, qu'elle a appelé Dieu, toutes les qualités et toutes les formes que pouvaient lui susciter son imagination et son infimité; elle a eu beau, dans ses douleurs, supplier ce Dieu de lui venir en aide, il ne s'est jamais laissé attendrir; elle a en vain déclaré qu'il était partout, il ne s'est laissé voir nulle part; dès qu'elle croyait l'avoir trouvé, il lui apparaissait autrement, se manifestant toujours par des rigueurs nouvelles. Va-t-elle éternellement adresser des prières stériles, et maintenir son obéissance onéreuse à ce Dieu incessamment modifiable, sans miséricorde et sans confiance :

« Il nous abandonne sur la terre, dira-t-elle, à nos risques et périls, sans autres ressources que notre labeur incessant, sans autres indications que des phénomènes dont la cause et la fin nous restent inconnues; non! Chacun pour soi. Que ce Dieu, s'il existe, garde son secret, qu'il se cache dans son éternité, derrière son ciel impénétrable; quant à nous, tirons le meilleur parti possible de ce domaine terrestre qu'il ne peut pas nous reprendre et qu'il nous fait payer si cher. Il restera toujours la mort, que nous ne pourrons vaincre! Qui sait? A force de pouvoir accomplir un plus grand nombre de choses dans le peu de temps qui nous est dévolu, n'aurons-nous pas doublé, quadruplé l'existence? Si nous parvenons aussi à en éliminer les peines et à y faire entrer toutes les jouissances qu'elle peut contenir, la mort ne sera-t-elle pas réduite à l'état de repos nécessaire, souhaité comme toutes les autres jouissances, et au-devant duquel nous irons peut-être de nous-mêmes? En tous cas, jusqu'à ce que nous ne redoutions plus la mort pour nous, commençons par nous rendre indifférents à la mort des autres. Ce sera toujours un bon exercice.

» Lorsque nous voyons, en effet, et l'immense douleur que les hommes éprouvent de la perte de ceux qu'ils aiment, et avec quelle rapidité ils s'en consolent, sauf quelques individus qu'on plaint et qu'on évite plus qu'on ne les comprend, ne pouvons-nous pas nous dire qu'il serait bien plus simple, puisque le cœur arrive toujours à la consolation, qu'il y arrivât tout de suite? Depuis que les hommes pleurent la mort de leurs pères, de leurs mères, de leurs enfants, de leurs amours, de leurs amitiés, de leurs affections de toutes sortes, la nature n'a pas plus compati à leurs regrets que Dieu n'a exaucé leurs prières ou répondu à leurs questions; elle a continué, elle continuera à tuer, impitoyable et sereine, les jeunes et les vieux, ceux qui ont aimé et ceux qui sont aimés. A quoi ont donc servi tant de désespoirs, tant de cris, tant d'imprécations, tant de larmes? A rien. Ceux qui pleuraient sont allés rejoindre à leur tour ceux qu'ils avaient pleurés, après les avoir presque toujours oubliés depuis longtemps; et, de tant de douleurs, quelle trace reste-t-il? Quel bien? Quelle utilité? S'il doit y avoir encore, pendant des millions d'années, des gens qui mourront, est-il bien nécessaire qu'il y en ait d'autres qui les pleurent, qui s'habillent de noir, suivent un convoi, croient à une douleur éternelle, pour recommencer à rire comme par le passé? A quoi bon tout cela? Que de temps perdu! Quelle duperie!

» D'ailleurs, quel est donc le but des religions, des philosophies, si ce n'est de nous mettre au-dessus de toutes les épreuves, de toutes les misères, de toutes les douleurs? Eh bien, puisque la nature, en nous consolant tôt ou tard, nous démontre que les philosophies et les religions ont bien prévu, pourquoi ne pas nous consoler tout de suite, le raisonnement et la nature étant enfin d'accord?

» Les longues douleurs succédant à la perte des êtres aimés s'expliquaient lorsque l'humanité était composée de petits groupes épars, séparés les uns des autres par des distances énormes, par des habitudes, des mœurs, des langages différents, même dans le sein de la même patrie. Il s'agissait d'être bien unis pour tenir tête à l'inconnu, qui pouvait tout à coup sortir du silence et de la solitude où l'on vivait. Ceux dont on était né, ceux qui naissaient de nous, les ascendants, les époux, les enfants, les frères et les sœurs, c'était là tout le passé, tout le présent, tout l'avenir, toute la joie, toute l'inquiétude. De la naissance à la mort, les cœurs battaient continuellement les uns contre les autres. Aussi, un des membres de ce groupe serré disparaissait-il, quel vide! Au moindre danger, quelles terreurs et en même temps quel courage! Comme on défendait le champ, le foyer, le lit de l'épouse, le berceau de l'enfant, la tombe du père, le nid de la famille! Si le barbare de l'Occident ou de l'Orient arrivait pour conquérir et tuer, quelle résistance! Quand les légions de César ou les hordes d'Attila avaient exterminé tous les hommes, il leur fallait massacrer les femmes combattant sur les corps de leurs maris, et, les femmes massacrées, il fallait assommer ou éventrer les chiens défendant les cadavres de leurs maîtres. Mais la guerre, le commerce, les arts, la science, le progrès, la civilisation, sous toutes les formes, ont tellement parcouru, traversé, retourné la terre, que toutes ces familles éparses se sont forcément dispersées, répandues, rencontrées, haïes, aimées, croisées, modifiées, rapprochées enfin, contractant des besoins nouveaux et des idées nouvelles avec les nouveaux éléments qu'elles s'assimilaient. Et c'est ainsi que les mœurs, les intérêts, les passions, se sont substitués au sentiment, à l'amour, à l'idéal.

» Aujourd'hui, il semble que la vapeur et l'électricité se soient introduites dans l'ordre moral comme dans l'ordre matériel. L'humanité ne sait pas plus qu'autrefois où elle va, mais elle veut y aller agréablement et vite. Pourquoi tant de supplément de bagages? Adieu le clocher; adieu la maison natale; adieu le cimetière. L'homme a besoin d'apprendre, de voir, de posséder, de jouir; il n'a plus le temps de s'attacher, de rêver, de se souvenir, d'aimer; pourquoi aurait-il le temps de souffrir? Le plaisir serait court et la douleur serait longue. Pourquoi?

» La nature veut que nos parents meurent, résignons-nous à la volonté de la nature; prévoyons cette mort et ne lui donnons pas plus d'importance que la nature ne lui en donne. Mes parents habitent Paris, mes affaires m'appellent au Japon; je pars. Là j'épouse une Japonaise et j'en ai des enfants à la figure jaunâtre, aplatie, aux pommettes saillantes, aux yeux écartés; j'envoie leurs photographies à papa et à maman, que je ne reverrai peut-être jamais. Ils disent : « Oh! ils sont affreux! » et ne les montrent à leurs amis que comme des curiosités. Je leur ai demandé leur consentement par le télégraphe, et c'est par le télégraphe que j'apprendrai leur mort, dont je n'aurai pas eu le spectacle sous les yeux, et qui ne me tirera, à pareille distance du fait, que les larmes facilement apaisées des souvenirs lointains. Mes enfants, les petits Japonais, ne verseront pas de larmes, même japonaises, puisqu'ils n'auront jamais ni vu ni connu leurs aïeux, et si leurs intérêts les appellent, à leur tour, sur une autre partie du globe où je ne pourrai ou ne voudrai les suivre, ils en feront autant de moi et de leur mère japonaise. S'ils meurent loin de moi, il me restera à dire avec les matérialistes : « Ce n'est qu'un ensemble de molécules qui se désagrège », ou, avec les religieux : « Dieu me les avait donnés, Dieu me les reprend. Sa volonté soit faite! »

Et nous ne parlons ici que de l'homme qui se marie et qui transporte le foyer sur un autre hémisphère; mais celui qui ne se marie pas, qui parcourt le monde, comme Joconde, et qui, au lieu de courir comme lui de la brune à la blonde, court de la blanche à la noire, de la noire à la jaune, et qui pourra changer, trois ou quatre fois dans l'année, la couleur de ses amours, et laisser tout le long de son chemin une descendance variée de tons, qu'il ne connaîtra et surtout ne reconnaîtra jamais, il faut le prévoir aussi celui-là. Croyez-vous que ses enfants le pleureront, et qu'il les regrettera beaucoup s'il les perd? Et s'il va de chez nous dans les pays exotiques, ce producteur libre, il peut venir des pays exotiques chez nous. Combien les visiteurs de la dernière Exposition nous ont-ils laissé d'enfants anglais, américains, allemands, italiens, espagnols, russes, grecs, arabes, chinois, qui ne connaîtront jamais leur père, malgré la loi sur la recherche de la paternité qu'on va présenter au Sénat, et qui, si elle est acceptée, ce qui est aussi douteux qu'inutile, autorisera l'enfant arrivé à vingt et un ans à rechercher son père, s'il a certains papiers ou certains témoins qui prouvent, etc., etc.? Au bout de vingt et un ans! Dans des temps comme les nôtres! Cherche, mon fils, cherche!

Voilà certainement par où l'humanité va passer en allant où elle va. Il n'y a, pour en être convaincu, qu'à regarder la route parcourue depuis la Réforme jusqu'à l'Encyclopédie, depuis l'Encyclopédie jusqu'au nihilisme. Quelques mesures que prennent les gouvernements, quelques efforts que fassent les spiritualistes, ils n'arrêteront pas ce mouvement. Nous entrons en plein dans la philosophie positive. Il va y avoir de plus en plus négation des principes acceptés jusqu'à présent, gaspillage de l'amour, éparpillement de la famille, procréation inconsciente et immodérée. Les États, pour la sauvegarde des sociétés, vont être forcés d'intervenir et de se substituer à tous ces générateurs anonymes et internationaux, et de composer une immense famille de tous les êtres qui n'en auront pas. Si j'avais chance d'être écouté de ceux qui se chargent si volontiers et si facilement de la direction des hommes, je leur dirais tout bonnement ceci : Il y a dans les grandes sociétés modernes des individus par centaines de mille sur lesquels les principes fondamentaux de la morale et du devoir n'exercent plus aucune action, tandis que la nature, les passions, les vices, continuent avec d'autant plus de violence à exercer la leur. Ces principes de morale et de devoir, auxquels ils ne veulent pas se soumettre et que vous professez, vous, religieux, politiques, législateurs, vous apprennent-ils, à vous qui avez la prétention de régir ces dites sociétés, que non seulement la vie de l'enfant est sacrée, mais qu'elle est utile? Pouvez-vous convaincre par le raisonnement ou par la force ces hommes et ces femmes entraînés par la jeunesse, par le tempérament, par la facilité des mœurs, par la misère, par l'ignorance, par l'éducation, par l'exemple, par la nature, par la liberté, pouvez-vous les convaincre qu'ils ont tort de ne pas se marier régulièrement et de ne pas élever honnêtement et moralement leurs enfants? Pouvez-vous punir cette mère qui ne veut pas aimer? Pouvez-vous atteindre ce père qui court le monde ou qui vous répond : « Ce n'est pas moi »? Pouvez-vous tuer les enfants abandonnés comme vous tuez les chiens errants? Non. Alors comment faire?

Personne n'estime plus que moi les honnêtes gens dont je crois être, personne ne respecte et n'honore plus que moi la morale et le bien, et si je ne les pratique pas mieux personnellement, c'est que je ne suis qu'un homme ; personne en même temps n'est plus convaincu, plus heureux et plus fier des progrès que l'humanité fait, progrès lents, voilés sous les désordres et les erreurs que nous signalions, mais progrès constants, certains, bien que souvent invisibles, comme ces cours d'eau qui disparaissent tout à coup sous le sol et qui reparaissent plus loin, chargés d'éléments plus féconds empruntés aux terres qui les ont cachés et arrêtés en apparence. Ces progrès ne s'accomplissent quelquefois que par des moyens violents, dangereux, terribles pour des générations entières, comme ceux que nous venons de faire entrevoir, mais ils s'accomplissent, et, chaque fois que l'histoire fait sérieusement l'inventaire du passé, elle les constate et les additionne à l'actif de cette pauvre humanité qui n'a d'égal à la bêtise qui lui fait commettre tant de fautes, que l'héroïsme avec lequel elle les expie. Cette humanité ne se décompose, comme familles partielles, que pour n'être plus un jour qu'une seule et même famille, ce n'est pas douteux, et le bien prédit par les grands esprits et les grands cœurs, héritiers les uns des autres à des intervalles plus ou moins longs, s'accomplira. L'égalité, la liberté, la fraternité, règneront dans le monde après des milliers d'années peut-être, mais certainement. Cette espérance est la seule raison d'être et de durer des miliers d'années peut-être, mais certainement. Cette espérance est la seule raison d'être et de durer des milliards d'hommes qui naissent, errent, souffrent et meurent sur cette planète. Le jour où l'homme n'aurait plus au fond de l'âme cette secrète conviction, il ne lui resterait plus qu'à utiliser en une fois tout ce que sa science, reconnue stupide alors, lui aurait révélé, à percer la terre jusqu'au centre, à emplir le trou de dynamite, à en frapper le bord de son talon de fer et à faire voler notre globe en éclats, sans attendre la dernière incarnation de Vichnou, qui, sous la forme d'un cheval, doit d'un seul coup de pied mettre notre monde en miettes. La loi des attractions serait rompue; les autres planètes affolées et se cherchant au hasard se choqueraient et se briseraient les unes contre les autres, et le Dieu qu'on adorerait alors, esprit ou matière, qui n'aurait ni tenu les promesses faites par les apôtres qui l'auraient affirmé, ni livré son secret aux chercheurs qui l'auraient combattu, ne saurait plus où se réfugier.

A parler franchement, je ne crois pas que cela finisse ainsi. L'humanité fera preuve d'une patience égale à la durée qui lui est assignée dans l'ordre et le mouvement des choses universelles, et le dernier mot de cette patience sera encore un immense cri d'espoir. L'humanité va donc continuer, habitant une planète qui tourne sur elle-même autour du soleil, à tourner aussi moralement sur elle-même autour de la vérité, avec ses intermittences de lumière et d'ombre, ses étés et ses hivers, en se rapprochant toujours de cette vérité, insensiblement, irrésistiblement. Mais, jusqu'à ce que toutes les révolutions que nous venons d'annoncer se soient accomplies, et surtout jusqu'à ce que le bien ait complètement triomphé du mal, nous avons encore assez de temps devant nous pour chercher les moyens d'arriver le plus vite possible à ce dernier résultat. Ces moyens consistent-ils seulement à combattre le mal ? Non ; ils consistent aussi à éclairer, à renseigner le bien, à lui élargir la voie, et c'est ce qui m'amène à développer ce nouveau paradoxe que les vues des gens de bien manquent quelquefois, souvent, de justesse, de justice et surtout de grandeur.

Nous appelons gens de bien, n'est-ce pas, ceux qui vivent encore selon les traditions des premiers groupes, qui se marient selon leur cœur plutôt que selon leurs intérêts, qui acceptent le mariage dans toutes ses lois et conséquences, qui aiment bien leurs enfants et les élèvent bien en leur inculquant les principes dans lesquels ils ont eux-mêmes trouvé tout le bonheur, toute la sécurité, toute la considération dont on peut jouir en ce monde ? Eh bien, ce noyau d'honnêtes gens qu'on retrouve heureusement dans toutes les sociétés, qui est leur exemple et qui devrait être leur guide, a le défaut de sa qualité : la pratique du bien le rend trop sévère ou trop indifférent pour ce qu'il appelle le mal. Ce sentiment si pur, si noble, si respectable de la famille, a son côté humain et par conséquent faible. Il amoindrit l'homme en le restreignant trop aux devoirs, aux jouissances, aux perspectives de l'époux et du père. L'homme dans l'exercice de ces fonctions déterminées et limitées, si largement qu'il les conçoive, n'a plus le sens tout à fait clair et désintéressé des autres conditions humaines. Il ne les juge plus qu'en raison de la situation nouvelle qu'il a prise et de l'action qu'elles peuvent dès lors exercer sur lui et les siens. Il les rapporte instinctivement et forcément aux intérêts particuliers qu'il ne s'est créés cependant qu'en vue de la morale et du bien ; il perd ainsi, le plus souvent à son insu, une assez large portion de son libre arbitre, de sa bonne foi, de sa justice, de la sublimité et de la puissance auxquelles il était divinement appelé. Bref, au nom de sa famille, de la famille, il trace autour de lui et des siens, selon son intelligence, son milieu et sa fortune, un cercle non apparent, plus ou moins étendu, plus ou moins haut et dense qui le sépare presque complètement *de la famille humaine* et qu'il ne laisse plus franchir qu'à ceux qui paraissent devoir lui apporter du dehors quelque complément utile ou agréable à lui et à sa famille particulière. Il se renferme ainsi dans un égoïsme légal, consacré, logique et qui a toutes les apparences du devoir et même du droit. A partir de ce moment, tel d'entre nous (puisque je me suis mis dans les honnêtes gens, il faut bien que j'y reste jusqu'à la fin de ma thèse), à partir de ce moment tel d'entre nous, qui trouve très naturel et très légitime que chacun de ses enfants ait par ses parents tout le bien-être possible et l'augmente encore par des alliances et des héritages, ne trouve ni étrange ni véritablement injuste qu'un grand nombre d'autres êtres ayant tout autant que lui et les siens le besoin et le droit de vivre, n'aient pas de quoi manger, se vêtir et s'abriter. Il ne voit là qu'un malheur déplorable mais inévitable au sein des grandes agglomérations d'hommes et dépendant de circonstances auxquelles il ne peut pas plus remédier complètement, dit-il, qu'il n'y a volontairement contribué. La sympathie qu'il témoigne à ses semblables malheureux, que sa religion lui a appris à appeler ses frères, est sincère ; il cherche tous les moyens de prouver cette sympathie, mais les conditions extérieures et certaines nécessités personnelles veulent malheureusement qu'elle reste platonique et ne se manifeste qu'en sentiments et discours éphémères et légers, que le vent, zéphyr ou aquilon, mêle bientôt aux nuages qui passent.

« *J'ai une femme et des enfants ; j'ai une famille* » est une phrase devenue concluante sur nos lèvres quand on nous demande de nous apitoyer autrement qu'en paroles sur les infortunes des femmes et des enfants de nos frères. Les meilleurs d'entre nous les secourent, en prenant un peu sur ce qu'ils ont de trop. Où commence ce que nous avons de trop? Aussi celui qui connaissait si bien le cœur de l'homme et qui disait : « Laissez venir à moi les petits enfants » (aucun texte ne dit qu'il ait ajouté « légitimes »), aussi celui-là a-t-il ordonné à ses apôtres et à ses ministres de n'avoir pas de famille particulière, pour que le genre humain tout entier restât ou devînt véritablement leur famille.

Tous les hommes ne peuvent pas évidemment être les apôtres et les ministres de Jésus, jusqu'à cette conséquence du célibat qui, au bout d'un certain temps, supprimerait non seulement la famille particulière, mais la famille universelle, comme le demande à cette heure même, mais inutilement, je crois, le philosophe allemand Hartmann, et pour le plus grand nombre des hommes, la nature, en les restreignant à la famille, leur a créé un but, un bonheur et un idéal en rapport avec leur intelligence, leurs besoins et leur cœur. C'est sur ces familles unies, patientes, laborieuses, obscures, sédentaires, qui ne concentrent que sur leurs proches leurs facultés d'aimer, de penser et de dépenser, c'est sur ces groupes que reposent encore, somme toute, la durée, la richesse et la morale des sociétés. Nous le savons. Il y a certainement plus d'hommes qui sont devenus utiles parce qu'ils avaient une famille à élever, qu'il n'y en a qui sont devenus héroïques et célèbres parce qu'ils n'en avaient pas, ce n'est pas douteux, et je supplie de nouveau le lecteur de ne pas conclure trop vite de tous ces développements, que j'ai conçu l'absurde et inutile projet de supprimer le mariage, les pères, les mères, les enfants, les affections, les souvenirs, les joies et les douleurs, et de vouloir que les membres des familles unies aiment et secourent les étrangers autant qu'ils s'aiment et se secourent entre eux, quand ils s'aiment et se secourent. Tout au contraire, je voudrais que la famille allât toujours en se fortifiant; mais je voudrais en même temps qu'elle s'élargît et qu'elle émergeât, pour ainsi dire. Je voudrais enfin que l'homme, en devenant époux et père, continuât à être un peu plus homme, c'est-à-dire à ne point changer le point de vue, la proportion et la couleur, en un mot la réalité des choses parce qu'il a changé, lui, de plan et de position.

Ainsi, par exemple, voilà un homme célibataire, libre, désintéressé par conséquent, intelligent et bon. Il rencontre une femme qui a commis une faute, qui la lui raconte, qui lui demande conseil, appui, protection. Il ne lui a rien promis à cette femme; il ne la connaissait pas hier. Voyez comme il s'émeut, comme il comprend! Il secourt, il fortifie cette coupable; il se garderait bien de la mépriser, de l'insulter, de révéler sa confidence, de trahir son secret. Il y a là en présence une faible qui implore, un fort qui protège; chacun d'eux est bien dans son rôle.

Supposez maintenant que cet homme et cette femme soient mariés ensemble. Comme tout change! La femme a failli; elle a besoin de conseils et de protection; elle n'a ni père ni mère, ni parents ni amis; elle n'a que son mari qui lui a promis devant Dieu et les hommes de la protéger; elle se repent, elle avoue à ce mari la vérité et elle implore de lui conseil, appui, salut.

Vous voyez tout de suite ce qui se passe; quelle colère! quels reproches! quelles représailles! quel scandale! Cet homme ne se possède plus! il crie! il menace! Il plaide! il répudie! il déshonore! il tue! Pourquoi? Parce qu'il n'est plus *homme*, il est *mari*; cette femme n'est plus une *femme*, elle est *sa femme*. Le tout a disparu dans la partie; le principe a été amoindri, dénaturé par un incident de pure convention. Les faiblesses inhérentes à la nature humaine que cet homme comprenait et soulageait hier chez une autre, qu'il comprend et excuse encore chez d'autres et chez lui-même, il ne les admet pas une minute chez *sa femme*.

Si la faute de cette femme doit donner le jour à un enfant dont le mari peut se croire le père, je n'ai pas besoin de vous montrer ce qui se passera. Double colère ! doubles reproches ! doubles représailles ! double scandale ! procès ! désaveu de paternité ! rejet de l'enfant ! désir secret qu'il disparaisse du monde.

Encore une fois, pourquoi tous ces drames ? Cette épouse n'est-elle pas une femme ; c'est-à-dire ce que nous, hommes, nous avons déclaré être ce qu'il y a de plus faible ? (*Quid levius ?* etc.) Ce mari n'est-il pas un homme, c'est-à-dire ce que nous, hommes, nous avons déclaré être ce qu'il y a de plus intelligent, de plus noble et de plus fort, l'image de Dieu sur la terre ? Ce petit bâtard n'est-il pas un enfant, c'est-à-dire ce qu'il y a de plus pur, de plus innocent, de plus digne d'amour et de pitié ? Le mariage doit-il faire perdre à l'homme sa propriété d'homme, à la femme sa manière d'être de femme, à l'enfant sa qualité d'enfant ?

Quelle raison a pu modifier ainsi l'essence même des choses et des êtres ? Un contrat social et religieux, soit. Ce contrat engage les deux parties. Il dit : « Les époux se doivent *mutuellement* fidélité, secours, assistance. Le mari doit protection à sa femme, la femme doit obéissance à son mari. »

Ce mari, qui exige en épousant une jeune fille qu'elle n'ait jamais aimé un homme avant lui, n'a-t-il jamais aimé une femme avant elle ? Le serment qu'il lui fait si facilement, et qu'il lui demande après un si minutieux examen de son passé à elle, ne l'a-t-il jamais fait à d'autres femmes qu'elle, et n'y a-t-il jamais manqué ? Ces femmes ne méritaient pas qu'il tînt le serment qu'il leur faisait, soit. Alors, pourquoi le leur faisait-il ? Cette fille innocente et ignorante qui se marie ne peut-elle pas, elle aussi, être accessible à la passion ? N'est-elle pas de chair, de muscles, de sang, de nerfs et d'os comme lui ? Ce qu'il trouve si simple qu'elle lui pardonne dans le passé, ce qu'il trouverait si simple qu'elle lui pardonnât dans l'avenir, le cas échéant, ce qu'il comprenait hier qu'une autre eût fait, pourquoi ne le lui pardonnerait-il pas à elle? Ce dernier serment de fidélité qu'il a fait légalement, l'a-t-il tenu d'ailleurs? J'admets qu'il l'ait tenu. Est-ce par amour, par devoir ou par satiété qu'il a été fidèle? N'importe, il l'a été; bien. L'engagement de protection qu'il a pris en même temps, l'a-t-il observé comme il devait le faire? A-t-il renseigné, conseillé, dirigé, fortifié, en un mot, protégé, aimé, dans la véritable acception du mot, cette innocente, cette ignorante, cette faible? S'il eût exécuté loyalement, sincèrement le traité, l'eût-elle rompu? Si elle avait reçu de lui ce qu'elle avait le droit d'attendre, ce qu'il avait le devoir de donner, l'eût-elle demandé à un autre? Non; à moins qu'elle ne fût une malade de corps ou d'esprit, un cas pathologique auquel cas elle relève du Codex et non du Code.

Alors pourquoi la loi et l'opinion et cet homme sont-ils si sévères pour cette femme dans le mariage, si indulgents pour cet homme? Parce que la faute de la femme peut introduire l'enfant adultérin dans la communauté et que la faute de l'homme ne le peut pas. Soit. Et puisque vous voulez punir, punissez la femme qui est coupable; mais pourquoi punir l'enfant, qui est innocent? Que vous a-t-il fait? — Il est la preuve vivante d'une faute qui me désespère. — Mais ce n'est pas sa faute à lui. — Est-ce donc la mienne? Tout ce que je sais, c'est que je ne veux pas, je ne peux pas le voir, je le renie et je le chasse. — Sa mère ne pouvant pas le garder, son père ne voulant pas le prendre, vous le repoussant, que va-t-il devenir? — Peu m'importe. — Il n'y a pas d'asile pour le recueillir. — Tant pis. — Il va mourir. — Tant mieux. Voilà.

Or, quelques raisons que vous fassiez valoir, quelque chemin que vous preniez, vous le voyez, dans ces erreurs, ces fautes, ces crimes de l'amour, c'est toujours sur l'innocent que vous frappez, sur l'enfant, à moins qu'il ne se trouve entre vous et vos lois un homme qui soit ce qu'on a tant reproché au *commandant Montaiglin* d'être, qui soit généreux, héroïque, divin, en un mot invraisemblable et selon quelques-uns un peu imbécile.

Or, si l'on a adressé ces reproches à mon héros, que j'ai fait agir comme il le fait parce qu'à ce type de bassesse, Alphonse, représentant l'homme protégé par la loi, qui abandonne son enfant, je devais opposer ce type de grandeur, Montaiglin, représentant l'homme éclairé par sa conscience, qui absout la coupable et recueille l'abandonné; si l'on m'a adressé ces reproches, c'est qu'il est notoire pour tout le monde que les Alphonse sont communs et les Montaiglin rares, et il devient dès lors nécessaire de ne pas attendre les dévouements individuels, volontaires, invraisemblables, qualifiés ridicules, et de chercher des moyens plus généraux et plus pratiques de remédier à toutes ces misères de l'amour.

Eh bien, ces moyens seraient, si l'on voulait, d'une simplicité extraordinaire : ils consisteraient tout bonnement à recueillir, d'où qu'ils viennent, bâtards, adultérins, incestueux, tous les enfants que leurs parents, pour une raison ou pour une autre, ne veulent ou ne peuvent ni avouer, ni reconnaître, ni nourrir.

Les honnêtes gens, les époux réguliers, les familles exemplaires et unies dont nous parlions tout à l'heure, les personnes pieuses s'écrieront que c'est là le meilleur moyen d'augmenter les naissances illégitimes et immorales en encourageant les unions libres, la débauche et l'abandon des enfants même légitimes, par des pères et des mères qui pourraient les élever et qui profiteront de cette facilité pour se dispenser de ce devoir. Les contribuables ajouteront qu'il est parfaitement injuste de leur faire payer à eux, citoyens moraux (tous les contribuables sont moraux), de leur faire payer les désordres et les déportements de tant de drôles et de drôlesses sans moralité, sans scrupules et sans cœur.

A tout ce qu'on pourrait dire, je répondrais obstinément :

« Y a-t-il des peuples qui se font la guerre et se jettent les uns sur les autres dans le seul but d'augmenter leur territoire et leur fortune ? Oui. Est-ce immoral, abominable, contraire à toutes les lois de la justice et de la belle maxime : « Aimez-vous les uns les autres » ? Évidemment.

» Êtes-vous forcés, pour ne pas être envahis et asservis par vos voisins, d'élever des forteresses, d'entretenir des armées, d'arracher pour cela des jeunes gens à leurs familles, à leurs travaux, à leurs amours, et de lever un impôt onéreux, indispensable, inique, sur la fortune et le sang de vos concitoyens ? Oui.

» Y a-t-il des gens qui, malgré les religions et les codes, volent et assasinent leurs compatriotes et leurs frères ? Oui. Avez-vous, pour obvier à ce mal, des gendarmes, des juges, des geôliers, des bourreaux, des tribunaux, des prisons, des galères, des guillotines ? Oui. Pour entretenir tous ces moyens de préservation ou de répression, avez-vous été forcés de lever un impôt énorme, aussi nécessaire que le premier ? Oui.

» Y a-t-il des torrents qui débordent et qui se répandent dans les champs, emportant les récoltes, abattant les maisons, détruisant les troupeaux, anéantissant des familles entières ? Oui. Êtes-vous forcés, à la suite ou en prévision de ces sinistres, pour empêcher autant que possible qu'ils ne se renouvellent, d'élever des digues, de creuser des canaux, de bâtir des quais, de faire les berges des rivières plus larges et leurs lits plus profonds, afin que les inondations ne soient plus si meurtrières, et pour cela levez-vous encore un impôt tout aussi onéreux et tout aussi nécessaire que les deux premiers ? Oui.

» Quand vous rendez vos comptes à votre pays, le rapporteur de votre commission du budget et tous les écocomistes constatent-ils que, si cher que ces moyens vous coûtent, ils sont mille fois au-dessous du prix que vous coûteraient les fléaux qu'ils sont destinés à combattre si vous les laissiez faire? Oui.

» Eh bien, il y a des gens qui, sans morale, sans cœur, sans conscience, sans liens, sans fortune, injustes comme la guerre, perfides comme le vol, lâches comme l'assassinat, aveugles et stupides comme l'inondation, vivent dans l'erreur, la corruption, la débauche ; qui mettent au monde des enfants qu'ils abandonnent et dont le nombre s'élève, en France, au chiffre de un million et demi à deux millions, défalcation faite des 60 pour 100 qui meurent, parmi ces condamnés innocents, quelques jours après leur naissance, tués par la vie étrange qui leur est faite dans notre société chrétienne et civilisée. Pouvez-vous, avec les moyens que vous avez employés jusqu'à présent, empêcher cette génération clandestine ? Non.

» Pouvez-vous discipliner tous ces générateurs, les faire entrer dans le mariage et les forcer d'élever leurs produits? Non. Est-il, étant donnée la dépopulation menaçante du pays, est-il même de votre intérêt d'arrêter cette production immorale et coûteuse? Non ; il serait plutôt de votre intérêt de l'encourager, chaque vie humaine bien employée représentant une valeur pouvant être cotée et produire intérêts, et un de ces enfants que vous laissez si facilement mourir pouvant être plus tard l'homme qui trouvera le mouvement perpétuel ou la direction des ballons, ce qui vous payerait bien vite toutes vos dépenses et vous créerait de bien autres embarras ! Cette production immorale, que son accroissement même rend nécessaire, que vous ne pouvez empêcher ni limiter, dont la morale, la salubrité, l'économie du corps social, l'ordre public et la voirie vous interdisent de vous désintéresser complètement, pouvez-vous la recueillir, l'utiliser et la transformer, comme vous faites des derniers excréments des hommes et des animaux, que vous recueillez avec tant de soin, que vous utilisez avec tant de bénéfice, et dont vous n'avez jamais assez, au point que vous êtes forcés d'en faire venir du Pérou ou d'en créer d'artificiels ? Certainement. Eh bien, recueillez l'enfant et reconnaissez-lui au moins les mêmes droits, la même valeur et la même utilité qu'aux plus vils excréments sortis, comme lui, de cette image de Dieu qu'on appelle l'homme.

» Laissez de côté toute sentimentalité évangélique et chrétienne, toute hypocrisie de justice et de charité ; ne cessez pas pour cela de répandre vos préceptes de morale et de foi sur les jeunes générations, de promulguer les lois préventives et répressives, et d'infliger les châtiments nécessaires ; mais, en attendant de meilleurs effets que ceux que vous avez obtenus jusqu'à présent des errements traditionnels, ne tenez compte que des avantages matériels du pays. Faites vos calculs, et voyez s'il n'est pas de votre intérêt économique de recueillir partout, le plus possible, sans leur demander d'où ils viennent ni qui vous les apporte, tous ces enfants sans père, sans mère et sans nom ; donnez-leur la nourriture, l'abri, le vêtement, la force, l'instruction, la morale dont ils ont besoin, auxquels ils ont droit, et quand ils seront en âge de travailler, vous direz à chacun d'eux : « Ton père et ta mère t'ont abandonné. L'État a remplacé ton père, la société a remplacé ta mère, et, grâce aux sacrifices qu'ils se sont imposés, l'État et la société t'ont conservé sain, robuste, honnête, et par conséquent utile. Fais pour eux maintenant ce que tu aurais fait pour ton père et ta mère s'ils avaient fait pour toi ce qu'ils auraient dû faire : travaille. Nous manquons d'agriculteurs, de soldats, de colons ; aide-nous à cultiver notre sol, à défendre notre patrie, à étendre et à développer nos colonies, à augmenter nos forces et nos richesses, dont tu as eu ta part jusqu'à présent sans y avoir contribué, et qui t'ont donné ce que tu ne devais pas avoir, une patrie, une famille et la vie. »

Voilà le seul parti à prendre. C'est celui qu'a pris la grande Catherine, en Russie, il y a plus de cent ans. Et ce n'était qu'une femme, une barbare et une reine, tandis que nous sommes des hommes, des civilisés et des démocrates !

Mais si nous trouvons trop dispendieuse la combinaison proposée plus haut, ayons le courage implacable des grands politiques païens, la logique inflexible des mathématiciens, des matérialistes, des économistes modernes et des athées. Si tous ces enfants illégitimes, abandonnés, nous embarrassent et nous menacent décidément trop ; si, dans nos calculs, ils doivent nous coûter plus cher qu'ils ne nous rapporteraient, déclarons franchement et honnêtement qu'ils sont encombrants, inutiles et ruineux, que leur mort immédiate peut être plus productive que l'apparence de vie qu'on leur laisse pendant quelque temps, et tuons-les comme les petits chiens dont il a été parlé plus haut. Seulement ne les jetons pas à l'eau ; leurs corps peuvent servir.

Ces enfants pèsent en moyenne trois kilogrammes en venant au monde.

Combien y a-t-il d'enfants abandonnés, mourant par an ? — Tant.

Combien cela peut-il fournir de kilogrammes d'engrais ? — Tant.

Jetons ça dans les champs au lieu de l'enterrer dans des lieux bénits, nous y gagnerons le suaire, la bière et le transport ; nous aurons moins de guano à acheter ; nous féconderons la terre sans perdre de terrain, et au moins tous ces enfants de l'amour serviront à quelque chose : ils feront pousser des betteraves ou du blé.

Vous reculez devant cette solution, si logique qu'elle soit ; vous n'osez pas encore ; je le comprends. Alors arrivez le plus vite possible à l'autre moyen, croyez-moi :

car la mort s'en donne tellement que vous n'avez que juste le temps de faire alliance avec la vie.

De ces réflexions et de beaucoup d'autres sur cet inépuisable sujet, est née la pièce *Monsieur Alphonse*.

J'ai tiré, pour ainsi dire au hasard, dans cette masse d'hommes courants qui fourmillent sous le nom de société, j'ai tiré un garçon ni meilleur ni pire que les autres, un de ces êtres que leurs père et mère ont mis légalement au monde, sans trop bien savoir peut-être ce qu'ils faisaient, parce qu'il est bon et naturel que les filles se marient et qu'il devient dès lors nécessaire que des hommes les épousent. Honnêtes gens, d'ailleurs, qui ont élevé leur fils selon tous les préceptes traditionnels. On l'a baptisé tout de suite; il a eu un parrain, une marraine; on a donné des dragées; sa mère l'a nourri elle-même ou fait nourrir sous ses yeux par une mercenaire bien constituée; on l'a mis ensuite dans un pensionnat ou dans un collège; on lui a fait faire sa première communion; il a terminé tant bien que mal ses études; il a passé son baccalauréat; il a peut-être été reçu. Son père est mort; comme fils de femme veuve d'officier de marine, il a obtenu une place dans un bureau; il était joli garçon : il ne manquait pas d'esprit; il était né de parents sains; il avait des muscles, du sang, des appétits, enfin il était jeune, à Paris, la ville où on l'est le plus tôt et le plus longtemps, pour ne pas dire toujours, et il s'est amusé; il faut bien que jeunesse se passe! Nos dernières révolutions l'avaient créé électeur dès l'âge de vingt et un ans, afin qu'il pût nommer les députés qui maintiendraient ou feraient les lois auxquelles il devra la liberté de s'amuser impunément.

Or, quel est le plus grand amusement de l'homme jeune? La femme.

Si l'homme qui veut s'amuser s'adresse aux courtisanes numérotées et patentées, il doit, comme au jeu d'oie, payer une certaine somme, selon le numéro sur lequel il tombe. S'il refuse, après s'être amusé, de payer la somme fixée, il y a une loi qui l'y force, et la maîtresse du lieu patenté a le droit de requérir les agents de la sûreté et de la morale publiques. Mais si l'homme est délicat, gourmet, si la table d'hôte du plaisir commun — à tant par tête — ne lui plaît pas ou ne lui plaît plus, s'il préfère avoir une femme à lui tout seul, il peut, en pénétrant dans une famille honnête, se faire aimer d'une jeune fille, la séduire, la déshonorer et la rendre mère ; ça ne lui coûtera rien ; il n'y a pas de loi pour garantir les honnêtes filles. A partir de l'âge de quinze ans et trois mois, le code les met à la disposition de l'homme, pourvu que celui-ci n'emploie ni le rapt ni la violence.

Je n'excuse guère plus, je me hâte de le dire, les filles qui se laissent séduire que les hommes qui les séduisent. Je concède que les filles séduites avaient quelques dispositions à l'être. Cependant il faut tenir compte d'une certaine ignorance relative, de ce besoin d'aimer, qui agite plus profondément le cœur de la femme que celui de l'homme, du besoin d'être aimée surtout, de la pauvreté, de la solitude, des rêves qui la hantent, de l'imagination qui la dore et de la nature qui la trouble. Il faut admettre aussi qu'un misérable profitera de l'innocence complète de la jeune fille ou du manque de surveillance ou de moralité des parents. La loi n'a rien prévu de tout cela. Elle n'a prévu, nous le répétons, que le viol et le rapt, cas très rares et que l'expérience de l'homme élude facilement.

Notre jeune homme rencontre une de ces filles dont le travail du père faisait toute l'aisance. Elle a été instruite, bien élevée ; elle est de condition, d'éducation et d'habitudes à ne pouvoir vivre avec un ouvrier. Le père est mort ; le budget est donc fort amoindri. La mère se décourage et s'attriste ; elle meurt à son tour ; l'orpheline reste avec une vieille tante qui la recueille; elle est jolie, mais elle est sans dot; on la regarde, on la convoite : on ne l'épouse pas. Ce dédain est encore du respect, et elle doit savoir gré à ceux qui ne lui demandent pas sa main de ne pas lui demander le reste de sa personne.

Celui qui doit profiter, abuser de cette solitude, de cette tristesse, de cette beauté, de ces rêves qui ont besoin d'un confident, de ces aspirations qui ont besoin d'un but, sort des brumes de l'horizon. Parle-t-il de mariage dans l'avenir, n'en parle-t-il pas? Peu importe; il parle d'amour. Il est écouté; elle se livre. Puisque personne n'a voulu légitimement d'elle, pourquoi ne se donnerait-elle pas à quelqu'un? Raisonnement de femme disposée à la chute; soit. Elle devrait résister, évidemment. La religion, la morale, l'honneur, la raison, l'intérêt, tout le lui dit; c'est convenu. Mais que voulez-vous! c'était le printemps. La terre et le ciel étaient en fête, tout chantait l'amour auprès d'elle, au-dessus d'elle, autour d'elle, en elle! Les cœurs battaient, les yeux brillaient, les mains brûlaient, les voix tremblaient. Toutes ses pudeurs, toutes ses beautés, tout ce qu'elle a de bon, de généreux, de secret, de fier, cette vierge le livre à cet homme. Elle est là tremblante, profanée, vaincue, heureuse, admirable de confiance et de faiblesse, toute rouge de honte et de plaisir. A ce moment, rien de plus touchant, rien de plus sacré; c'est l'amour sans défense, sans calcul, sans regret.

Voyez-vous bien tout ce que cet homme reçoit de cette femme? Il va certainement tomber à ses genoux, lui baiser les pieds, lui demander pardon, la nommer sa femme pour l'éternité devant Dieu et devant les hommes; car il est bien sûr que cette femme l'aime; quelle autre femme pourrait jamais l'aimer davantage et le lui mieux prouver? Eh bien, non! Cet homme couvre en effet cette femme de baisers, mais ce n'est que l'enthousiasme du corps. Quand il va s'éloigner tout à l'heure, car il faudra qu'il s'éloigne pour ne pas la compromettre et pour aller dîner, cette joie qu'il emportera sera la joie de l'orgueil, ce bien-être sera celui d'un désir assouvi, et ce qu'il se rappellera, ce sera une perfection physique qu'il aura pu saisir au milieu de son ivresse. Ce qu'il lui faudrait maintenant, ce serait de pouvoir proclamer son bonheur et son triomphe. Il le fera, n'en doutez pas. Il ne nommera pas la jeune fille, non, — pas tout de suite du moins; — mais il racontera l'histoire à un ami, puis à un autre; puis viendront certains détails; puis il révélera des passages de ses lettres, où elle ne croit parler qu'à lui; il dira son petit nom; enfin il trouvera moyen de la montrer de loin, en recommandant le secret, car il faut qu'il soit envié et glorifié, et il ne sera vraiment heureux que lorsqu'il aura souillé de cette femme, son corps, son esprit, son âme, son honneur et son nom.

Mais ce n'est pas tout; ce que le vice et le libertinage avaient appris à ce drôle, il n'a même pas su l'utiliser pour l'honneur extérieur de celle qu'il déshonorait. Si sa fantaisie laissait des traces, au moins eût-il pu faire qu'elle ne laissât pas de preuves. Les expédients auxquels il aurait peut-être eu recours avec sa propre femme, pour ne pas augmenter sa famille et ses dépenses, il ne veut pas s'y assujettir pour sauvegarder la réputation de celle qu'il prétend aimer. Elle devient mère.

Adieu la poésie, le rêve, les belles nuits d'été, les étoiles, les brises, les parfums, les baisers dans l'ombre, les mots à voix basse, les soupirs étouffés : le petit remue. A qui se confier ? à qui réclamer assistance ? au père de l'enfant. Elle lui annonce *la fatale nouvelle*, elle lui demande un appui, un conseil. Il propose un crime ; « c'est ce qu'il y a de plus simple ; il a un ami étudiant en médecine, etc. »

Elle n'est plus vierge, elle n'est plus aimée ; elle n'est plus pure, soit ; mais elle ne veut pas devenir criminelle ; elle est et veut rester mère. C'était ce qu'il attendait, lui, pour devenir tout à fait lâche. « Si j'avais voulu avoir des enfants, je me serais marié. Que faire d'une *maîtresse* qui a un gros ventre et qui pleure toute la journée? » Il la plante là. Voilà qui est fait.

Est-ce cela que vous avez voulu, Seigneur Dieu, quand vous avez décrété que de l'amour de l'homme naîtrait l'enfant?

Et si le fait est connu, la société, d'accord avec la loi, dira : « Tant pis pour elle ! Elle n'avait qu'à se défendre. » C'est vrai.

Mais, si cette femme était votre sœur, ou votre fille, monsieur, qu'est-ce que vous feriez? — Je tuerais le misérable, ou je mourrais de chagrin. — Alors, c'est sérieux. Merci, c'est tout ce que je voulais savoir. Continuons.

Le temps passe; il va falloir avouer. La vieille tante voit l'altération des traits, la tristesse, les yeux rougis par les larmes nocturnes. Elle interroge; la jeune fille raconte tout. C'est là que Pascal triomphe, et que le cœur trouve des raisons que la raison ne connaît point. Les deux femmes pleurent ensemble. Le petit vivra. Quels embrassements, à la suite de cette décision si touchante, si héroïque, si simple!

Il faut s'éloigner sous un prétexte quelconque. On trouve un refuge ignoré, un médecin discret; l'enfant vient au monde. On le confie à une nourrice de campagne; on revient à Paris; on va le voir en cachette; il est beau, il est sain, il est intelligent; c'est bien l'enfant de l'amour. Si l'amour avait amené le mariage, quel bonheur, quelles joies, quelle fierté maternelle !

Les deux femmes travaillent pour augmenter les ressources. Voyez-vous ces veillées! ces souvenirs! ces regrets! ces réflexions! ces craintes! Pourvu qu'il vive ce pauvre petit, qu'il ne meure pas tout à coup pendant que sa mère ne peut être auprès de lui. Il ne manquerait plus que cela, maintenant, que l'enfant mourût!

Le père a été informé de la naissance, du lieu où l'enfant est élevé, à la charge des deux femmes. Il va le voir de temps en temps. Il y a des jours où ces visites l'amusent, surtout quand il fait beau ; mais c'est tout, et elles deviennent de plus en plus rares. D'ailleurs il songe à se marier. Il faut bien faire une fin. C'est si ennuyeux d'être seul ! On est si mal soigné par une femme de ménage ! La nourriture dans les petits restaurants est si mauvaise ! Et puis l'affaire est bonne. C'est une veuve, madame Guichard, etc.

L'enfant grandit ; il ne sait rien de tout cela, lui ; il paraît heureux de vivre. Tout le monde l'aime, excepté son père ; il commence à parler ; il ne dit que : « Maman » ; mais il a déjà l'air de comprendre. Qui sait ? il comprend peut-être !

Quant à la mère, qui était née pour aimer, elle l'aime, et elle n'aimera plus que lui ; sa vie est faite. Regarde-t-elle dans l'avenir, elle n'y voit rien que son enfant. C'est une petite fille. Tant mieux, « elle ne fera pas ce que son père a fait » ; mais elle fera peut-être ce qu'a fait sa mère. « Oh ! non, je la préserverai, elle sera une honnête femme. » « Et puis, quand elle apprendra plus tard qu'elle doit le jour à une faute, elle sera plus indulgente qu'un homme. »

Quelques années se passent ainsi.

Le hasard met sur le chemin de Raymonde un honnête homme, un marin, orphelin depuis ses premières années, tout seul en ce monde, qui a beaucoup travaillé, beaucoup vu, beaucoup pensé et dont le cœur et le cerveau se sont, pour ainsi dire élargis, dans la proportion de cet horizon circulaire toujours le même et toujours nouveau où l'immensité touche éternellement à l'infini. Il voit ces deux femmes solitaires, laborieuses, tristes ; il devine là de dures épreuves dans le passé, une douleur secrète dans le présent, une grande préoccupation pour l'avenir. Il pénètre peu à peu dans leur intimité. Il est bon et l'on ne fait aucun calcul. Il parle de spectacles grandioses, de contrées inconnues, d'émotions fortifiantes. Il fait pénétrer avec lui dans la modeste demeure un peu du grand air de sa vie poétique, laborieuse et libre, et peu à peu il rafraîchit, parfume, agrandit les petites chambres des deux femmes. Il rétablit pour ainsi dire le lien entre la grande, l'éternelle nature et ces deux pauvres êtres dont l'existence étroite se résumait avant lui dans un souvenir et une angoisse.

Cette jeune fille coupable, résignée, qui n'a vu jusqu'alors dans les hommes que ceux qui l'ont dédaignée et celui qui l'a perdue, commence à entrevoir un nouvel aspect de l'homme. Elle n'aime pas le commandant Montaiglin ; non ; elle en a bien fini avec l'amour, elle le croit du moins, car le sentiment qu'elle éprouve pour Marc n'a rien de commun avec celui qu'elle a éprouvé pour Octave. Elle ne sait pas encore que l'amour, lui aussi, a des aspects différents ; mais elle se dit quelquefois : « Pourquoi n'ai-je pas rencontré cet honnête homme avant l'autre ? » Il est beaucoup plus âgé qu'elle, ses cheveux grisonnent, mais il a l'énergie d'un jeune homme, le cœur d'un enfant, l'allure fière de ceux qui ont l'habitude de protéger et le droit de se faire obéir.

Il faut qu'il reparte, qu'il retourne à ses compagnons, à la lutte, au devoir, à la grande solitude des océans. Il vient prendre congé de Raymonde. Il est ému, lui si courageux, si vaillant, si impassible devant les plus grands dangers. Il demande la permission d'écrire de temps en temps ; il espère aussi des nouvelles *de ses deux amies*, dans tels et tels endroits qu'il désigne, à mille, deux mille lieues. Les distances sont si grandes, les traversées sont si longues, et la vie est si courte ! On se sépare. Elle aurait voulu l'accompagner jusqu'à la gare ; elle n'a pas osé le lui offrir ; il n'aurait pas osé le lui demander. Il n'a même jamais osé lui demander pourquoi elle était toujours triste. Elle se met à la fenêtre. Elle lui dit un dernier adieu, pendant qu'il monte en voiture, l'adieu d'une amie ordinaire ; elle suit des yeux la voiture, jusqu'au tournant de la rue. Il a plusieurs fois regardé et salué par la portière. La voiture disparaît

Voilà dans la vie de Raymonde un nouveau souvenir, un nouveau regret, un nouveau chagrin, sans une espérance de plus; voilà un cœur encore plus gros dans une maison encore plus vide. Qui lui eût dit, il y a quelques mois seulement, qu'il y aurait de la place dans son cœur et dans son esprit pour une émotion qui ne lui viendrait pas de sa vieille tante ou de son petit enfant? Je suis sûr que le lendemain de ce départ, elle aura été voir Adrienne, qu'elle sera restée et qu'elle aura joué encore plus longtemps avec la petite, en l'embrassant davantage.

Mais puisqu'elle est encore plus abandonnée et plus seule, puisqu'elle aime tant sa fille, pourquoi ne la prend-elle pas avec elle? Elle y a pensé bien des fois avant de faire connaissance avec le commandant Montaiglin ; mais sa faute est ignorée ; pourquoi la divulguer à tout le monde, et à lui surtout, maintenant? Elle a peur du mépris, peut-être plus encore de la pitié, qui n'en est souvent qu'une des formes ; c'est bien assez de se mépriser soi-même. Puisque nous demandons si peu de délicatesse aux hommes, ne demandons pas trop d'héroïsme aux femmes.

L'enfant d'ailleurs n'a pas encore besoin de sa mère à tous les moments; les soins de ses nourriciers lui suffisent, l'air de la campagne lui vaut mieux que l'air de Paris dans ce petit logement que les deux femmes ne peuvent quitter, puisque c'est là que leur travail trouve des ressources. Avec des visites régulières, fréquentes, des caresses, des sourires et des jouets, les choses peuvent durer ainsi pendant quelque temps ; l'honneur de la mère y gagnera sans que la santé de sa fille en souffre.

Voyez-vous maintenant ces deux solitudes, la solitude étroite de Raymonde, la vaste solitude de Marc, rapprochées l'une de l'autre, pour ainsi dire, par l'infranchissable étendue qui les sépare? Voyez-vous cette fille silencieuse, cousant, brodant, travaillant enfin près de sa fenêtre pendant le jour, sous la lampe, le soir? « Où M. de Montaiglin peut-il être à cette heure? dit-elle à sa tante. — Qu'il est heureux de voir d'autres pays! Quel homme excellent! »

Voyez-vous cet homme se promenant sur le pont de son navire? Il donne quelques ordres; il surveille; il sonde l'horizon; il se souvient; il rêve. Quand son bateau aura ainsi tracé sur les mers, pendant quelques années encore, ces sillons qui se referment tout seuls et ces sillages qui s'effacent tout de suite; quand, au silence, à la solitude, au désert des grands espaces auront succédé avec l'âge et la fatigue, le silence, la solitude, le désert dans une petite ou dans une grande ville, au milieu d'une société loin de laquelle il aura vécu les trois quarts de sa vie, qui ne saura pas son nom, qui ne s'intéressera pas à ses souvenirs, avec laquelle il n'aura aucun lien, ni par les intérêts ni par le cœur, que restera-t-il à cet homme de devoir, à ce héros obscur? Un vieux serviteur, un ancien marin, fidèle et dévoué, qui épousera sa cuisinière et qui aura une famille sous ses yeux. Sa famille à lui où sera-t-elle? Il n'a plus ni père ni mère. Ils dorment l'un au-dessus de l'autre dans le modeste caveau d'un cimetière de province. Jusqu'à ce qu'il aille les y rejoindre, avec qui pourra-t-il parler de ces deux amours de sa vie? Il n'a ni frère ni sœur, ni neveux ni nièces. Ses camarades, ses amis errent sur les flots, ou sont morts, ou se reposent quelque part, près de quelqu'un, loin de lui, disséminés, indifférents.

Voilà très probablement les phases et les réflexions qui ont précédé le mariage de Marc et de Raymonde.

Quelques personnes ont reproché à celle-ci, quand M. de Montaiglin est venu lui demander si elle voulait être sa femme, de ne lui avoir pas dit la vérité. Il faut connaître bien peu les femmes, pour faire, même au nom de l'esthétique, un pareil reproche à Raymonde. Où est la femme qui avoue sa faute, quand elle n'est pas absolument forcée de l'avouer? Une femme fera la confidence d'une faute à une amie dont elle aura besoin, ou pour continuer à commettre cette faute, ou pour en écarter les dangers, ou pour en dissimuler les conséquences; dans un premier moment de désespoir, elle racontera tout à un ami, qui lui sera absolument indifférent comme homme, et qui n'aura pas le droit de lui demander des comptes; mais à son père, à son mari, à son amant, à celui qui l'aime, qui l'estime, qui la recherche, jamais elle ne dira rien, à moins que les circonstances ne fassent qu'elle ne puisse pas agir autrement ou que de ceux-là seulement dépende son salut. Et encore, nombre de femmes aiment mieux se perdre tout à fait ou mourir que d'avouer.

Le confessionnal n'a pas été institué pour autre chose que pour décharger les consciences des coupables dans le sein d'un homme qui a juré de ne rien révéler et qui assure avoir le droit d'absoudre, après certaines épreuves qui restent toujours un secret entre le pénitent et lui. Je ne pense pas qu'un prêtre qui a reçu la confession d'une femme adultère ait jamais ordonné à cette femme de tout avouer à son mari; je n'admets pas davantage qu'une jeune fille ayant avoué une faute avec tous ses effets à son confesseur, celui-ci lui ait jamais infligé, comme pénitence, d'avouer cette faute, même à ses parents, encore moins à l'homme qui veut l'épouser. Une fois révélées dans le confessionnal, les fautes perdent, pour ainsi dire, tout leur caractère social. Elles ne sont plus sous la juridiction de ceux qu'elles pourraient léser, blesser, irriter et qui, dès lors, n'auraient plus, pour les juger, l'indépendance et l'équilibre d'esprit nécessaires; elles passent de l'ordre des faits matériels dans l'ordre des défaillances morales, prévues par l'Église, et elles ne sont plus justiciables dans les religions que du prêtre, lequel n'a de comptes à rendre à personne des arrêts qu'il prononce. S'il semble au prêtre que le coupable a suffisamment expié, par le repentir et la contrition, la faute commise dans le mystère et révélée dans le secret, le coupable, en vertu de cet axiome évangélique, qu'il y aura plus de joie au ciel pour un seul repentant que pour cent justes, le coupable peut et doit se considérer non seulement comme libéré, mais comme innocent, et, au bout d'un certain temps, comme supérieur peut-être à ceux qui n'ont jamais péché.

Donc si Raymonde, pour mettre fin à ses scrupules, quand Marc lui a demandé d'être sa femme, est allée trouver et consulter un prêtre, ce prêtre a dû lui dire de ne rien déclarer à cet homme, qui, du moment qu'il prétend l'aimer, doit savoir d'avance à quoi l'engage implicitement l'amour chrétien, et pour le prêtre il n'en existe pas d'autre que celui-là. « Que celui qui est sans péché lui jette le premier la pierre ! » — « Qu'elle aille et ne pèche plus ! » Et si les circonstances font que son mari apprenne la vérité, Dieu, qui aura connu et accueilli le repentir de la coupable, éclairera le juge.

Telle est certainement, s'il a été consulté, la réponse que le prêtre a faite.

Essayez de faire croire à une femme qui peut, en apaisant ainsi sa conscience, réaliser sa vie selon ses désirs, essayez donc de lui faire croire qu'elle n'est pas dans le droit, dans le vrai et même dans le bien ! Elle a le ciel pour elle et avec elle. Quand la religion n'a pas pu empêcher la faute, c'est bien le moins qu'elle la remette.

Maintenant supposons que la coupable n'aille pas si loin, qu'elle ne consulte que son intérêt et que le plus simple bon sens, elle se taira encore. Si elle se croit forcée d'avouer à l'homme qui veut devenir son mari qu'elle a appartenu à un autre homme, et que de cette faute est né un enfant, c'est qu'elle suppose qu'après un pareil aveu l'homme qui la croit pure, et qui veut l'épouser, la sachant déshonorée, ne voudra plus d'elle. Alors elle serait bien folle de confier son secret à un étranger qui aura le droit de lui tourner le dos immédiatement, et que rien ne force, sauf la délicatesse, à ne pas divulguer cet aveu. Cette femme se sera donc mise sous la dépendance de cet étranger, elle aura livré son honneur sans avoir rien reçu, sans avoir rien pu exiger en échange. Elle aimera donc mieux s'en rapporter à la Providence, qui d'ailleurs *lui doit bien une revanche après tout ce qu'elle a souffert*; elle se taira, et, dans la pratique, elle aura raison. Avec un peu d'habileté, elle trouvera bien moyen que les faits ne soient jamais connus, et, s'ils le sont, il sera toujours temps d'avouer ou de mourir.

Les choses ne se passent pas autrement dans la réalité. On a vu quelquefois des gens préférer la mort à la crainte d'être déshonorés; je ne crois pas qu'on ait vu un être humain préférer la mort à la chance d'être heureux.

Enfin, dans le cas que j'ai cru devoir soumettre au public, les traditions accoutumées du mariage sont quelque peu modifiées par des circonstances particulières. Il ne s'agit pas d'un jeune homme qui fait demander officiellement la main d'une jeune fille par son père, sa mère ou son notaire, aux parents de ladite jeune fille, avec renseignements sur sa position, sa moralité et ses espérances. En telle occurrence, il est tacitement convenu que la jeune fille n'aura pas le moins du monde engagé son cœur, compromis sa dignité, exposé sa personne.

Ce n'est pas dans ces conditions réglementaires que M. de Montaiglin s'est marié. Raymonde avait déjà vingt-sept ou vingt-huit ans. Elle vivait avec une vieille tante. Les deux femmes étaient tristes, et forcées d'ajouter leur travail à leurs bien modestes ressources. Est-il nécessaire d'avoir fait plusieurs fois le tour du monde pour deviner, pour sentir quelque grande déception, quelque grand chagrin derrière cette tristesse, cette résignation, cet isolement? M. de Montaiglin avait dix-huit ou vingt ans de plus que Raymonde. Est-ce bien le mariage, dans le sens absolu du mot, qu'il a proposé à cette jeune femme? N'est-ce pas plutôt une de ces associations amicales, une de ces unions mixtes d'où doivent être préventivement exclus les enthousiasmes, les illusions, les sévéri tés aussi bien que les ardeurs et les jalousies des unions entre jeunes gens? Un homme de cette intelligence et de ce caractère, de cette expérience et de cet âge, qui pendant dix ou douze ans encore naviguera et disparaîtra durant des mois et des années peut-être, qui par conséquent se séparera de sa femme durant ces absences prolongées, ira-t-il demander la main d'une jeune fille de dix-huit ou vingt ans? Ne sait-il pas d'avance qu'on la lui refusera? ou que, si on l'accepte, c'est que la jeune fille aura besoin d'argent, ou ne sera pas fâchée d'avoir beaucoup de liberté?

Il est nombre d'hommes qui, par les conditions que leur a imposées la vie, en sont réduits à n'inspirer jamais que des sentiments, pour ainsi dire d'occasion, ayant déjà servi. Ils arrivent ou trop absorbés, ou trop timides, ou trop disgraciés de la nature ou de la fortune, ou trop tard, au banquet où les hardis, les heureux et les jeunes sont assis depuis longtemps. Ils doivent ou ne pas manger, ou se contenter de ce qui reste.

Les intelligents, les philosophes, les justes le savent et s'y résignent. Ne les plaignons pas trop, ne nous moquons pas trop d'eux ; il leur arrive quelquefois de tomber sur un bon morceau, ignoré, oublié ou repoussé par un de ces convives difficiles, aveugles, gaspilleurs, rassasiés. Nous retrouvons alors une femme dont la vue éveille en nous le souvenir d'une, ou même de plusieurs aventures galantes, et dont le nom, pendant un certain temps et publiquement, a été accolé avec des noms d'hommes dans ces récits qui voltigent, à travers la fumée de leurs cigares, sur les lèvres des oisifs. Nous retrouvons cette femme au bras d'un honnête homme, qui a eu la faiblesse, disent les uns, le courage, disent les autres, la sottise, disent ceux-ci, la générosité, disent ceux-là, de couvrir légalement de son nom tous ces noms murmurés. Nous l'avons connue légère, compromise, coupable (l'était-elle autant qu'on le disait?), elle l'était assez pour qu'on le dît; nous avons peut-être été nous-mêmes parmi les prédécesseurs de cet homme; puisque nous avons rompu avec cette femme, c'est qu'elle ne nous tenait guère au cœur, et nous sommes tout disposés à rire de celui qui se contente de nos restes.

La curiosité nous pousse à pénétrer dans son intimité. L'homme nous accueille, la femme nous sourit. Ils paraissent être si heureux ensemble, que nous nous demandons si lui, s'est jamais douté de la vérité, si, elle, s'en souvient. Ce qui est certain, c'est que nous sommes complètement effacé de la vie de cette femme, et que nous découvrons tout à coup en elle des qualités intellectuelles, morales, physiques même, que nous ne soupçonnions pas, et que l'amour, l'estime d'un homme de cœur ont fait surgir du fond où elles attendaient et où nous n'avons pas touché. Nous nous apercevons trop tard que nous avons passé à côté d'une valeur véritable, peut-être de notre bonheur. Nous avons piétiné et cédé légèrement un terrain où le propriétaire qui nous a succédé a trouvé une mine d'or, grâce à certains indices qui ne nous avaient pas frappé, et nous ne pensons plus du tout à rire de lui; nous commençons peut-être à l'envier.

C'est qu'il y a là une grosse question à débattre souvent dans sa conscience la plus intime, à savoir : si le fait physique, celui que notre orgueil et notre égoïsme reprochent le plus à la femme, la dégrade et la condamne autant que nous le croyons. Nous faisions remarquer tout à l'heure le peu d'importance que la religion donne au fait, quand l'âme de la coupable s'éclaire, se repent et se transforme. Le raisonnement, l'expérience et la philosophie en arrivent à conclure comme la religion. La femme, dont La Bruyère a pu dire justement : « Elle oublie d'un homme qu'elle n'aime plus jusqu'aux faveurs qu'il a reçues d'elle »; la femme, au *moral* comme au physique, est vouée à des évolutions et à des métamorphoses pendant lesquelles on ne saurait affirmer qu'elle a bien la connaissance et la direction d'elle-même;

de sorte que, de cette faute que nous lui reprochons avec tant de rigueur et quelquefois tant d'injustice, elle peut dire véritablement et sincèrement: « Je ne sais pas comment cela s'est fait. Mon cœur et ma pensée sont aujourd'hui tellement loin de cette impression et de ce fait! Je ne m'en rappelle rien. »

Toujours est-il que le commandant Montaiglin a épousé Raymonde, et que s'il n'a pas tout prévu, il a entrevu certainement, dans la vie de celle dont il faisait sa femme un secret dont il a eu la délicatesse de ne pas lui demander la confidence, car il lui dit au premier acte: *Je t'ai prévenue, n'est-ce pas? quand je t'ai demandé, il y a six ans, si tu voulais être ma femme. Je t'ai bien dit d'avance que ce n'était pas le mariage tel que le rêvent les jeunes filles, que je venait t'offrir; ni mon âge ni ma position ne me permettaient le rôle de Roméo. Nous avons contracté l'un avec l'autre une alliance défensive contre la vie... Je t'ai dit: « Voulez-vous un ami? Je ne pourrai guère passer avec vous que deux ou trois mois par an; mais je saurai dans mes longs voyages qu'il y a quelque part une personne qui pense à moi et qui m'attend quand je reviens. Voulez-vous être ma compagne pendant quelques années et ma fille pendant le reste? » Tu as accepté; c'est cela qui a été convenu, pas autre chose.*

Cela dit, le drame commence et se déroule. Je n'ai pas à le raconter, il va se raconter quelques pages plus loin. Je n'avais à dire ici que ce qui l'a précédé, ce que je ne pouvais dire dans la pièce, que je voulais une et rapide. J'avais aussi à répondre à quelques critiques qui m'ont été faites, et dont je dois d'autant plus tenir compte que les éloges de la presse ont été cette fois presque unanimes.

On a trouvé qu'Adrienne était trop intelligente pour son âge. Il n'y a qu'une chose à répondre à ceux qui ont fait cette critique, c'est qu'ils n'ont probablement pas d'enfants et qu'ils n'ont jamais causé sérieusement avec les enfants des autres. On n'explique pas ce qu'il y a d'intelligence, d'intuition, d'observation, de réflexion, de profondeur, de courage, de justice, de malice et de réserves dans l'esprit et dans l'âme d'un enfant, surtout d'un enfant malheureux, surtout d'une petite fille. Ai-je besoin de rappeler ici la réponse du jeune Louis XVII, âgé de sept ou huit ans, à qui son bourreau Simon demandait : « Que feriez-vous de moi si les Vendéens triomphaient ? » et qui répondait : « Je vous pardonnerais. » Ai-je besoin de rappeler le silence que s'imposa jusqu'à sa mort le royal enfant, quelques mauvais traitements qu'on lui infligeât, quand il reconnut qu'on lui avait fait porter une accusation contre sa mère ?

On discute trop avec les hommes, on ne cause pas assez avec les enfants.

« Il n'y a pas d'homme comme Montaiglin, ai-je entendu dire aussi à propos du dénouement. » Tant pis, s'il n'y en a pas, car il faut qu'il y en ait; mais heureusement il y en a, et la qualité de ces hommes supplée à la quantité absente. Il n'en faut qu'un sur cent, sur mille même, pour que l'exemple domine et pour que le bien et l'idéal triomphent finalement. D'ailleurs je n'ai pas à vous montrer seulement l'homme tel qu'il est, mais aussi aussi tel qu'il pourrait, tel qu'il devrait, tel qu'il doit être. Il y a bien des hommes comme Alphonse, qui perdent les femmes; pourquoi n'y en aurait-il pas comme Montaiglin, qui les sauvent ?

« Mais il sauve Raymonde aux dépens de son honneur à lui ! »

Où avez-vous vu cela ? Où avez-vous vu que l'honneur d'un homme puisse être compromis par la faute de sa femme, par la faute de qui que ce soit ? Ses illusions, son bonheur, son idéal, son amour, sa confiance, sa foi peuvent être entamés, son honneur, non. Notre honneur ne peut être compromis que par un acte émanant de nous-mêmes, de nous seuls, de notre propre volonté. Lorsqu'un homme, trompé par sa femme, provoque ou tue le complice de sa femme, est-ce pour venger son honneur ?

Non; il n'est ni plus ni moins honorable qu'avant. Il a tué ou il a été tué, voilà tout. Il a prouvé qu'il était malheureux, violent et brave, que sa douleur avait besoin de se transformer en vengeance, ou que son orgueil avait besoin de faire de l'éclat. Il a eu peur de l'inaction ou du ridicule; il n'a eu ni l'indifférence du bon sens, ni l'héroïsme du pardon, ni l'esprit de la philosophie. Il a été un homme soumis à ses passions, comme les dix-neuf vingtièmes des hommes, voilà tout.

M. de Montaiglin fait partie du dernier vingtième. Depuis sa jeunesse, il est habitué à vivre parmi les hommes, à leur commander; il a vu les plus beaux spectacles de la nature; il a assisté aux plus grands dangers; il a eu charge d'âmes; il s'est senti grand à côté de ceux qui lui étaient confiés; il s'est senti petit dans les immensités qu'il parcourait; il a vu Dieu pour ainsi dire face à face; il a pensé, il a contemplé, il a comparé, il a jugé, il s'est prosterné, il a compris; il s'est dégagé ainsi des contingences sociales; il s'est mis dans l'absolu où il s'est constitué homme, c'est-à-dire médiateur chrétien, ayant, dans le milieu qu'il occupe, à rétablir toujours l'accord entre le ciel et la terre. Au contact de ces hommes-là, ce qui est ignorant s'éclaire, comme madame Guichard; ce qui est impénitent s'abîme, comme Alphonse; ce qui est innocent est sauvé, comme Adrienne; ce qui est faillible, mais repentant, est pardonné et racheté, comme Raymonde. Le dénouement de *Monsieur Alphonse* est le pendant du dénouement de *la Femme de Claude*, ou plutôt c'est le même homme portant un autre nom, accomplissant, au nom de la justice, de la conscience et de la vérité, ce qui doit être accompli. Cet homme marche dans la vie, une main pleine de châtiments, l'autre pleine de pardons, exterminant la révolte obstinée, comprenant la faiblesse et l'erreur d'un moment, absolvant quand le repentir est sincère et donne des preuves évidentes.

Claude, nous l'avons dit autre part, tue la femme qui,

après avoir avili et prostitué tout ce qui fait la grandeur et la valeur de la femme, la virginité, l'amour, le mariage et la maternité, ne s'en tient pas là et, portant son action malfaisante au delà du foyer qu'elle a souillé, va devenir un danger pour la société, pour l'État, pour la patrie. Claude tue Césarine comme il tuerait la première créature venue pour empêcher une trahison qui mettrait en péril des milliers d'individus, comme un général fait fusiller le traître qui s'est glissé dans les rangs de son armée pour renseigner l'ennemi. Ce n'est pas sa femme adultère qu'il tue, ce n'est pas une femme coupable qu'il châtie, c'est un être nuisible qu'il supprime, c'est un animal venimeux qu'il écrase. Ses souffrances personnelles n'entrent pour rien dans le verdict de sa conscience et dans l'arrêt qu'il exécute. La coupable est sans repentir, le juge est sans pitié.

Montaiglin pardonne, lui, pourquoi? Par le même esprit de justice. Il a à juger une femme qui a failli par confiance, que le remords épure, que la maternité relève. L'épouse a effacé la faute de l'amante, la mère a racheté la femme. Ni Claude ni Montaiglin ne jugent comme des maris; ils n'agissent pas selon les droits contractuels que leur donne leur qualité particulière d'époux; ils ne sont ni dans la passion ni dans la convenance; ils sont dans leur destinée éternelle; ils font tous deux ce que l'homme qui sait pourquoi il est dans ce monde doit faire. Le public a approuvé Montaiglin et désavoué Claude. Question de théâtre, d'opportunité, d'exécution. Ce doit être la faute de l'auteur, qui n'a pas su ou qui n'a pas voulu accommoder la vérité qu'il avait à dire dans *la Femme de Claude* à certaines habitudes du public, plus compatibles avec la donnée de *Monsieur Alphonse*, donnée appartenant plus que l'autre à l'humanité moyenne.

PERSONNAGES

Acteurs
qui ont créé les rôles.

MONTAIGLIN, commandant de vaisseau, 48 ans. MM. Pujol.
OCTAVE, 33 ans.......................... Frédéric Achard.
RÉMY, marin, 50 ans..................... Martin.
DIEUDONNÉ, clerc de notaire, 30 ans..... Dalbert.
RAYMONDE DE MONTAIGLIN, 30 ans.. Mmes Pierson.
MADAME GUICHARD, entre 35 et 40 ans.... Alphonsine.
ADRIENNE, 11 ans........................ Lody.

Les trois actes à la campagne, de nos jours, chez le commandant Montaiglin.

Même décor pour les trois actes.

MONSIEUR ALPHONSE

ACTE PREMIER

Un salon très simple mais très confortable au rez-de-chaussée, à la campagne ; porte vitrée au fond, portes latérales.

SCÈNE PREMIÈRE

OCTAVE, RAYMONDE, assise et brodant.

OCTAVE, assis auprès de Raymonde.

Est-ce convenu ?

RAYMONDE.

Non.

OCTAVE.

Parce que ?

RAYMONDE.

Parce que c'est mal.

OCTAVE.

Qu'est-ce qu'il y a de mal là-dedans ? Je trouve cela très ingénieux.

RAYMONDE.

Trop ingénieux !

OCTAVE.

Vous ne voulez pas?

RAYMONDE, se levant.

Non.

OCTAVE.

Je croyais que cela vous ferait plaisir de voir Adrienne tous les jours.

RAYMONDE.

Ce serait la joie de ma vie; mais pas dans ces conditions-là.

OCTAVE, ironique.

Il y a un autre moyen, alors!

RAYMONDE.

Lequel?

OCTAVE.

Avouez tout à votre mari.

RAYMONDE.

Tout?

OCTAVE.

Tout ce qui vous concerne, vous.

RAYMONDE.

C'est ce que j'aurais dû faire avant mon mariage. Je n'ai jamais osé : rougir devant lui, jamais! J'en mourrais de honte. J'aime mieux mourir de chagrin tout bonnement. Ah! je souffre, allez.

OCTAVE.

Alors, revenons à mon moyen qui concilie tout.

Silence de Raymonde.

RAYMONDE.

Il y a des choses que vous ne comprendrez jamais, décidément.

ACTE PREMIER.

OCTAVE, riant.

Je suis donc bien bête?

RAYMONDE.

Oh! je vous en prie, ne riez pas toujours ainsi, et de tout.

OCTAVE.

Vous voulez que je sois sérieux?

RAYMONDE.

Oui, si vous pouvez!

OCTAVE.

Eh bien, pour la dernière fois, voulez-vous, oui ou non, que j'introduise Adrienne ici par le moyen bien simple que je vous ai communiqué tout à l'heure?

RAYMONDE.

Non.

OCTAVE.

Alors, ce sera pas ma faute si vous ne la revoyez plus.

RAYMONDE.

Comment, si je ne la revois plus? Qu'allez-vous donc faire?

OCTAVE.

Je vais l'envoyer en Amérique, à une vieille parente à moi, qui consent à se charger d'elle.

RAYMONDE.

En Amérique! Vous ne la laisserez pas chez les gens qui l'ont élevée?

OCTAVE.

Elle ne peut pas y rester éternellement; je ne peux pas non plus la prendre avec moi, puisque je me marie; et ma future femme n'est pas de celles qui se chargent des enfants des autres. Dans cette situation, ma combinaison était un trait de génie. Au lieu de courir les routes, comme vous y êtes forcée depuis dix ans, pour embrasser cette enfant à la dérobée, — ce que vous faites aussi souvent que vous le pouvez, c'est une justice à vous rendre, — vous auriez eu cette enfant perpétuellement à côté de vous, et vous auriez pu l'aimer, la soigner, l'embrasser à la face de tous. Vous ne voulez pas, n'en parlons plus. Je vais la remmener.

RAYMONDE.

La remmener! Où est-elle donc?

OCTAVE.

Dans le village, à l'hôtel où je suis descendu

RAYMONDE.

Vous avez eu l'audace de l'amener ici?

OCTAVE.

J'étais si sûr de votre consentement! Voyez ma naïveté. Et, en somme, quelle audace y a-t-il à cela? Je viens faire une visite d'adieu à ce vieil ami de ma famille qu'on appelle Marc de Montaiglin, commandant de la *Galathée*, qui repart demain pour un voyage d'un an, de deux ans peut-être. Il habite la campagne. Il fait beau. J'ai une fille de onze ans, personne n'en sait rien, pas même elle. J'emmène ma fille avec moi pour lui faire prendre l'air; mais comme je n'ai pas besoin de raconter mes affaires à M. de Montaiglin, je laisse ma fille à l'hôtel pendant que je viens faire ma visite. En attendant que le commandant rentre, et tout en causant avec madame de Montaiglin que je trouve fort triste, ce qui est bien naturel la veille du départ d'un mari qu'elle aime, il me vient une idée dont l'exécution pourrait la distraire pendant la longue absence du commandant. Cette idée, c'est de lui confier ma fille qui n'a ni père ni mère, et qui ne saurait être en meilleures mains. Madame de Montaiglin repousse cette idée; j'attends que M. de Montaiglin rentre, je lui présente mes devoirs, je l'embrasse même; je m'en retourne à Paris avec Adrienne, et je la remets aux soins d'une étrangère qui, moyennant une rétribution quelconque, se chargera de la conduire en Amérique, voyage fatigant, dangereux même; car l'enfant est changée, très changée depuis trois mois que vous n'avez pu aller la voir.

RAYMONDE.

Quel plaisir vous avez à me faire du mal! Et comme je vous hais! Pourquoi voulez-vous faire partir cette enfant?

OCTAVE.

Parce que, je vous le répète, si la femme que je vais épouser apprenait la vérité avant le mariage, le mariage serait rompu, et il faut que ce mariage se fasse; et que, si elle l'apprenait après, la vie serait un enfer. Elle est jalouse, même du passé. Elle me surveille sans cesse. S'il y avait que moi en jeu, ce ne serait rien, mais il y a vous; et, si après avoir eu connaissance de l'existence de cette enfant, ma fiancée acquérait la preuve que c'est vous la mère, elle vous ferait tout le mal possible.

RAYMONDE.

Et pourquoi épousez-vous cette femme-là?

OCTAVE.

Parce qu'il le faut.

RAYMONDE.

Je vous plains!

OCTAVE.

Il a bien fallu que vous épousiez M. de Montaiglin, vous...

RAYMONDE, avec amertume et ironie.

C'est vrai; mais moi, j'avais commis une faute, tandis que vous, vous n'en avez jamais commis.

OCTAVE.

Enfin, dès que votre mari sera reparti, et il repart demain, vous retournerez voir Adrienne. Je ne veux pas qu'Adrienne reprenne l'habitude de vous aimer, puisque vous ne l'aimez pas. Si vous l'aimiez non seulement vous accepteriez le moyen que je vous propose, mais vous me béniriez pour vous l'avoir proposé...

RAYMONDE.

Cette enfant, vous le savez, m'appelle maman quand elle me voit.

OCTAVE.

Mais elle ne sait pas ce que ce mot veut dire. Soyez tranquille, elle ne se trahira pas ici. Je lui ai recommandé d'avoir l'air de ne pas vous connaître; elle est capable de garder un secret, elle ne dit que ce qu'elle veut dire. Elle tient de moi.

RAYMONDE.

J'espère que non.

OCTAVE.

Ah! vous me traitez bien; heureusement que je ne suis pas susceptible. Et, au bout de quelques mois de cette intimité nouvelle, il sera tout naturel que cette enfant d'adoption vous appelle sa mère, et tout le monde sera content. On regarde comme des malheurs un certain enchaînement de circonstances qui font l'étonnement et quelquefois le désespoir des imbéciles et des timides, mais dont l'homme intelligent ou se préserve ou tire parti. Il y a dans le passé un fait que vous voudriez en effacer; c'est impossible; il vaudrait mieux qu'il n'eût pas été, évidemment; il est; nous n'y pouvons plus rien. Au lieu de déplorer éternellement ce fait, voyons ce que nous pouvons en extraire d'agréable pour vous et d'utile pour l'enfant. Le hasard, le hasard seul a voulu que vous devinssiez la femme d'un ami de mon père, qui m'a connu tout enfant. Utilisons le hasard : c'est la providence des gens d'esprit.

RAYMONDE.

Quel homme êtes-vous?

OCTAVE.

Ma chère...

RAYMONDE, avec dignité

Monsieur...

OCTAVE.

Pardon; je suis familier, mettons mal élevé, si vous l'aimez mieux. Eh bien, chère madame... madame, je suis un homme qui voit la vie telle qu'elle est, et qui a juré une fois pour toutes, de n'être la dupe ni des choses ni des gens. Du reste, mon tort est de vous avoir fait part de mon projet. Je n'avais qu'à en parler à votre mari sans vous en rien dire, vous auriez été forcée d'accepter le fait accompli, car il n'est pas douteux qu'il n'acceptât, lui, ma proposition.

RAYMONDE.

Un homme comme lui est incapable de soupçonner.

OCTAVE.

C'est ce qu'il faut; le reste est sans importance. Voici votre mari, laissez-moi faire et réfléchissez pendant ce temps-là. Si le résultat de vos réflexions est que vous devez refuser, eh bien, vous refuserez; mais moi, je n'aurai rien à me reprocher.

RAYMONDE.

Oh! soyez tranquille; les hommes comme vous n'ont jamais rien à se reprocher.

SCÈNE II

Les Mêmes, MONTAIGLIN.

MONTAIGLIN.

Je suis un peu en retard, j'ai été retenu à Paris (A Raymonde.) Tu n'as pas été inquiète?

RAYMONDE.

Non, mon ami. J'ai bien pensé...
Elle lui montre Octave.

MONTAIGLIN.

Tiens, te voilà, toi, mauvais sujet! Je te croyais mort!

OCTAVE.

Mon cher commandant, je savais que vous partiez demain, et, comme je ne vous ai pas vu depuis plusieurs années, je voulais vous présenter mes respects avant votre départ. J'avais à vous dire aussi beaucoup de choses, dont j'ai déjà touché deux mots à madame de Montaiglin; mais madame ne veut rien conclure sans votre consentement. Et puis, il y a dans cette affaire bien des détails qu'on ne peut donner qu'à un homme. Ce n'est pas pour rien, n'est-ce pas, que vous m'appeliez mauvais sujet tout à l'heure? — Madame de Montaiglin, bouchez-vous les oreilles.

RAYMONDE.

J'aime mieux vous laisser ensemble; j'ai des préparatifs à surveiller.

MONTAIGLIN, bas, à Raymonde.

Tu as l'air triste.

RAYMONDE, même ton.

Comment serais-je gaie, la veille de votre départ? Qu'est-ce que je suis sans vous?

MONTAIGLIN.

Ce voyage sera le dernier.

RAYMONDE.

Dieu le veuille!

MONTAIGLIN, l'embrassant.

Et il ne sera peut-être pas aussi long que tu le crois. Va, mon enfant, va.
Il l'embrasse encore.

SCÈNE III

OCTAVE, MONTAIGLIN.

MONTAIGLIN.

De quoi s'agit-il?

OCTAVE.

J'ai un grand service à vous demander. Je n'ai pas besoin de vous dire, que vous me le rendiez ou non, que la chose doit rester absolument entre nous. Je puis compter sur la discrétion de madame de Montaiglin comme sur la vôtre, je le sais; mais à vous j'en dirai plus long qu'à elle. J'ai une fille.

MONTAIGLIN.

Toi?

OCTAVE.

Moi.

MONTAIGLIN.

De la femme que tu vas épouser?

OCTAVE.

Non.

MONTAIGLIN.

Ta future femme n'en sait rien?

OCTAVE.

Elle ne s'en doute pas, et il ne faut pas qu'elle s'en doute. Elle ne me le pardonnerait jamais.

MONTAIGLIN.

Pourquoi?

OCTAVE.

Parce qu'elle est convaincue que je n'ai jamais aimé qu'elle.

MONTAIGLIN.

Elle ne sait pas que tu n'as jamais aimé personne, ce qui est bien plus simple.

OCTAVE.

Vous avez une très mauvaise opinion de moi.

MONTAIGLIN.

Oh! très mauvaise.

OCTAVE.

Sérieusement?

MONTAIGLIN.

Sérieusement.

OCTAVE.

Pourquoi?

MONTAIGLIN.

Parce que j'ai la plus mauvaise opinion des gens légers et vaniteux.

OCTAVE.

Léger, c'est possible ; vaniteux, non. Et vous allez voir que ma légèreté n'est qu'apparente. Seulement, il faut hurler avec les loups, et, quand on est d'un temps égoïste et sceptique, se faire, en apparence, plus égoïste et plus sceptique que les autres, pour ne pas être mangé, quitte à se montrer tel que l'on est à un homme de cœur comme vous, que l'on estime et que l'on aime. Dois-je continuer?

MONTAIGLIN.

—Va.

OCTAVE.

J'ai donc une fille de onze ans.

MONTAIGLIN.

De onze ans?

OCTAVE.

Oui.

MONTAIGLIN.

Et tu en as?

OCTAVE.

Trente-trois.

MONTAIGLIN.

Tu n'as pas perdu de temps. Et où est-elle, ta fille?

OCTAVE.

Elle est confiée à des paysans.

MONTAIGLIN.

Et sa mère?

OCTAVE.

Sa mère ne la connaît pas.

MONTAIGLIN.

Qu'est-ce qu'elle est devenue, cette mère?

OCTAVE.

Je pourrais vous dire qu'elle est morte. J'aime mieux vous dire la vérité; elle court le monde.

MONTAIGLIN.

Grâce à toi!

OCTAVE.

Comment cela?

MONTAIGLIN.

C'était sans doute une honnête fille que tu as séduite et que tu as abandonnée après?

OCTAVE.

Est-ce qu'on séduit quand on a vingt ans? On se laisse entraîner.

MONTAIGLIN.

N'importe; à partir du moment où elle devenait mère par toi et où tu devenais père par elle, tu devais l'épouser.

OCTAVE.

C'était impossible; elle était mariée. Ah! vous voudriez que les hommes fussent des anges; cela vaudrait mieux certainement et cela simplifierait bien des choses; mais ce n'est pas si facile que ça, et, en suivant le chemin qu'ils ont pris, ils n'y arriveront pas de sitôt! En attendant, il faut tenir un peu compte de l'éducation que les gens ont reçue, du milieu dans lequel ils se sont trouvés et des mauvais exemples qu'ils ont eu autour d'eux. Je ne suis pas un saint, c'est évident; mais toutes les femmes non plus ne sont pas des saintes. Vous êtes magnifiques, vous autres gens moraux et heureux. Parce que vous avez eu une jeunesse surveillée et contenue, parce que vos parents vous ont mis sur une route toute droite, parce que vous avez vécu en relation avec les grands océans, les grands horizons, les grands spectacles et les grandes pensées; parce que vous avez trouvé une honnête fille que vous avez aimée, qui vous aimait et dont vous avez pu faire votre femme, vous dites : « Il n'y a rien de plus simple que de vivre régulièrement; il n'y a qu'à faire comme moi. » Eh! mon cher commandant, tous ceux qui sont à ma place font comme moi, et beaucoup de ceux qui sont à la vôtre ne font pas comme vous. Voilà la vérité.

MONTAIGLIN.

Je ne sais pas ce qu'il y a de vrai et de faux dans tout ce que tu me racontes, et je ne te juge que d'après ce que je t'ai vu faire moi-même. Nul n'est plus indulgent que moi, mais il est des choses que je ne pardonne pas, ce sont les choses vilaines que l'on fait sciemment. Qu'un garçon de vingt ans, abandonné à lui-même, mal élevé, mal entouré comme tu l'étais, fasse toutes les folies de son âge, je l'admets et je l'excuse pendant quelque temps; mais, peu à peu, quand on est aussi intelligent que toi, ce que les autres ne nous ont pas appris, on l'apprend tout seul. Les hommes les plus solides et les plus valables sont ceux qui se sont faits eux-mêmes par leur propre expérience et leur propre volonté, et, quoi que tu en dises, c'est ainsi que je me suis fait. Or, tu as trente-trois ans, et tu vas te marier...

OCTAVE.

Eh bien, c'est donc mal, de se marier?

MONTAIGLIN.

Je vais te dire le fond de ma pensée : à ton âge, on sait ce qu'on fait, quand on est le garçon que tu es; et, quand on sait ce qu'on fait et qu'on se marie comme tu vas te marier, on sait qu'on fait ce qu'on ne doit pas faire.

OCTAVE.

Commandant, ma femme...

MONTAIGLIN.

Ta femme, ou plutôt ta fiancée, je ne dis rien d'elle, je ne la connais pas, et je me figure que je ne la connaîtrai jamais; mais, si je ne la connais pas, je connais des gens qui la connaissent. Elle est plus âgée que toi.

OCTAVE.

Deux ou trois ans au plus, et elle est encore très bien.

MONTAIGLIN.

Cependant si elle n'était pas riche, si elle n'avait pas quarante ou cinquante mille livres de rente, tu ne l'aurais probablement pas regardée. Tu fais donc une affaire, ce que j'appelais tout à l'heure une vilaine chose. Avec cela, tu as un enfant; quand tu me l'as appris tout à l'heure, j'ai cru que cet enfant était de cette femme. Ton mariage devenait alors la mise en ordre d'une situation fausse que la mort d'un mari permettait de régulariser à peu près. Non, ce n'est pas même cela. Tu as trente-trois ans, l'âge où l'homme ayant toute sa force peut prouver toute son énergie, tout son désintéressement, toute sa dignité. Tu es dans un bureau, c'est modeste, mais c'est honorable et suffisant; avec un peu de travail et de persévérance, tu pourrais rendre ta situation meilleure en la maintenant indépendante et régulière; tu aimes mieux épouser une femme au-dessous de toi par sa naissance, par son éducation, par ses antécédents. (Mouvement d'Octave.) Je ne te demande rien; tu aimes mieux épouser cette femme, parce que sa fortune te permettra de ne plus rien faire et de vivre à Paris avec des oisifs qui vont t'exploiter ou te mépriser, selon qu'ils seront au-dessous ou au-dessus de toi; tu es dans le faux. Voilà ce que me donne le droit de te dire la vieille amitié que j'avais pour ton père, brave marin qui est mort dans mes bras et dont le seul tort était de ne pouvoir te surveiller assez, et de te confier à ta mère, qui t'aimait trop. Elle l'a bien payé, la pauvre femme! elle est morte, probablement en se reconnaissant inutile, du moment qu'elle avait dépensé jusqu'au dernier sou pour effacer tes folies. Tout cela n'est pas joli, mon garçon.

OCTAVE.

Je vous ferai seulement observer, commandant, qu'en me mariant, je légitime une situation...

MONTAIGLIN.

Oui, tu es depuis trois ans en liaison avec madame Guichard, qui fut jadis servante à l'hôtel du Lion d'or, dans je ne sais plus quelle ville de province, et que le maître dudit hôtel a élevée jusqu'à lui.

OCTAVE.

Et qu'il a épousée.

MONTAIGLIN.

Quand cela?

OCTAVE.

Deux heures avant de mourir.

MONTAIGLIN.

Il était temps !

OCTAVE.

Cela prouve qu'il l'estimait.

MONTAIGLIN.

Et qu'il n'avait pas raison de l'estimer, puisque tu étais...

OCTAVE.

Il était bien ennuyeux, bien malade ; elle a eu joliment du mérite, cette femme-là ! Elle l'a soigné avec un dévouement que beaucoup de femmes n'auraient pas eu.

MONTAIGLIN.

Enfin, on m'a dit que tu n'étais pas seulement l'amant de cette femme, mais aussi son obligé. (Mouvement d'Octave.) Je ne te demande ni démenti ni aveu. Ce sont là choses dont il vaut mieux ne pas parler.

OCTAVE, s'éloignant.

Adieu, commandant.

MONTAIGLIN.

Tu t'en vas ?

OCTAVE.

Oui, après ce que je viens d'entendre, c'est, je crois, ce que j'ai de mieux à faire.

MONTAIGLIN.

Non ; de moi tu peux tout entendre ; et, si je te parle ainsi, juste au moment où tu vas me demander un service, ce n'est ni pour te faire comprendre que tu es indiscret, ni pour te le faire payer d'avance ; c'est parce qu'il est encore temps que tu réfléchisses ; c'est parce qu'il s'agit d'un enfant et que j'ai l'espoir que tu vas racheter tout ce que tu as à te reprocher par le sentiment paternel. — Aimes-tu ta fille ?

OCTAVE.

L'aurais-je élevée jusqu'à onze ans, si je ne l'aimais pas?

MONTAIGLIN, lui donnant la main.

Donne-moi ta main. Tu commences d'aujourd'hui pour moi ; qu'est-ce que tu veux?

OCTAVE.

Eh bien, commandant, voici ce que je voulais vous dire : quelles que soient les raisons pour lesquelles j'épouse madame Guichard, je l'épouse, et jamais elle ne consentira à se charger de ma fille, dont, dès lors, je suis forcé de lui cacher l'existence. Cette enfant a onze ans; à cet âge, une fille a besoin d'être surveillée. Elle est restée, jusqu'à ce jour, entre les mains de braves gens de la campagne qui l'aimaient assez bêtement, comme on aime à la campagne, et qui lui ont fait apprendre à lire, à écrire, à compter et à coudre. Ça ne va pas beaucoup plus loin ; un peu de catéchisme, et c'est tout. Vous n'avez pas d'enfant, vous partez demain pour un très long voyage; madame de Montaiglin va rester absolument seule ; voulez-vous me permettre de lui confier ma fille, qui ne saurait avoir une meilleure directrice, qu'elle élèvera comme il lui plaira, et qu'elle traitera enfin comme son enfant? Madame de Montaiglin est toute prête ; elle n'attend plus que votre autorisation.

MONTAIGLIN.

Amène ta fille quand tu voudras.

OCTAVE.

Je vais la chercher, elle est dans le village.

MONTAIGLIN, appelant.

Raymonde! Raymonde! (A Raymonde qui est entrée.) Je t'ai dit quelquefois du mal de ce garçon-là : oublie-le ; il a une enfant, il l'aime, le voilà en route pour le bien. (A Octave.) Va chercher ta fille.

Octave sort, en regardant Raymonde, qui détourne les yeux

SCÈNE IV

RAYMONDE, MONTAIGLIN.

RAYMONDE.

Comme vous êtes bon !

MONTAIGLIN.

Alors, embrasse-moi.

RAYMONDE.

Oh ! bien volontiers. (Elle lui jette les bras autour du cou.) Vous ne pouvez pas savoir combien je vous aime.

MONTAIGLIN.

Est-ce vrai ?

RAYMONDE.

Et si je ne vous le dis pas plus souvent...

MONTAIGLIN, souriant.

C'est que je suis souvent trop loin pour l'entendre.

RAYMONDE.

Non : c'est que vous êtes trop grand pour que je l'ose. Alors, je vous l'écris ; cela me semble plus facile à distance.

MONTAIGLIN.

Hélas ! j'ai vingt ans de plus que toi ; voilà ma seule supériorité, et je l'abandonnerais pour bien peu de chose. Et, si tu ne me dis pas que tu m'aimes, ou, du moins, si tu ne me le dis pas autant que tu le voudrais quand je suis là, c'est qu'il faudrait me le dire comme à un époux de ton âge, et que mes cheveux grisonnants ne te laissent guère d'illusions ; tandis que, à distance, je n'ai plus d'âge, ni de forme, ni de nuance, je me confonds avec les teintes vagues de l'horizon, et tu peux m'oublier assez pour croire que tu m'aimes.

RAYMONDE.

Vous doutez? C'est mal! Écoutez, j'ai pour vous une telle admiration, un tel respect, un tel culte...

MONTAIGLIN.

Dis tous les mots que tu voudras, ça ne fera jamais de l'amour.

RAYMONDE.

Un tel amour, si puissant, si profond, si jeune, que je ne pense qu'à vous, que je ne vis que pour vous, dans l'idéal comme dans la réalité. Car je vous dois tout! Vous m'avez prise fille pauvre et dédaignée et vous m'avez faite ce que je suis, femme heureuse, enviée, riche. Vous m'avez donné votre fortune, votre nom glorieux, vous m'avez associée à votre grande et utile existence. Avant vous, je ne voyais pas, je ne savais pas, je ne comprenais pas; vous m'avez fait vivre enfin! Soyez béni! et sachez que, si ma mort, à quelque moment que ce soit, pouvait vous épargner une douleur, un chagrin, une émotion, je mourrais en souriant, en chantant.

MONTAIGLIN.

Je te crois et je t'aime.

RAYMONDE, le retenant près d'elle.

Non, non, vous m'avez faite trop intelligente et je vous connais trop pour ne pas voir un doute dans vos yeux; si vos yeux pouvaient me le cacher, je le lirais dans votre pensée. Nous ne faisons plus qu'un, rappelez-vous-le bien; vous êtes mon maître, mon père, mon époux, mon ami, mon Dieu! Rien de ce qui vous touche ne m'est indifférent et ce qui vibre en vous retentit en moi. Vous êtes triste quand je vous dis que je vous aime. Pourquoi êtes-vous triste?

MONTAIGLIN.

Je pars demain.

ACTE PREMIER.

RAYMONDE.

Ne partez pas. Donnez votre démission; vous n'avez besoin de personne.

MONTAIGLIN.

Mais il y a des gens qui ont besoin de moi. Tout mon équipage m'attend et m'aime. Ces hommes et moi, nous avons vécu de la même vie, nous avons couru les mêmes dangers. Je suis leur chef, leur compagnon, leur frère, comme je suis ton époux, ton guide et ton ami. Je n'ai pas le droit de les livrer à un autre tant que j'ai la force de les conduire. Et puis j'ai pris l'habitude de cette existence virile, de ces rudes travaux, de ces luttes soudaines avec les éléments, de ces fatigues régulières et des pensées saines et fortifiantes qui nous viennent dans le silence des grandes étendues. C'est elles qui m'ont fait ce que je suis; laisse-moi donc retourner à elles, elles ont peut-être encore quelque chose à m'apprendre. L'inaction prolongée me tuerait, et, toi-même, tu ne m'estimerais plus oisif. D'ailleurs, c'est le travail, c'est le devoir, c'est-à-dire la communion de l'homme avec l'humanité; laisse-moi faire.

RAYMONDE.

Vous avez raison, toujours raison. Soyez utile et bon, je ne peux qu'y gagner.

MONTAIGLIN.

Puis je t'ai prévenue, n'est-ce pas? quand je t'ai demandé, il y a six ans, si tu voulais être ma femme : je t'ai bien dit d'avance que ce n'était pas le mariage tel que le rêvent les jeunes filles que je venais t'offrir. Ni mon âge ni ma position ne me permettaient le rôle de Roméo. Nous avons contracté l'un avec l'autre une alliance défensive contre la vie. Tu étais si modeste, si triste auprès de cette vieille tante dont la raison s'éteignait peu à peu, que je me suis cru en droit de t'offrir mon nom et ma tendresse pour t'abriter définitivement. Que serais-tu devenue après sa mort? Je t'ai dit : « Voulez-vous un ami? Je ne pourrai guère passer avec vous que deux ou trois mois par an ; mais je saurai, dans mes longs voyages, qu'il y a quelque part une personne qui pense à moi, et qui m'attend quand je reviens. Voulez-vous être ma compagne pendant quelques années, et ma fille pendant le reste? » Tu as accepté. C'est cela qui a été convenu, pas autre chose.

SCÈNE V

Les Mêmes, OCTAVE, ADRIENNE.

OCTAVE, entrant et tenant Adrienne par la main.

Voilà notre sauvage. (Bas, à Montaiglin.) Elle m'appelle monsieur : elle ne sait pas que je suis son père. Ne le lui dites pas.

MONTAIGLIN.

Sois tranquille. (A Adrienne qui a regardé pendant ce temps-là Raymonde et a échangé avec elle un signe invisible pour les autres. Entrez, mon enfant, entrez! Les personnes qui sont ici ne vous veulent que du bien.

ADRIENNE, à Montaiglin et à Raymonde.

Alors, vous voulez bien vous charger de moi?

RAYMONDE.

Nous en sommes très heureux.

MONTAIGLIN.

Quel âge avez-vous?

ADRIENNE, à Octave.

Près de onze ans, n'est-ce pas, monsieur?

Octave fait signe que oui.

MONTAIGLIN.

Et vous vous nommez?

ACTE PREMIER.

ADRIENNE.

Adrienne. Au village, on m'appelait Adrienne Freneau, du nom de mes père et mère nourriciers. Mais, véritablement, je n'ai pas d'autre nom qu'Adrienne.

Montaiglin regarde Octave.

OCTAVE.

C'est un joli nom.

MONTAIGLIN.

Alors, vous n'avez plus de parents?

ADRIENNE.

Je n'en ai jamais eu; je n'ai jamais vu, en dehors de mes nourriciers, que monsieur (Elle montre Octave.), qui a connu mes parents, m'a-t-il dit, et leur a promis, quand ils sont morts, de s'occuper de moi. Il a tenu parole, il a été bien bon pour moi, mais jamais autant qu'aujourd'hui.

Elle lui tend les bras.

MONTAIGLIN.

Embrasse-la donc.

OCTAVE, l'embrassant sur le front.

Elle sait que je l'aime bien.

MONTAIGLIN.

Vous croyez donc que vous serez heureuse ici?

ADRIENNE.

J'en suis sûre.

MONTAIGLIN.

Étiez-vous donc mal chez vos nourriciers?

ADRIENNE.

Non; mais ils avaient beaucoup à faire, et puis ils n'en savaient pas long, et il n'y avait pas moyen de causer avec eux.

MONTAIGLIN.

Et vous voulez causer, vous?

ADRIENNE.

Oui.

MONTAIGLIN.

De quoi?

ADRIENNE.

De tout ce que vous savez et que je veux savoir. Et puis je pense aussi, moi, et je voudrais dire à quelqu'un ce que je pense; à madame, si elle veut. (Mouvement instinctif d'inquiétude de Raymonde en voyant Adrienne s'approcher d'elle.) Oh! ne craignez rien, madame; vous pouvez approcher de moi; je ne suis pas méchante. Figurez-vous que j'avais quelquefois si grand besoin de dire ce que j'avais là et là (Elle montre sa tête et son cœur.), que je pleurais toute seule et que j'étais malade, de ne pouvoir le dire à personne, dans ces derniers temps surtout; mais, maintenant, je vais me rattraper.

MONTAIGLIN.

Pourquoi ne causiez-vous pas avec monsieur?

Il montre Octave.

ADRIENNE.

Il ne pouvait pas venir me voir souvent, et, lorsqu'il venait, il était toujours pressé.

OCTAVE.

Mon bureau! mon bureau!

MONTAIGLIN.

Puisque vous saviez écrire, il fallait lui écrire de venir.

ADRIENNE.

Nous ne connaissions pas son adresse, nous ne connaissions que son nom : M. Alphonse.

OCTAVE, bas, à Montaiglin.

Je n'avais pas dit mon vrai nom...

MONTAIGLIN.

Oh! je comprends, sois tranquille. (A Adrienne.) Je parie-

ACTE PREMIER.

rais que vous savez combien de fois M. Alphonse est venu vous voir?

ADRIENNE.

Oui, six fois.

OCTAVE.

Mais j'y suis allé bien plus souvent quand elle était toute petite; seulement, elle ne peut pas se le rappeler.

MONTAIGLIN, à Octave.

Évidemment... Enfin! (A Adrienne.) Eh bien, ma chère enfant, je ne pourrai pas causer beaucoup avec vous, parce que je pars demain.

ADRIENNE, très affectueusement.

Déjà!

MONTAIGLIN.

Mais je reviendrai, et alors nous pourrons causer de bien des choses que vous aurez apprises pendant ce temps-là. En attendant, laissez-moi dire que Dieu... vous avez entendu parler de Dieu?

ADRIENNE.

Oh! oui; mais je crois qu'il a encore plus entendu parler de moi. Je l'ai tant prié!

MONTAIGLIN.

Eh bien, Dieu, qui a voulu que vous n'eussiez pas de parents, a voulu que nous n'eussions pas d'enfants. Alors...

ADRIENNE.

Je comprends : vous serez mes parents et je serai vos enfants.

MONTAIGLIN.

Cela vous va ainsi?

ADRIENNE.

Oh! très bien.

MONTAIGLIN, lui donnant la main comme à une grande personne.

Alors, c'est convenu. (Adrienne lui serre la main. Montaiglin l'embrasse.) Sur ce, je vous laisse avec madame, qui va s'occuper de votre installation, pendant que je vais m'occuper de mes préparatifs de départ. Et puis, deux femmes qui vont vivre ensemble ont tant de choses à se dire !

Il sourit.

ADRIENNE.

Oh! oui.

MONTAIGLIN, à Octave.

Et toi, tu dînes avec nous?

OCTAVE.

Mais...

MONTAIGLIN.

Allons, allons, tu dînes avec nous; fais la journée complète.

ADRIENNE.

« Je suis forcé de retourner à Paris! » Voilà ce que monsieur va vous répondre. Je connais cette phrase-là; il me l'a dite six fois.

MONTAIGLIN.

Ces six fois-là, c'est encore beaucoup pour lui. Il faut lui pardonner.

ADRIENNE.

Ce n'est pas assez; je l'aime, car, enfin, il n'était pas forcé de venir.

MONTAIGLIN.

Elle est adorable! (A Octave.) Si tu en as une autre pareille, tu sais que tu peux l'amener. Enfin, dînes-tu avec nous?

OCTAVE.

Je ne sais pas. Il faut que je retourne à Paris.

ADRIENNE, riant.

Là !

OCTAVE, bas, à Montaiglin.

Je ne peux pas laisser comme ça madame Guichard toute une journée. Si je parviens à m'esquiver, je reviens dîner ici.

MONTAIGLIN, même jeu.

Tu vaux ton pesant d'or ! mais je ne t'achèterai pas ce prix-là. Envoie-lui une dépêche, à madame Guichard. Elle sait que tu me connais.

OCTAVE.

Certainement; mais je lui ai dit hier que j'allais chez mon oncle.

MONTAIGLIN.

Alors, envoie une dépêche à ton oncle pour qu'il envoie une dépêche à madame Guichard ! Mon Dieu, que ça doit être ennuyeux et fatigant de mentir toujours comme ça.

Ils sortent.

SCÈNE X

RAYMONDE, ADRIENNE.

A peine Montaiglin et Octave sont-ils sortis, qu'Adrienne, s'assurant que personne ne peut plus voir ce qu'elle fait, se jette dans les bras de Raymonde en criant :

Maman !

RAYMONDE, lui mettant la main sur la bouche.

Tais-toi, malheureuse enfant ! Si l'on t'entendait !

ADRIENNE.

Il n'y a pas de danger ! mais il y a si longtemps que je ne t'ai vue, que j'ai comme besoin de t'embrasser jusqu'au sang! Ah! je t'aime tant, ma mère adorée, et je vais pouvoir te le dire tous les jours, à toute minute. Pourquoi n'es-tu pas venue depuis trois mois?

RAYMONDE.

Je ne pouvais, pas chère enfant! Mais je t'ai écrit plusieurs fois. Tu as reçu mes lettres?

ADRIENNE.

Et je les ai lues et relues, je t'en réponds! Je n'ai appris à lire que pour ça.

RAYMONDE.

Qu'est-ce que tu as fait de ces lettres?

ADRIENNE.

Je les ai brûlées, comme tu m'as dit de le faire, mais je les sais par cœur, et là où elles sont écrites maintenant, personne ne les lira.

RAYMONDE.

Tu as donc compris?

ADRIENNE.

Je n'ai rien compris, je n'ai rien cherché. J'ai senti, voilà tout, qu'il n'y a que toi qui m'aime au monde, que je n'aime que toi sur la terre, et que c'est un secret. Le *comment* et le *pourquoi* de ce secret, ça ne me regarde pas. L'important, c'est que nous nous aimions, ma chérie, et que nous puissions nous le dire à toute heure. Voilà donc qui est convenu : quand nous serons toutes seules, bien seules, toi et moi, tu seras maman ; quand il y aura du monde, tu seras madame, et je t'aimerai d'autant plus que je t'embrasserai moins.

RAYMONDE.

Et tu es sûre de ne pas te trahir?

ADRIENNE.

Sois tranquille, je ne m'embrouillerai pas. On me couperait en quatre avant de me faire dire ce que je ne veux pas dire. La seule manière que j'aie de te prouver que je t'aime, c'est de le cacher aux autres ; ils n'y verront rien, je t'en réponds. (Dans les bras l'une de l'autre.) Rien ne nous séparera plus ?

RAYMONDE.

Rien.

ADRIENNE.

Je coucherai près de toi ?

RAYMONDE.

Oui.

ADRIENNE.

Dans ta chambre ?

RAYMONDE.

Dans la chambre voisine.

ADRIENNE.

La porte ouverte ?

RAYMONDE.

Oui.

ADRIENNE.

Nous nous endormirons en causant le soir ?

RAYMONDE.

C'est cela.

ADRIENNE.

Et la première éveillée embrassera l'autre.

RAYMONDE.

Ce sera moi.

ADRIENNE.

Ce n'est pas sûr.

RAYMONDE, l'embrassant.

Ah ! chère petite !

ADRIENNE, toujours aux aguets.

Ah ! voilà quelqu'un qui vient par ici. Je me sauve. Veux-tu être bien gentille ?

RAYMONDE.

Dis.

ADRIENNE.

Où est ta chambre ?

RAYMONDE, montrant une porte.

Là

ADRIENNE.

Je tombe de fatigue et d'émotion. Laisse-moi aller dormir et me rouler dans ton lit.

RAYMONDE.

Va, mignonne, va.

ADRIENNE, bas.

Je t'adore. (Voyant le domestique. Haut.) Merci, madame, de toutes vos bontés.

Elle sort en sautant.

SCÈNE VII

RAYMONDE, MADAME GUICHARD, RÉMY.

RAYMONDE, au domestique en costume de marin.

Qu'est-ce que c'est, Rémy ?

RÉMY.

Une dame qui veut parler à madame.

RAYMONDE.

Faites entrer cette dame.

Rémy fait signe à madame Guichard d'entrer et se retire.

SCÈNE VII

RAYMONDE, MADAME GUICHARD.

MADAME GUICHARD, richement mise, sans goût, d'un ton brusque.

La femme du commandant Montaiglin, c'est vous, madame ?

RAYMONDE.

Oui, madame. A qui ai-je l'honneur de parler ?

MADAME GUICHARD.

A madame veuve Guichard, qui doit épouser dans trois semaines M. Octave.

RAYMONDE, troublée, mais se contenant.

Que puis-je pour votre service, madame ?

MADAME GUICHARD.

Vous pouvez me donner un renseignement dont j'ai besoin.

RAYMONDE.

J'écoute, madame.

MADAME GUICHARD.

M. Octave est venu ce matin ?

RAYMONDE.

Oui, madame.

MADAME GUICHARD.

Accompagné d'une petite fille âgée de dix à douze ans

RAYMONDE.

En effet, madame.

MADAME GUICHARD.

Où est-elle, cette petite fille ?

RAYMONDE.

Elle dort ; elle était très fatiguée.

MADAME GUICHARD.

On ne peut pas la voir, alors?

RAYMONDE.

Pas maintenant, du moins.

MADAME GUICHARD.

Et son père? où est-il?

RAYMONDE.

Son père?

MADAME GUICHARD.

Oui, son père, M. Octave. Car c'est son père, vous le savez aussi bien que moi.

RAYMONDE.

Si vous voulez vous donner la peine d'attendre ici quelques minutes, madame, je vais faire prévenir M. Octave, puisque c'est lui que vous venez chercher chez moi.

MADAME GUICHARD, s'adoucissant.

C'est vrai! je suis chez vous... Oh! ne vous fâchez pas, je suis un peu violente, et, du reste, j'ai des motifs de l'être aujourd'hui plus qu'à l'ordinaire ; je n'ai pas dormi de la nuit : j'ai couché dans un fiacre, et je cours les routes depuis ce matin, par ce temps-là. (Mouvement de Raymonde.) Merci, je n'ai besoin de rien ; j'ai mangé un morceau en route. Mais je n'ai rien contre vous, ma petite dame, au contraire, et vous pouvez me rendre service. Entre femmes, on se comprend si on ne se connaît pas ; s'il n'y a pas d'amitié, il doit toujours y avoir l'esprit de corps. Il faut nous défendre les unes les autres, contre les hommes, pas vrai! Sans ça, ils auraient trop d'avantages. Eh bien, j'ai intérêt à savoir la vérité sur cette enfant qu'Octave a amenée ici aujourd'hui ; il faut que je la sache, coûte que coûte ! Elle a une mère, cette enfant ; elle n'est pas venue au monde sans ça. Je veux la connaître, cette mère, je veux la voir, et nous nous expliquerons ensemble ; je ne vous dis que ça. Je vous ennuie ? Bref, Octave m'a dit hier au soir d'un petit ton indifférent : « S'il fait beau demain, j'irai chez mon oncle à Fontainebleau. » Je me suis méfiée, je ne sais pas pourquoi. Je l'ai laissé partir et je l'ai suivi. Il est rentré tout droit chez lui ; ça, il n'y a rien à dire ; moi, je suis restée dans mon fiacre, à cent pas de sa maison. A six heures du matin, il est sorti et il s'est dirigé, non pas vers le chemin de fer du Midi, mais vers le chemin de fer de l'Ouest ; mon premier mouvement a été de me mettre entre le guichet et lui et de lui dire : « Ah ! c'est par ici que tu vas à Fontainebleau ?... » et de lui faire une scène devant tout le monde ; mais je n'aurais rien su, et je voulais savoir pourquoi il m'avait menti. Le mensonge, d'abord, ça m'exaspère. Je lui ai tout dit, moi ; je lui ai raconté ma vie ; c'était à prendre ou à laisser ; il a accepté, ça ne me regarde plus. Mais il n'a qu'une excuse, lui, c'est de m'aimer et de m'être fidèle et de tout me dire à son tour. Je l'ai donc suivi ; il est allé à Rueil ; il est entré, là, dans une maison de paysans. J'ai encore attendu, ça m'intriguait. Je ne pouvais pas supposer ! Il en est sorti avec l'enfant et une malle. Je n'ai pas pu questionner les gens chez qui elle était, cette petite. Il fallait que je suivisse mon gaillard sans être vue, ce qui n'est pas facile ; mais j'ai trouvé moyen de tout savoir tantôt, peut-être. Octave a repris le train, a traversé Paris et a gagné la gare du Nord avec l'enfant et la malle. Qu'est-ce que c'est que cette enfant ?

RAYMONDE.

Madame...

MADAME GUICHARD.

Oui, vous ne pouvez, vous ne devez rien dire, je comprends ça. C'est un compte à régler entre lui et moi. Eh bien, Octave étant resté ici avec la petite et la malle, j'ai dit : « C'est décidément ici qu'elle s'arrête ! » Ça ne m'a pas étonnée; je vous connais depuis longtemps. Il me parlait souvent de M. de Montaiglin dans le commencement que nous nous connaissions. Il m'avait dit que M. de Montaiglin était marié. Je vais tout vous dire. J'ai voulu voir comment sa femme était faite, au commandant. Je suis jalouse et je me méfie du bonhomme. Je suis venue rôder par ici. Je vous ai vue, vous êtes jolie! ce n'était pas rassurant. J'ai pris des informations sur votre compte : on m'a dit que vous étiez une très honnête femme.

RAYMONDE.

Madame...

MADAME GUICHARD.

Oh! ne vous en défendez pas, il n'y en a pas tant! — C'est égal, ça ne me rassurait pas complètement. Octave est si séduisant! mais je l'ai fait surveiller, je passe ma vie à ça, je ne comprends pas qu'on aime autrement. Octave n'est jamais venu ici pendant les absences de votre mari; par conséquent, il n'y avait rien. Aujourd'hui, il est venu vous amenant sa fille. C'est sa fille, n'est-ce pas? qu'est-ce que ça vous fait de me dire? Parole d'honneur, je ne dirai pas que nous me l'avez dit.

RAYMONDE.

Écoutez, madame, M. Octave doit être dans le jardin avec mon mari; je vais le prévenir qu'une dame désire lui parler.

MADAME GUICHARD.

Non, ne lui dites pas que c'est une dame; dites-lui tout bonnement que quelqu'un le demande; si vous dites que c'est une dame, il devinera que c'est moi, et il arrangera une histoire.

RAYMONDE.

Je ferai comme vous désirez, madame.

ACTE PREMIER.

MADAME GUICHARD.

Merci, merci ! Dites donc, sans cérémonie... est-ce qu'on pourrait avoir un verre de bière, ou du vin et de l'eau ?

RAYMONDE.

Certainement, madame. (A part.) Je suis perdue !

Elle sort.

SCÈNE IX

MADAME GUICHARD, seule; puis **RÉMY**.

MADAME GUICHARD.

Si tu ne me dis pas toute la vérité, mon bel Octave, ça sera drôle ! (S'essuyant le front.) Sapristi, qu'il fait chaud ! — (Rémy entre avec la bière.) Ah ! tu me sauves la vie, toi, mon garçon !

Elle boit.

ACTE DEUXIÈME

SCÈNE PREMIÈRE

MADAME GUICHARD, puis MONTAIGLIN.

Madame Guichard, à la même place qu'au tomber du rideau, lisant le journal et finissant la bouteille de bière.

MONTAIGLIN, entrant et s'approchant de madame Guichard.

Vous avez à me parler, madame?

MADAME GUICHARD.

Vous êtes M. de Montaiglin?

MONTAIGLIN.

Oui, madame.

MADAME GUICHARD.

Madame votre épouse vous a prévenu?

MONTAIGLIN.

Oui, madame.

MADAME GUICHARD.

Je n'ai rien à vous dire, à vous. Je suis tout de même bien aise de vous voir; mais c'est Octave qu'il me faut.

MONTAIGLIN.

Il est parti.

MADAME GUICHARD.

Pour Paris?

ACTE DEUXIÈME.

MONTAIGLIN.

Pour Paris.

MADAME GUICHARD.

Après ou avant que madame de Montaiglin vous avait averti de ma présence?

MONTAIGLIN.

Avant.

MADAME GUICHARD.

Ah! commandant, vous qui ne mentez jamais, pourquoi me dites-vous ça?

MONTAIGLIN.

Comment savez-vous que je ne mens jamais?

MADAME GUICHARD.

Ça se voit bien. Madame de Montaiglin est allée au-devant de vous et de M. Octave; il a dû demander à votre femme comment était la personne qui venait ainsi le relancer chez vous. Madame de Montaiglin n'aura pas voulu mentir, et, aux premiers renseignements, il m'aura reconnue tout de suite. Il aura pensé à se sauver, car il est poltron, il n'aime pas les scènes; mais, comme vous étiez là, et madame aussi, l'orgueil l'aura emporté sur la crainte, sans compter que vous étiez en droit d'exiger de lui une explication. Il va venir, le temps de se faire une figure et de trouver une histoire; c'est bien ça, n'est-ce pas? Il y a plus longtemps que moi que vous le connaissez, mais je le connais encore mieux que vous. Vous savez, les femmes, ça ne voit pas seulement dessus, ça voit dedans. La chambre de votre femme est là? (Elle lui montre la porte à sa gauche.) Eh bien, (Elle lui montre la porte à sa droite.) je parie qu'il est là, derrière cette porte, qu'il nous écoute et qu'il regarde par le trou de la serrure. (Elle se dirige vers la porte, qu'elle ouvre sans même regarder de ce côté.) Allons, viens, Octave, viens, mon garçon! (Octave paraît.) Je vous demande pardon, commandant, de traiter votre maison comme la mienne, mais c'est grave, très grave ; et il faut que ce gaillard-là s'explique.

SCÈNE II

Les Mêmes, OCTAVE.

OCTAVE.

Que désirez-vous, madame ?

MADAME GUICHARD.

Tu fais de la dignité parce qu'il y a du monde. Monsieur sait très bien qui je suis et dans quels termes nous sommes. Il n'y a qu'à voir le commandant pour savoir à qui l'on a affaire. Et, si tu étais comme lui, je n'aurais pas besoin de courir après toi.

MONTAIGLIN.

Je me retire, madame.

MADAME GUICHARD.

Si vous voulez rester, commandant, vous n'êtes pas de trop ; mais, pour lui, je crois qu'il vaut mieux que nous soyons seuls.

MONTAIGLIN.

Oui, cela vaut mieux. (A Octave, bas, en riant.) Je te fais mon compliment, elle est charmante.

Il sort.

SCÈNE III

OCTAVE, MADAME GUICHARD.

OCTAVE.

Maintenant que nous sommes seuls, vous allez me dire de quel droit vous vous êtes permis de venir chez des gens que vous ne connaissez pas, faire une scène ridicule et inconvenante. Heureusement pour vous, vous êtes tombée sur une femme du monde, très bien élevée et d'une bonté extraordinaire; une autre vous eût fait jeter à la porte par ses gens.

MADAME GUICHARD.

Tu as fini?

OCTAVE.

Et ne me tutoyez pas ici, à haute voix. Pour qui voulez-vous qu'on vous prenne ? Songez que vous devez être ma femme.

MADAME GUICHARD.

Quel bonheur! Mais ce n'est pas sûr. Et puis, je parlerai comme ça me viendra. Qu'est-ce que c'est que cette enfant?

OCTAVE.

Quelle enfant?

MADAME GUICHARD.

L'enfant que tu as amenée ici.

OCTAVE.

C'est une enfant.

MADAME GUICHARD.

A qui?

OCTAVE.

A un de mes amis.

MADAME GUICHARD.

A un de tes amis, qui se nomme?

OCTAVE.

S'il avait voulu être nommé, il aurait reconnu l'enfant.

MADAME GUICHARD.

Et c'est toi qui es chargé?...

OCTAVE.

De m'occuper de l'enfant, en l'absence du père. Je suis son correspondant.

MADAME GUICHARD.

Et pourquoi l'amènes-tu ici?

OCTAVE.

Parce que son père, qui est des amis aussi de M. de Montaiglin, a demandé à celui-ci de s'en charger.

MADAME GUICHARD.

Et pourquoi ne m'as-tu jamais parlé de cette enfant et de cet ami?

OCTAVE.

Parce que c'est un secret.

MADAME GUICHARD.

Tu sais que je ne crois pas un mot de ce que tu me dis?

OCTAVE.

Comme il vous plaira.

MADAME GUICHARD.

Je veux... je veux, entends-tu, savoir la vérité.

OCTAVE.

Je vous l'ai dite.

MADAME GUICHARD.

Cette enfant est ta fille.

OCTAVE.

Vous aimez mieux ça? Eh bien, soit, c'est ma fille.

MADAME GUICHARD.

N'essaye pas de me donner le change. Oui, c'est ta fille. La mère, où est-elle?

OCTAVE.

Elle est morte.

MADAME GUICHARD.

Ce n'est pas vrai!

OCTAVE.

Elle vit.

ACTE DEUXIÈME.

MADAME GUICHARD.

Tu te moques de moi.

OCTAVE.

Vous ne voulez pas me croire, ce n'est pas ma faute.

MADAME GUICHARD.

Pourquoi ne m'as-tu pas dit que tu avais une enfant?

OCTAVE.

Parce que cela ne m'a pas plu.

MADAME GUICHARD.

Ah! c'est comme ça que tu le prends?

OCTAVE.

Je le prends comme je dois avec une femme à qui l'on ne peut rien dire comme à une autre, et qui est toujours prête à faire des esclandres, comme une femme de bas étage.

MADAME GUICHARD.

C'est vrai, je suis une femme de rien, une fille du peuple, une femme de bas étage, comme tu dis. C'est à peine si je sais lire et écrire, et je parle, Dieu sait comme! J'ai été servante d'auberge, c'est vrai! Mais, aujourd'hui, je suis madame Guichard ; je suis veuve, j'ai deux maisons à Paris, qui me donnent cinquante mille livres de rente. Il m'a épousée lui, Guichard, quand je n'avais rien, il ne m'a jamais causé un chagrin. C'était un brave homme.

OCTAVE.

Est-ce que je vous reproche de l'avoir aimé, moi?

MADAME GUICHARD.

Imbécile! Elle était du monde, cette femme? — de ton monde à toi?

OCTAVE.

Oui.

MADAME GUICHARD.

Jolie?

OCTAVE.

Très jolie.

MADAME GUICHARD.

Tu la revois? (Silence volontaire d'Octave.) **Réponds donc!**

OCTAVE.

Puisque je vous dis qu'elle est morte.

MADAME GUICHARD.

Ta parole?

OCTAVE.

Ma parole.

MADAME GUICHARD.

D'honneur?

OCTAVE.

D'honneur.

MADAME GUICHARD.

Tu l'as aimée?

OCTAVE.

Oui.

MADAME GUICHARD, étouffant un sanglot.

Beaucoup?

OCTAVE.

Beaucoup.

MADAME GUICHARD.

Longtemps?

OCTAVE.

Jusqu'à sa mort.

MADAME GUICHARD.

Malheur! Et quand est-elle morte?

ACTE DEUXIÈME.

OCTAVE.

Il y a deux ans.

MADAME GUICHARD.

Depuis que tu me connais?

OCTAVE.

Oui.

MADAME GUICHARD.

Et tu la revoyais!

OCTAVE.

Rarement. Elle était malade, ne pouvait guère me recevoir et ne pouvait sortir.

MADAME GUICHARD.

Elle ne pouvait pas voir sa fille, alors?

OCTAVE.

Non.

MADAME GUICHARD.

Tant mieux.

OCTAVE.

Vous êtes méchante.

MADAME GUICHARD.

Je souffre, tu le vois bien. Tu m'as menti; tu m'as dit que tu n'avais jamais aimé. Tu avais eu des caprices, comme tous les jeunes gens, mais tu n'avais jamais aimé, disais-tu; c'était là l'important pour moi. Pourquoi n'as-tu pas fait ton devoir? Pourquoi ne l'as-tu pas épousée, cette femme? Elle était donc pauvre?

OCTAVE.

Elle était mariée.

MADAME GUICHARD.

Il n'y a donc pas que les anciennes servantes qui trompent leur mari? Et le mari?

OCTAVE.

Le mari vit toujours.

MADAME GUICHARD.

Et l'enfant, comment avez-vous fait?

OCTAVE.

Le mari était absent, alors...

MADAME GUICHARD.

Alors, l'enfant a été déclaré?...

OCTAVE.

Père et mère inconnus.

MADAME GUICHARD.

Pourquoi ne lui as-tu pas donné ton nom?

OCTAVE.

Je ne pouvais pas la reconnaître sans risquer de compromettre la mère; la recherche de la maternité est permise.

MADAME GUICHARD.

Est-ce vrai, tout ça?

OCTAVE, affectant l'impatience.

Allez-y voir.

MADAME GUICHARD.

Où?

OCTAVE.

A la mairie du huitième arrondissement, à la date du 11 août 1862... Adrienne-Marie-Pauline...

MADAME GUICHARD.

Voilà trois ans que tu me connais, tu ne t'es pas trahi une fois. Ah! tu es trop fort pour moi! Je ne pourrai plus avoir confiance en toi maintenant. Moi qui croyais tout ce que tu me disais! Qu'est-ce que je vais devenir?

Elle pleure dans ses mains.

ACTE DEUXIÈME.

OCTAVE.

Adieu!

MADAME GUICHARD.

Comment, adieu?

OCTAVE.

Vous avez raison; nous ne devons plus nous revoir. Je pars.

MADAME GUICHARD.

Tu pars. Eh bien, et moi?

OCTAVE.

Vous! je vous rends votre liberté.

MADAME GUICHARD.

Qu'est-ce que tu veux que j'en fasse?

OCTAVE.

Il le faut, cependant.

MADAME GUICHARD.

Il le faut! Pourquoi?

OCTAVE.

Parce que, décidément, nous ne nous entendrons jamais. Il y a entre nous, ce n'est pas votre faute, une trop grande différence de caractères et d'habitudes. Vous ne pouvez vous changer; vous êtes violente, soupçonneuse, jalouse; moi, j'ai besoin d'épanchements intimes, je suis une nature confiante. Avec vous, auprès de vous, je me contrains sans cesse; j'ai toujours peur de vous faire de la peine, car je sais que vous êtes bonne au fond, et je n'oublie jamais tout ce que je vous dois. Je ne demandais qu'à vous dire la vérité, et puis j'ai eu peur que vous ne vous en prissiez à cette enfant.

MADAME GUICHARD.

Moi?

OCTAVE.

Vous. Est-ce que la jalousie sait où elle va? J'ai résolu

de me taire. Il y a dans nos mœurs d'hommes du monde des sous-entendus, des nuances, des finesses que vous ne comprendrez jamais. Séparons-nous pendant que cela nous est encore possible. Une fois mariés, nous nous haïrions, faute de nous comprendre. A quoi bon?

MADAME GUICHARD.

Ah! que tu me connais bien! que tu sais bien que je ne puis pas me passer de toi! Malheureuse que je suis! Quel empire as-tu donc sur ma volonté, et que me sert d'être forte comme un cheval? Tu me mènes comme tu veux. C'est que, en effet, tu es d'une autre race que moi; tu as des petits pieds, tu as des petites mains; c'est toi la femme. Et tes yeux, et ta voix! Je t'adore, et j'ai envie de t'étouffer! Ça ne me serait pas difficile; et je te suis soumise comme un chien. (Avec une sorte de rugissement de colère.) Ah! ah! je t'aime trop!

OCTAVE.

Non, vous ne m'aimez pas.

MADAME GUICHARD.

Oh! n'abuse pas, crois-moi, n'abuse pas de ta puissance. Si jamais je me reprenais, si jamais je parvenais à te rejeter de mon cœur et de ma pensée, ce serait effrayant pour toi; je ne sais pas ce que je te ferais! Finissons-en. La mère de cette enfant est morte, c'est bien vrai?

OCTAVE.

Je vous ai donné ma parole.

MADAME GUICHARD.

Eh bien, va chercher cette enfant, et emmenons-la; je la prends, je me charge d'elle.

OCTAVE.

Vous vous chargez de cette enfant?

MADAME GUICHARD.

Oui, de l'enfant de l'autre. Tu ne diras plus que je ne

ACTE DEUXIÈME.

t'aime pas. Du reste, c'est à prendre ou à laisser ; je t'en donne ma parole d'honneur de commerçante ; tu sais, celles-là sont bon teint. Je ne t'épouse qu'avec ta fille dans ma maison. Et, si la mère vit, qu'elle s'adresse à moi, elle trouvera à qui parler.

OCTAVE, troublé.

Soit ; mais à quoi bon vous donner cet embarras, vous imposer ce sacrifice ?

MADAME GUICHARD.

Cela me plaît ; et à quoi bon donner cet embarras, imposer ce sacrifice à des étrangers ? Tu es toute ma famille, je suis toute la tienne ; il est naturel que ta fille vive avec nous.

OCTAVE.

Certainement, mais...

MADAME GUICHARD.

Mais quoi ?

OCTAVE.

Madame de Montaiglin trouvera très extraordinaire...

MADAME GUICHARD.

Que tu élèves ta fille, et que, moi t'épousant, je l'accepte comme la mienne ?

OCTAVE.

Voulez-vous que je vous dise la vérité ? Je crois que, pour cette enfant, il vaut mieux qu'elle reste ici.

MADAME GUICHARD.

Je l'élèverais trop mal, n'est-ce pas ? Sois tranquille, on lui donnera des maîtres.

OCTAVE.

Oui ; mais, ma chère, on ne vient pas chez des amis, chez des gens comme il faut, leur demander de se charger d'une enfant, et, quand ils ont accepté, la leur reprendre deux heures après. Ménagez mon amour-propre ! Que je n'aie pas l'air d'être mené comme si j'étais un enfant moi-même !

MADAME GUICHARD.

Il n'y a pas d'amour-propre là dedans, et M. et madame de Montaiglin comprendront très bien, au contraire, que tu reprennes ta fille, du moment que je consens à l'élever. Ils n'ont pas eu le temps, en deux heures, de s'attacher à elle, et, s'ils lui portent quelque intérêt, ils seront enchantés de ce dénouement, qui est un grand bonheur pour cette petite.

Elle se dirige vers la porte.

OCTAVE.

Où allez-vous ?

MADAME GUICHARD.

Je vais leur expliquer tout ça, puisque tu n'oses pas l'expliquer toi-même.

OCTAVE.

Comme vous vous agitez, comme vous vous tourmentez, comme vous vous mettez la cervelle à l'envers ! Vous voulez avoir cette enfant ? Eh bien, vous l'aurez. Quand vous n'en voudrez plus, on la ramènera ici ou autre part.

MADAME GUICHARD.

Elle sera véritablement ma fille, je t'en réponds. Je suis tout aussi capable qu'une autre d'aimer un enfant. Je souffre assez de ne pas en avoir. Ah ! si j'avais un enfant de toi ! Dis-moi que tu m'aimes un peu ?

OCTAVE.

Vous le savez bien, folle !

MADAME GUICHARD, *regardant sa montre et redevenue joyeuse.*

Quelle heure est-il ? Une heure. Il me faut une heure pour aller à Paris, une heure pour faire ce que j'ai à y faire.

ACTE DEUXIÈME.

OCTAVE.

Quoi?

MADAME GUICHARD, gaiement.

Ça ne te regarde pas.

OCTAVE.

Vous me faites trembler.

MADAME GUICHARD.

Je suis si bête, n'est-ce pas? Une heure pour revenir, je serai ici entre quatre et cinq heures avec ma voiture, et nous emmènerons l'enfant.

OCTAVE.

Pas aujourd'hui.

MADAME GUICHARD.

Parce que?...

OCTAVE.

Parce que le commandant, qui part demain, m'a invité à dîner avec lui; j'ai accepté. Je ne puis pas lui dire maintenant que je refuse.

MADAME GUICHARD.

C'est juste; eh bien, nous dînerons tous ensemble ici; il m'invitera.

OCTAVE.

J'en doute.

MADAME GUICHARD.

Je sais ce que je dis. Ce soir, lui et moi, nous serons les meilleurs amis du monde. Reste avec ce monsieur et cette dame, annonce-leur ma résolution. A mon retour je m'excuserai d'être partie sans avoir pris congé d'eux. Tu vois qu'on sait son monde, quand on veut s'en donner la peine; mais je n'ai pas de temps à perdre. Adieu... Oh! je t'aime!

Elle sort en lui envoyant des baisers.

SCÈNE IV

OCTAVE, seul.

Elle ne se doute de rien; mais, maintenant, il faut décider Raymonde à rendre Adrienne. Il le faut, ou elle est perdue, et moi aussi.

SCÈNE V

OCTAVE, RAYMONDE.

RAYMONDE, entrant.

Je viens de voir partir madame Guichard. Pourquoi cette visite? Que veut-elle?

OCTAVE.

Elle veut se charger d'Adrienne; elle veut me donner cette preuve d'affection.

RAYMONDE.

Vous avez refusé?

OCTAVE.

J'ai consenti, et j'allais vous en informer.

RAYMONDE.

Vous voulez me reprendre Adrienne!

OCTAVE.

Il n'y a pas moyen de faire autrement. Quelle raison donner? Si j'hésite seulement, madame Guichard devinera tout. C'est pour vous, ce que j'en fais.

RAYMONDE.

Vous êtes fou!

OCTAVE.

Que comptez-vous donc faire?

ACTE DEUXIÈME.

RAYMONDE.

Cette enfant est ici et elle y restera. Est-ce que vous n'avez pas eu la mesure de mon amour pour elle en me voyant me prêter à votre supercherie, et vous aider à surprendre la confiance du plus juste et du meilleur des hommes? Et vous croyez que, après cet effort, mon amour va vous rendre cette enfant, et que je vais consentir à m'en séparer pour toujours? Car la donner à votre femme c'est consentir à ne plus la voir.

OCTAVE.

Je vous l'amènerai de temps en temps.

RAYMONDE.

Inutile. Trouvez un moyen; arrangez-vous, ça ne me regarde pas.

OCTAVE.

Il n'y a pas de moyen possible. Tout ce que j'ai pu faire a été d'empêcher madame Guichard d'aller vous annoncer elle-même la décision qu'elle venait de prendre, et sur laquelle elle ne reviendra pas. Réfléchissez une minute et vous verrez que c'est sérieux. Il y va de votre bonheur, dont j'ai eu souci, et dont j'ai souci encore, malgré votre injustice à mon égard. J'ai fait tout ce que j'ai pu pour que l'enfant vous restât! S'il ne s'agissait que de mon intérêt, comme vous paraissez le croire, j'aurais sacrifié mon intérêt. Madame Guichard manque d'éducation, elle ne manque ni de pénétration ni d'esprit. J'ai commencé par mentir, mais elle n'a pas été dupe de l'histoire que je lui racontais, et il a fallu tout avouer, tout, excepté ce qui pouvait vous faire soupçonner. Si elle entrevoyait que c'est vous la mère, elle se figurerait que notre intimité continue depuis mes engagements avec elle et doit subsister encore après mon mariage; elle n'aurait qu'une idée : se venger brutalement, grossièrement, irréparablement. Que voulez-vous! c'est comme ça. Mon mariage

serait rompu; peu vous importe! Il m'importe un peu
plus à moi. Si cela devait s'arrêter là, j'en prendrais
peut-être mon parti comme vous, mais elle dira tout à
votre mari ; il faudra que je me batte avec lui, qu'il me
tue ou que je le tue; et, dame! je ferai mon possible
pour ne pas être tué ! Chacun pour soi.

RAYMONDE.

M'aurez-vous fait assez de mal dans votre vie!

OCTAVE.

Ce n'est pas moi, ce sont les circonstances. Croyez-moi,
commençons par gagner du temps. Une fois que votre
mari sera parti, nous craindrons beaucoup moins madame Guichard, et nous pourrons aviser.

RAYMONDE, qui n'avait pu retenir ses larmes, les essuyant tout à coup.

Vous avez raison.

OCTAVE.

A la bonne heure. Et puis elle est si changeante! Elle
n'est pas plus faite pour être mère que moi! L'enfant
l'ennuiera et elle sera trop heureuse un beau jour de
vous la rendre. Je vous promets, du reste, de faire tout
mon possible pour cela.

RAYMONDE.

Et quand faut-il lui livrer ma fille?

OCTAVE.

Elle va revenir la chercher à cinq heures.

RAYMONDE.

C'est bon à elle de nous avoir donné jusque-là. Mais
il faut que je prépare Adrienne à cette idée, sans quoi
elle se trahira; car on ne peut pas lui demander, à cette
enfant, bien qu'elle soit née de vous, votre présence
d'esprit et votre circonspection. Ce qu'elle a fait ce matin est déjà au-dessus de son âge. Si elle se trahit, mon
mari saura tout ; il n'y aura pas de votre faute non plus,

mais il le saura et j'en mourrai, ce qui ne servira de rien. Vous qui avez du sang-froid et qui êtes maître de vous, allez retrouver M. de Montaiglin et tenez-le éloigné assez longtemps de la maison pour que je puisse parler à Adrienne et qu'il ne puisse voir ni ses larmes ni les miennes. Et puis, lorsque votre fiancée viendra la chercher, si vous pouvez obtenir qu'elle me la laisse jusqu'à demain, jusqu'après le départ de mon mari, je vous serai très reconnaissante. Quant aux raisons à lui donner, vous les trouverez plus facilement que moi, qui ai la tête perdue. Allez, monsieur, allez ! C'est le seul service que je vous aurai demandé de ma vie ; vous me le devez peut-être, et ce sera le dernier, je vous le promets.

OCTAVE.

Du sang-froid, du sang-froid, et comptez sur moi.

RAYMONDE.

Merci.

Il sort.

SCÈNE VI

RAYMONDE, seule.

Allons, je suis perdue, ou comme femme ou comme mère. Ah ! l'habitude du bonheur se prend vite ! Il n'y a pas deux heures que j'avais commencé, et j'étais déjà convaincue qu'il serait éternel, que Dieu me le devait peut-être ! Le châtiment ne s'est pas fait attendre ; il n'est que juste. Mais cette enfant, il faut la sauver. Que je souffre, moi qui suis coupable, c'est bien naturel ; mais elle, qui est innocente, ce serait abominable. Il ne faut pas que cela soit. Elle ne peut être livrée à cette femme qui ne l'aime pas, qui se vengera sur elle chaque fois que son mari la fera souffrir. Oh ! cet homme ! A quoi était donc occupée la bonté de Dieu le jour où il est né? — Que faire? — Me sauver avec Adrienne? Et lui, mon mari, qui m'a donné son nom, qui croit en moi, qui compte sur moi pour le repos de sa vieillesse, que je respecte et que j'aime, l'abandonner, le déshonorer?... Non... Gagner du temps jusqu'à son départ d'abord. Après, quand il ne sera plus là, quand j'aurai une année devant moi, alors nous verrons. Il s'agit de tromper cette femme. Tromper, je ne saurai pas... Tu te vantes, malheureuse! voilà six ans que tu trompes le cœur le plus loyal et le plus confiant. Une fois de plus, qu'est-ce que ça te coûtera? C'était la première fois qu'il ne fallait pas mentir; maintenant, qu'importe! Et puis il s'agit de ton enfant, de ton enfant qui ne t'a pas demandé à naître, et à qui tu dois tout sacrifier maintenant, même ton honneur, ou ce qui t'en reste. Si tu disais tout à ton mari, ce qui serait bien plus simple. Et s'il te méprise? Et s'il te chasse? Et s'il en meurt? Et puis, entrer dans le récit de la chute et de l'opprobre, jamais! Mon Dieu! que je suis malheureuse! (Elle s'assied, pose ses coudes sur ses genoux, cache sa tête dans ses mains comme pour y concentrer sa pensée, et pleure en silence quelques secondes. Se relevant tout à coup.) Je suis là à discuter, à pleurer, à craindre. Est-ce qu'il y a une force au monde qui puisse me séparer de mon enfant tant que je suis vivante? Il s'agit bien de moi! c'est elle qu'il faut garantir. Quant à moi, nous verrons après ce qui m'arrivera. Elle dort, la pauvre petite! (Ouvrant tout doucement la porte de sa chambre et la refermant sans bruit.) Laissons-la dormir.

SCÈNE VII

RAYMONDE, ADRIENNE, paraissant et venant l'embrasser
par derrière.

RAYMONDE.

Je t'ai réveillée.

ACTE DEUXIÈME.

ADRIENNE.

Non, j'ouvrais les yeux. Ah! que j'ai bien dormi et que je me sentais bien en dormant!

RAYMONDE.

Tant mieux! Tu auras repris des forces, et tu en as besoin.

ADRIENNE.

Qu'est-ce qu'on t'a fait?

RAYMONDE.

Chère enfant, tu ne penses qu'à moi.

ADRIENNE.

A qui veux-tu que je pense?

RAYMONDE.

Écoute-moi bien! Tu m'as dit que tu avais du courage et de la volonté?

ADRIENNE.

Oui; que faut-il faire?

RAYMONDE.

Il faut que nous nous séparions pendant quelque temps. Prépare-toi à cette idée.

ADRIENNE.

Oh! jamais!

RAYMONDE.

Il le faut.

ADRIENNE.

Mais nous nous reverrons?

RAYMONDE.

Et très vite, je te le jure.

ADRIENNE.

Où faut-il aller?

RAYMONDE.

N'importe où, pourvu que tu ne sois pas ici. Écoute-moi bien.

ADRIENNE.

Oh! je t'écoute.

RAYMONDE.

Il va venir aujourd'hui ici une dame que tu ne connais pas, qui doit être la femme de M. Alphonse, et qui veut absolument t'emmener avec elle.

ADRIENNE.

Je ne veux pas!

RAYMONDE.

Ni moi non plus; mais nous ne pouvons nous y opposer l'une et l'autre qu'au risque des plus grands dangers pour moi. Il faut donc prendre patience jusqu'à demain, ce n'est pas long, et tu n'auras même pas, d'ici à demain, à quitter cette maison; seulement, prends sur toi d'être très aimable avec cette dame, d'avoir l'air d'accepter tout ce qu'elle t'offrira, d'en être heureuse même, et nous obtiendrons ainsi d'elle qu'elle te laisse avec nous jusqu'à demain. Demain, nous n'aurons plus rien à craindre d'elle.

ADRIENNE, très attentive.

Alors?

RAYMONDE.

Alors, comme tu es intelligente, comme tu es brave, comme tu m'aimes...

ADRIENNE.

Oh!...

RAYMONDE.

Et comme il ne faudra pas qu'on sache de longtemps ce que tu seras devenue, comme il faudra que j'aie l'air de l'ignorer moi-même, tu partiras d'ici toute seule, personne ne doit être dans la confidence, et tu t'en iras chez ma vieille nourrice, rue des Dames, numéro 12, à Montmartre. N'oublie pas cette adresse, dans le cas où je ne pourrais plus te parler seule d'ici là. Il faut tout prévoir, et qu'au premier signe tu comprennes qu'il est temps de partir.

ADRIENNE.

Oh! je comprends, je comprends, sois tranquille.

RAYMONDE.

Tu laisseras ici une lettre où tu diras que tu ne peux vivre ni avec moi, ni avec cette dame ; et comme, après tout, cette dame n'a aucun droit sur toi, elle en prendra son parti, et nous nous rejoindrons bientôt pour toujours ; nous partirons. Enfin, je m'arrangerai de telle manière que nous ne nous quitterons plus.

ADRIENNE.

Montmartre, rue des Dames, numéro 12. S'il fallait m'en aller avant demain, tu n'aurais qu'à me dire un mot, à faire un geste ; je me sauve. Quant à ta dame, elle peut être sûre que je l'adorerai tant qu'elle voudra jusqu'à demain. Ah! Et le nom de ta nourrice que tu oublies?

RAYMONDE.

La mère Simon ; je vais lui écrire.

ADRIENNE, bas.

Monsieur de Montaiglin!

SCÈNE VIII

Les Mêmes, MONTAIGLIN

MONTAIGLIN, s'approchant de Raymonde.

Tu as pleuré?

RAYMONDE.

Moi? non.

MONTAIGLIN.

Tu as les yeux tout rouges! qu'est-ce que tu as?

ADRIENNE.

C'est que je racontais à madame combien j'ai été triste et malheureuse jusqu'à ce jour, et elle ne pouvait s'empêcher de pleurer.

MONTAIGLIN, l'embrassant.

Rentrez un moment dans votre chambre, mon enfant ; j'ai à causer avec madame de Montaiglin.

RAYMONDE, à part.

Mon Dieu! qu'est-ce qu'il y a?

ADRIENNE.

Adieu, monsieur.

MONTAIGLIN.

Au revoir, mon enfant.

Adrienne sort en envoyant à Raymonde un baiser que Montaiglin ne voit pas.

SCÈNE IX

MONTAIGLIN, RAYMONDE.

MONTAIGLIN, tout en cachetant des lettres et en rangeant des papiers sur la table.

Octave t'a dit que sa femme consent à prendre cette enfant avec elle?

RAYMONDE.

Comment le savez-vous?

MONTAIGLIN.

Il vient de me le dire, et m'a chargé de l'excuser auprès de toi et de te faire comprendre la situation.

RAYMONDE, à part.

Ah! le misérable! (Haut.) En effet, il m'a annoncé cette nouvelle.

ACTE DEUXIÈME.

MONTAIGLIN.

C'est ce qui pouvait arriver de plus heureux à cette petite.

RAYMONDE.

Croyez-vous que cette enfant puisse être heureuse avec ce père qui ne l'a jamais aimée et cette femme qui ne l'a jamais vue? Qui sait si cette créature mal élevée, irascible, jalouse, ne va pas la martyriser?

MONTAIGLIN.

Non, cette femme-là n'est pas méchante.

RAYMONDE.

Adrienne n'en tremble pas moins de peur. C'était de cela que nous parlions quand vous êtes arrivé. M. Octave m'avait priée de la préparer à cette résolution, et, dès les premiers mots, elle a fondu en larmes, et en des termes si touchants, si au-dessus de son âge, en me suppliant tellement de la garder avec nous, que je n'ai pu retenir mes larmes non plus, et que j'allais vous prier d'intercéder auprès de son père.

MONTAIGLIN.

Il n'y a pas à essayer. Madame Guichard a fait de cette clause la condition expresse de son mariage; Octave vient de me le dire. Elle aimera peut-être cette enfant. Ces natures élémentaires et incultes sont capables de tous les excès, même dans le bien. La présence de cette enfant eût été une grande distraction pour toi, mais c'eût été aussi une grande responsabilité pour nous. Cette responsabilité, je l'acceptais de grand cœur, mais mieux vaut, peut-être, qu'une autre s'en charge. Madame Guichard est riche, elle n'aura probablement pas d'enfant. Le bonheur d'Adrienne est peut-être là. En tous cas, nous ne pouvons pas mettre obstacle aux résolutions de son père. Il nous l'a confiée ce matin, il nous la reprend ce soir : c'est son droit, c'est même son devoir; pour une fois qu'il le fait, il ne faut pas le lui reprocher.

RAYMONDE.

C'est juste. Mais si l'enfant ne veut pas aller avec cette femme?

MONTAIGLIN.

Il faudra bien qu'elle obéisse.

RAYMONDE.

Quel titre invoquera M. Octave?

MONTAIGLIN.

Il est son père.

RAYMONDE.

Qu'est-ce qui le prouve? Il ne lui a pas donné son nom, il nous l'a dit.

MONTAIGLIN.

Il a pris soin d'elle jusqu'à présent.

RAYMONDE.

Est-ce bien sûr?

MONTAIGLIN.

Nous ne connaissons cette enfant que par lui, et, si peu de droits qu'il ait sur elle, il en a encore plus que nous.

RAYMONDE, malgré elle.

Cet homme sera cause d'un malheur.

MONTAIGLIN.

Parce que?...

RAYMONDE, s'oubliant et se trahissant peu à peu.

Parce que cette enfant me disait là, à l'instant, qu'elle aimerait mieux mendier son pain, qu'elle aimerait mieux mourir que de vivre avec M. Alphonse, comme elle l'appelle, et cette étrangère. Les enfants ont des intuitions, des pressentiments, ils sentent, ils devinent même ce qu'ils ne comprennent pas; vous le savez si bien que vous n'avez pas voulu parler de ces choses-là devant Adrienne. Elle est tendre, elle est affectueuse, elle n'a jamais eu avec qui s'épancher; elle a besoin de tendresse et de soins, elle sent qu'elle aura tout cela ici. Une émotion violente peut la tuer. Pauvre petite! Elle a eu une enfance si triste, si abandonnée! Voyez comme elle est pâle et frêle, et comme le malheur précoce a développé son intelligence et sa sensibilité! Songez donc ce que c'est que de n'avoir pas de parents, de vivre avec des paysans ignorants et grossiers qui ne voyaient en elle qu'un salaire à gagner et qui l'auraient vendue à cette femme qui espionnait son futur mari, si celui-ci n'avait eu l'idée de nous l'amener! Et ce misérable, plus vénal encore que ces mercenaires, la vend, son enfant, à cette créature, et vous, vous, le meilleur des hommes, vous trouvez cela tout simple et vous ne défendez pas contre lui ce petit être qui commençait à respirer, dont le pauvre petit cœur contracté depuis si longtemps commençait à s'ouvrir et à naître. Il n'y a donc pas de justice, ici-bas ni là-haut, pour empêcher de pareilles infamies!

MONTAIGLIN, qui depuis quelques instants regarde fixement Raymonde sans que celle-ci s'en aperçoive, se levant, lui mettant la main sur le front, lui faisant relever la tête et la regardant bien en face.

Raymonde! — C'est ta fille.

RAYMONDE, se jetant dans les bras de Montaiglin avec un cri d'aveu, de repentir et de confiance.

Ah!

MONTAIGLIN la tient dans ses bras. Après un silence, et une grande lutte intérieure.

C'est bien, nous la garderons.

RAYMONDE, se reculant, le regardant avec admiration et joignant les mains.

Qu'est-ce que tu dis là, si simplement? Nous la garderons! Tu le veux bien? Tu me pardonnes?

MONTAIGLIN.

Je n'ai rien à te pardonner; je ne t'ai rien demandé; tu ne m'as pas menti. Tu aurais peut-être mieux fait, dans l'intérêt de l'enfant, de me dire la vérité plus tôt, voilà tout.

RAYMONDE.

C'est vrai; mais comment prévoir qu'il y aura dans le monde un homme assez généreux pour comprendre et pardonner tout de suite. J'étais mère et j'ai voulu rester mère. Oui, j'aurais dû tout te dire lorsque Dieu m'a mise sur ton chemin. Je te dirai tout, tu verras ce que tu dois faire.

MONTAIGLIN.

Je sais tout ce que je dois savoir.

RAYMONDE.

Tu n'exiges pas que je me confesse, que je rougisse et que je m'humilie?

MONTAIGLIN.

A quoi bon?

RAYMONDE.

Tu me méprises?

MONTAIGLIN.

Je te plains!

RAYMONDE.

Je ne sais pas si je n'aimerais pas mieux ta colère. Tu vas douter de tout ce que je t'ai dit et de tout ce que je te dirai maintenant. Cependant je te jure qu'il n'a pas eu consentement de ma part. Il y a eu ignorance! Et de sa part à lui, ruse, attentat, violence! Ah! le maudit! le lâche! Trahison avant, abandon après; et, entre les deux, je ne sais quels conseils abominables! Mon père était mort! Ma pauvre mère, qui n'avait su que m'aimer, sans savoir me renseigner ni me défendre, elle en est morte. Si je ne me suis pas tuée, c'est que je devais vivre pour cette enfant; c'était mon devoir. Mais mon devoir aussi était de repousser ta main quand tu me l'as tendue, puisque je n'étais plus digne de toi, ou de confier la vérité à ton honneur et à ton amour. Je ne l'ai pas fait; je suis une coupable vulgaire, sans excuse! Je pensais à elle tous les jours et je ne te le disais pas! Je te trompais; tu croyais être seul dans mon cœur, elle y était avec toi. A peine étais-tu parti, que j'allais la voir. Ce n'est pas moi cependant qui ai eu la pensée de l'amener ici, c'est lui, ce matin. Il m'a menacée de la faire partir, si je ne consentais pas; j'ai consenti. Ah! que cela me fait de bien de t'avoir tout dit; mais, je t'en prie, punis-moi?

MONTAIGLIN.

Créature de Dieu, être vivant et pensant qui as failli, qui as souffert, qui te repens, qui aimes et qui implores, où veux-tu que je prenne le droit de te punir?

RAYMONDE.

Ah! tu es trop noble, tu me dépasses trop! Je ne comprends plus, mais je t'admire, je te bénis et je t'aime. Tu me rends mon enfant! Tu me le permets! Tu veux bien que je l'embrasse devant toi! Qu'est-ce que je ferai pour toi à mon tour? Si tu savais comme c'est beau, ce que tu fais là! Oui, oui, tu me feras oublier ma faute; moi, toute seule, je ne pourrais pas. (Il la tient sur sa poitrine avec une main, tandis que de l'autre il s'essuie les yeux.) Tu souffres aussi, tu croyais en moi, je te fais beaucoup de mal, et tu me tiens dans tes bras et tu me tutoies comme hier. Ah! que tu es grand! Ah! que tu es bon!

MONTAIGLIN.

Lorsque je t'ai épousée, ne t'ai-je pas promis aide et protection dans toutes les circonstances de la vie? Tu n'en doutais pas tout à l'heure, puisque ton premier mouvement a été de te jeter dans mes bras. Tu as bien fait, c'est ton refuge et ton salut, et je tiendrai l'engagement que j'ai pris devant Dieu. On veut t'enlever ton enfant : c'est une infamie ; compte sur moi. Personne ne te fera de mal. Tu es mère, tu es bonne mère, tu es sacrée !

RAYMONDE.

Mais, moi aussi, j'avais fait un serment.

MONTAIGLIN.

D'obéissance et de fidélité. Depuis que tu as fait ce serment, tu n'as porté aucune atteinte ni à mon affection, ni à mon honneur, n'est-ce pas? Il ne te reste plus maintenant qu'à obéir et tu auras tenu ton serment tout entier.

RAYMONDE.

Ordonne !

MONTAIGLIN.

Tu as l'acte de naissance de cette enfant?

RAYMONDE.

Oui.

MONTAIGLIN.

Tu me le donneras. Et puis pas un mot à qui que ce soit, et quoi qu'il arrive, de ce qui vient de se passer entre nous, car tout n'est pas fini.

RAYMONDE.

Je tremble !

MONTAIGLIN.

Ne crains rien. Ton honneur et ta réputation n'auront rien à redouter. Je ferai tout ce qu'il faudra faire.

RAYMONDE.

Et moi ! que dois-je faire encore ?

MONTAICLIN.

Toi ! va embrasser ta fille.

Elle sort. Montaiglin reste un moment immobile, puis se dirige vers la table, s'assied, essuie une dernière fois ses yeux, et se met à écrire.

ACTE TROISIÈME

SCÈNE PREMIÈRE

RÉMY, DIEUDONNÉ, puis MONTAIGLIN.

RÉMY, à Dieudonné.

Si vous voulez attendre là un instant, monsieur, je vais prévenir le commandant. Qui annoncerai-je?

DIEUDONNÉ.

Dieudonné, premier clerc de Me Robertot, notaire.

RÉMY.

Voici justement le commandant.

Il salue et se dispose à sortir.

MONTAIGLIN.

Ne t'éloigne pas, Rémy, j'aurai peut-être besoin de toi.

RÉMY.

Oui, mon commandant.

MONTAIGLIN.

Si cette dame qui est venue tantôt revient, — elle doit revenir, — tu me l'amèneras, à moi, et non à madame de Montaiglin. Si tu rencontres M. Octave, qui doit être dans le jardin, tu me l'enverras.

RÉMY.

Oui, mon commandant.

Il sort.

SCÈNE II

Les Mêmes, hors RÉMY.

MONTAIGLIN.

Je vous demande pardon, mon cher monsieur Dieudonné, de vous avoir dérangé. J'aurais dû passer chez vous; mais je pars demain et j'ai beaucoup à faire aujourd'hui.

DIEUDONNÉ.

Tout à votre service, commandant, et trop heureux...

MONTAIGLIN.

Il s'agit d'un acte de reconnaissance.

DIEUDONNÉ.

Un enfant naturel?

MONTAIGLIN.

Oui.

DIEUDONNÉ.

Rien de plus simple.

MONTAIGLIN.

Quelles sont les formalités?

DIEUDONNÉ.

Si le père est célibataire et majeur, cela va tout seul; s'il est marié, il faut le consentement de sa femme.

MONTAIGLIN.

Bien!

DIEUDONNÉ.

L'enfant a été inscrit?...

MONTAIGLIN.

Père et mère inconnus.

DIEUDONNÉ.

Nous n'avons pas à nous occuper de la mère?

ACTE TROISIÈME.

MONTAIGLIN.

Non.

DIEUDONNÉ.

C'est qu'elle peut, comme quiconque y a intérêt, attaquer la reconnaissance faite par le père.

MONTAIGLIN.

Elle ne l'attaquera pas. Il est même probable qu'elle ne se fera jamais connaître.

DIEUDONNÉ.

Où est l'acte de naissance?

MONTAIGLIN.

Le voici...

DIEUDONNÉ.

« Une enfant du sexe féminin déclarée sous les noms d'Adrienne-Marie-Pauline. Père et mère inconnus... » C'est en règle. Quand faut-il cet acte?

MONTAIGLIN.

Tout de suite.

DIEUDONNÉ.

Le nom du père?

MONTAIGLIN.

Vous le laisserez momentanément en blanc.

DIEUDONNÉ.

Célibataire ou marié?

MONTAIGLIN.

Laissez en blanc aussi.

DIEUDONNÉ.

Bien.

MONTAIGLIN.

Avez-vous du papier timbré?

DIEUDONNÉ.

Oui, vous m'avez fait dire d'en apporter.

MONTAIGLIN.

Eh bien, cher monsieur, mettez-vous là, et procédez.

DIEUDONNÉ.

C'est que, pour la régularité de l'acte, il faut que je sois assisté d'un second notaire.

MONTAIGLIN.

Ou de deux témoins, je crois?

DIEUDONNÉ.

Oui.

MONTAIGLIN.

On trouvera les deux témoins, soyez tranquille. Mettez-vous là et préparez l'acte, pendant que je cause avec monsieur.

Octave paraît.

SCÈNE III

LES MÊMES, OCTAVE.

OCTAVE, regardant Montaiglin avec anxiété.

Vous m'avez fait demander, commandant?

MONTAIGLIN, après un silence où l'on sent qu'il fait un grand effort de volonté pour rester calme devant Octave.

Oui, j'ai à causer avec... toi... (Octave l'étudie encore du coin de l'œil et l'attitude de Montaiglin le rassure.) J'ai parlé à ma femme.

OCTAVE.

Elle a compris tout de suite, n'est-ce pas?

MONTAIGLIN.

Eh bien, non, elle n'a pas compris.

OCTAVE.

Comment cela? Vous aviez compris tout de suite, vous...

MONTAIGLIN.

Oui; mais, tu sais, les femmes ont des idées à elles. Raymonde est très attachée à cette enfant.

OCTAVE.

Déjà?

MONTAIGLIN.

Déjà.

OCTAVE.

En deux heures de temps?

MONTAIGLIN.

Les bons cœurs sont prompts.

OCTAVE.

Alors, madame de Montaiglin?...

MONTAIGLIN.

Refuse absolument de rendre Adrienne.

OCTAVE, avec vivacité.

Et les raisons qu'elle donne? Car, enfin, il faut qu'elle donne des raisons.

MONTAIGLIN, très calme.

Ne t'emporte pas. Ses raisons ne sont pas mauvaises. Elle prétend d'abord que tu n'aimes pas cette enfant.

OCTAVE.

Qu'en sait-elle?

MONTAIGLIN.

Adrienne t'appelle monsieur Alphonse; tu l'as vue cinq ou six fois dans ta vie; tu la cachais à ta future, et tu ne l'as amenée ici que pour la lui cacher encore mieux, pour t'en débarrasser, disons le mot, comme tu ne veux la reprendre que parce que madame Guichard fait de cette reprise la condition *sine quâ non* du mariage projeté entre vous. A l'heure qu'il est, cette enfant te représente cinquante mille livres de rente; voilà pourquoi tu tiens à elle. Que demain, ta femme, qui me paraît être une personne à la fois emportée, autoritaire et capricieuse, prenne cette enfant en aversion, et qu'elle exige de toi que tu l'éloignes, tu l'éloigneras de nouveau, avec autant de laisser-aller que tu as fait toutes les autres choses qui concernent cette petite. Madame de Montaiglin a donc tout lieu de supposer que l'enfant sera plus heureuse auprès d'elle qu'auprès de n'importe quelle autre personne, et elle est résolue à la garder.

OCTAVE.

Ce ne sont là que des raisons; moi j'ai des droits.

MONTAIGLIN.

Lesquels?

OCTAVE.

Je suis le père.

MONTAIGLIN.

Qu'est-ce qui le prouve?

OCTAVE.

Je le dis.

MONTAIGLIN.

Ce n'est pas une preuve irréfutable. L'enfant est déclarée père et mère inconnus; elle n'appartient pas plus à toi qu'à un autre.

OCTAVE.

Ainsi, vous vous faites le complice?...

MONTAIGLIN, sévèrement.

Comment dis-tu?...

OCTAVE.

Je vous dis: vous approuvez cette conduite et vous y encouragez madame de Montaiglin?

MONTAIGLIN.

Moi, je ne comprends que le devoir. Or, les circonstances

étant ce qu'elles sont, il s'agit tout simplement, pour moi, de juger quel est mon devoir. Est-ce de garder une enfant sans famille ou de la rendre à l'étranger qui me l'a amenée, et qui, après n'avoir vu en elle qu'un embarras, ne voit présentement en elle qu'une affaire? Évidemment, mon devoir est de garder et de défendre cette orpheline. Je fais là un acte qui à la fois satisfait ma conscience et sert les intérêts de l'enfant; à moins que, puisque tu affirmes être le père de cette orpheline, tu ne la reconnaisses.

DIEUDONNÉ, qui n'a rien entendu, se levant.

Commandant...

MONTAIGLIN.

Je suis à vous tout de suite, mon cher monsieur Dieudonné.

OCTAVE.

La reconnaître... la reconnaître... C'est une bien grosse affaire!... Ma femme, qu'est-ce qu'elle dira?

MONTAIGLIN.

Ceci ne regarde ni moi, ni ta fille, ni ta femme; cela ne regarde que toi...

OCTAVE.

Attendons qu'elle vienne.

MONTAIGLIN.

Non; réponds immédiatement. Il y a là un notaire; Rémy et moi serons tes témoins. C'est l'affaire de cinq minutes. Puisque ta femme consentait à se charger de l'enfant, elle y consentira d'autant plus volontiers que cette enfant portera ton nom.

OCTAVE.

Ce n'est pas sûr. Un enfant reconnu, ce n'est plus comme un enfant recueilli; il lui est constitué des droits qui deviennent très gênants dans les affaires, les successions. Jusqu'à nouvel ordre, je suis à la disposition de madame Guichard ; attendons-la.

MONTAIGLIN.

C'est ton dernier mot ?

OCTAVE.

Une heure de plus ou de moins, qu'importe.

MONTAIGLIN, d'une voix brève et ferme.

Assez. (A Dieudonné.) Tout est prêt, monsieur Dieudonné ?

DIEUDONNÉ, qui regardait par la fenêtre pour ne pas entendre ce que disaient Montaiglin et Octave.

Oui, commandant.

MONTAIGLIN, appelant.

Rémy ! (Rémy paraît et salue militairement.) Appelle madame de Montaiglin. (Rémy ouvre la porte de gauche. — Raymonde paraît.) Reste là, Rémy...

RÉMY.

Oui, mon commandant.

MONTAIGLIN.

Mon cher monsieur Dieudonné, voulez-vous nous donner lecture de l'acte que vous venez de préparer ?

DIEUDONNÉ, lisant.

« Par-devant Mᵉ Robertot, notaire, a comparu M*** » (Parlé.) J'ai laissé le nom en blanc, comme vous me l'avez dit.

MONTAIGLIN.

Mettez mon nom.

DIEUDONNÉ.

Veuillez me donner vos noms de baptême.

MONTAIGLIN.

Jean-Marc de Montaiglin.

DIEUDONNÉ.

« A comparu M. Jean-Marc de Montaiglin, commandant

de vaisseau, officier de la Légion d'honneur, lequel a, par ces présentes, volontairement et librement reconnu, pour sa fille naturelle, Adrienne-Marie-Pauline... »

OCTAVE, à Montaiglin, bas.

Mais...

MONTAIGLIN.

Attends, attends !

DIEUDONNÉ, continuant.

« Née à Paris, le 11 avril 1862, inscrite aux registres de l'état civil du VIIIe arrondissement, comme étant née de père et mère inconnus. En conséquence, Jean-Marc de Montaiglin a consenti que ladite Adrienne-Marie-Pauline porte à l'avenir le nom de Montaiglin, son père, et que dorénavant elle soit appelée Adrienne-Marie-Pauline de Montaiglin. Et, de plus, il a consenti que mention des présentes soit faite sur toutes les pièces où il sera nécessaire, et notamment en marge de son acte de naissance. Madame de Montaiglin, épouse de monsieur Jean-Marc de Montaiglin, a donné son consentement et signé aux présentes. »

Il regarde Raymonde.

RAYMONDE.

Oui, monsieur...

DIEUDONNÉ.

« Fait et passé en présence... » (Parlé.) Les noms des témoins ?

MONTAIGLIN.

Ton nom, Rémy ?

RÉMY.

Mon commandant me fait l'honneur ?...

MONTAIGLIN.

Va, mon ami, va. C'est moi qui te suis reconnaissant du service que tu veux bien me rendre.

RÉMY, *fier et ému.*

Rémy-Bénédict Deschamps.

DIEUDONNÉ, *regardant Octave.*

Monsieur est le second témoin?

MONTAIGLIN.

Oui.

OCTAVE, *bas, à Montaiglin.*

Moi?... Qu'est-ce que cela veut dire?

MONTAIGLIN, *bas à Octave, mais d'un ton sans réplique.*

Cela veut dire que, comme Adrienne est la fille de ma femme, elle ne doit pas avoir d'autre père que moi. Allons, signe!

OCTAVE, *bas.*

Soit! mais nous nous retrouverons!

MONTAIGLIN.

Tout à l'heure!

RAYMONDE, *à part.*

Ah! mon Dieu! mon Dieu!

Octave va signer

DIEUDONNÉ.

« La lecture du présent acte et sa signature par M. de Montaiglin ont eu lieu en présence des témoins et de madame de Montaiglin, qui ont signé. »

MONTAIGLIN, *à Raymonde, à haute voix.*

Ma chère femme, je te remercie publiquement de m'avoir aidé à faire mon devoir. (Il *l'embrasse.*) Qu'à partir de ce jour ma fille soit la tienne. (A Dieudonné.) Merci, mon cher monsieur Dieudonné.

DIEUDONNÉ, *en sortant.*

A votre service, commandant.

MONTAIGLIN.

Vous dînez avec nous, n'est-ce pas?

ACTE TROISIÈME.

DIEUDONNÉ, saluant.

J'aurai cet honneur.

Il sort.

MONTAIGLIN, à Rémy.

Va, mon ami, merci. Je n'ai plus besoin de toi. (Rémy sort. A Raymonde.) Retourne auprès d'Adrienne.

Raymonde sort.

SCÈNE IV

MONTAIGLIN, OCTAVE.

OCTAVE.

Je suis à vos ordres.

MONTAIGLIN.

Ce qui signifie?...

OCTAVE.

Que je suis prêt à vous faire réparation.

MONTAIGLIN.

Par les armes?...

OCTAVE.

Comme il vous plaira.

MONTAIGLIN.

Ta mort, ou la mienne, dans un duel, compromettrait une femme qui ne doit pas être compromise, et le monde, c'est-à-dire les indifférents, les curieux et les méchants, supposerait ou devinerait ce qui ne doit rester connu que de nous trois : elle, toi et moi... Et encore l'ai-je déjà oublié. Du reste, tu ne me gênes pas du tout sur la terre ; nous ne nous y rencontrerons jamais ; car, si le hasard nous met en présence, certainement je ne te reconnaîtrai pas, je ne te verrai même pas. Mais, puisque tu te tiens à mes ordres, mes ordres sont que tu gardes aussi bien ton secret que je le garderai moi-même. Quand madame Guichard va venir, c'est moi qui la recevrai, et, comme elle surtout — rappelle-toi ceci! — ne doit pas connaître la vérité, je lui expliquerai les choses de manière à paraître ton obligé. Tu m'as dit tantôt que tu avais commencé par lui dire que cette enfant était la fille d'un ami à toi: cet ami, ce sera moi. Pour sauver l'honneur de la femme que tu as séduite et qui est devenue la mienne, je mentirai. Quant au châtiment que tu mérites, Dieu s'en chargera; je suis bien tranquille.

OCTAVE.

Voulez-vous que je vous dise la vérité? Je ne comprends plus du tout, et...

MONTAIGLIN.

Que cela ne t'étonne pas; tu n'as jamais compris, et tu ne comprendras jamais. Toi et moi, nous ne parlons pas la même langue, et, sache-le, nous ne sommes pas de la même espèce. (Regardant dehors.) Voici madame Guichard. Passe dans cette chambre, laisse-moi avec elle. Tiens-toi prêt seulement à lui offrir ton bras quand elle quittera cette maison, c'est-à-dire le plus tôt possible. Tu pourras écouter derrière la porte pour te mettre au courant et ne pas me démentir. Va!

Il ouvre la porte à Octave, qui sort; il referme la porte et va au-devant de madame Guichard, qui entre.

SCÈNE V

MONTAIGLIN, MADAME GUICHARD.

MADAME GUICHARD, entrant comme chez elle et s'arrêtant devant Montaiglin.

Ah! c'est vous, commandant!

MONTAIGLIN.

Oui, madame; qu'y a-t-il pour votre service?

ACTE TROISIÈME.

MADAME GUICHARD.

Octave n'est pas ici?

MONTAIGLIN.

Il n'est pas loin. Il va venir tout à l'heure.

MADAME GUICHARD.

C'est que j'ai hâte de le voir.

MONTAIGLIN.

Que vous arrive-t-il?

MADAME GUICHARD.

Je viens le chercher, lui et Adrienne, comme c'est convenu.

MONTAIGLIN.

Je suis désolé, madame, que vous ayez pris la peine de revenir pour cet objet; nous garderons décidément Adrienne...

MADAME GUICHARD.

Malheureusement, moi, j'ai décidé que je l'emmènerais avec moi, et, quand je me suis mis quelque chose dans la tête, ça tient bien, et je vais jusqu'au bout. Je suis partie d'ici tantôt, bien résolue à me charger de cette petite, autant dans son intérêt que dans le mien. C'était une garantie! Mais, quand j'ai eu appris qu'Octave m'avait fait un nouveau mensonge, cela m'a décidée encore plus, et, ce que je n'aurais peut-être fait que dans quelques jours, je l'ai fait tout de suite.

MONTAIGLIN.

Et quel était ce nouveau mensonge d'Octave?

MADAME GUICHARD.

Il m'avait dit que la mère de sa fille était morte.

MONTAIGLIN.

Eh bien?

MADAME GUICHARD.

Eh bien, elle ne l'est pas. Oh! je suis une femme expéditive et de précaution. Pendant que le suivais ici, ce matin, j'envoyais un homme sûr et malin, avec de l'argent, chez ces paysans de Rueil, que je n'avais pas eu le temps d'interroger moi-même, et, en traversant Paris, j'ai revu mon messager. Les paysans, furieux qu'on leur ait repris l'enfant tout à coup, sans dire ce qu'on en faisait, et probablement sans leur payer leurs soins et leur silence le prix qu'ils les estimaient, ces paysans ne demandaient pas mieux que de parler, et ils ont dit que la mère n'était pas morte du tout, et qu'elle venait souvent, très souvent, revoir l'enfant. Ils ne l'ont cependant pas vue depuis quelques mois...

MONTAIGLIN.

Mais ils ont dû dire qu'Octave ne venait jamais avec elle.

MADAME GUICHARD.

Ça, c'est vrai, puisqu'il n'est pas venu plus de cinq ou six fois en tout ; mais c'était peut-être une malice pour ne pas la compromettre ; car il paraît que c'est une femme comme il faut, jeune encore et très jolie ; et elle aime son enfant. Eh bien, son enfant, elle ne le reverra plus, ou si elle veut la revoir, elle viendra la voir chez moi, puisque c'est moi la mère, maintenant.

MONTAIGLIN.

Je ne comprends pas.

MADAME GUICHARD.

C'est pourtant bien simple. Le Code est un bon garçon ; il permet à ceux qui ont des enfants de ne pas les reconnaître ; mais il permet à ceux qui n'en ont pas de reconnaître les enfants des autres. J'ai reconnu l'enfant. Marie-Pauline-Adrienne, père et mère inconnus, est ma fille ; voici l'acte de reconnaissance.

Elle lui donne un papier.

MONTAIGLIN.

Eh bien, chère madame, vous avez fait un faux.

ACTE TROISIÈME.

MADAME GUICHARD.

Légal.

MONTAIGLIN.

Mais qui peut être attaqué.

MADAME GUICHARD.

Par qui?

MONTAIGLIN.

Par le père.

MADAME GUICHA.

Il s'en gardera bien.

MONTAIGLIN.

Ne vous y fiez pas.

MADAME GUICHARD.

Vous croyez qu'Octave? Ah! je voudrais bien voir ça!

MONTAIGLIN.

Octave n'est pas le père d'Adrienne.

MADAME GUICHARD.

Octave n'est pas le père d'Adrienne? Il m'a avoué tantôt qu'il l'était!

MONTAIGLIN.

Après vous avoir dit qu'Adrienne était la fille d'un de ses amis.

MADAME GUICHARD.

C'était faux!

MONTAIGLIN.

C'est-à-dire que vous n'avez pas voulu le croire. Alors, pour vous punir de votre jalousie et de vos soupçons, il vous a raconté une histoire dont il n'y a pas un mot de vrai. Bref, Octave a en effet rendu service à un ami, voilà tout.

MADAME GUICHARD.

Et cet ami?

MONTAIGLIN.

C'est moi.

MADAME GUICHARD.

Vous, commandant! La preuve?...

MONTAIGLIN.

La preuve, c'est que j'ai reconnu ma fille.

MADAME GUICHARD.

Vous l'avez reconnue?

MONTAIGLIN.

Il y a une heure; et voici mon acte de reconnaissance à moi, contresigné par mes deux témoins, dont l'un est Octave, comme vous voyez.

MADAME GUICHARD, abasourdie.

Mais alors! En voilà une histoire! Mais alors, dites donc, commandant, me voilà compromise sur les registres de l'état civil, des registres tout neufs. Je voulais bien avoir eu un enfant avec Octave, car je le lui aurais fais reconnaître aussi, mais pas avec un autre.

MONTAIGLIN, s'efforçant de sourire.

Je n'en dirai rien.

MADAME GUICHARD.

Excepté à madame de Montaiglin, car enfin, il faut qu'elle sache que je suis innocente. Octave saura bien à quoi s'en tenir, lui; mais, si on vient à apprendre, ça lui fera une position embarrassante. (Un temps.) C'est égal, c'est drôle. Si on m'avait dit ce matin que j'avais eu un enfant avec vous, je ne l'aurais jamais cru. Comme les choses arrivent, hein! On ne saurait être trop sur ses gardes. Nous aurions beau donner notre parole, jurer nos grands dieux que ce n'est pas vrai, on ne nous croirait pas. Fiez-vous donc aux apparences et aux états civils! Mais Octave, lui, qui sait que je suis toute de premier mouvement, il aurait dû prévoir que j'allais faire quelque sottise et me dire la vérité.

ACTE TROISIÈME.

MONTAIGLIN.

Ce n'était pas son secret et je lui avais fait jurer de n'en jamais dire un mot à personne, et franchement personne ne pouvait deviner...

MADAME GUICHARD.

Mais pourquoi avait-il amené justement ici cette enfant dont vous vouliez cacher l'esistence à votre femme?

MONTAIGLIN.

Parce qu'il avait trouvé une combinaison excellente pour que je pusse avoir mon enfant avec moi; il amenait Adrienne ici comme si elle était réellement sa fille, et il nous priait, madame de Montaiglin et moi, puisque nous n'avons pas d'enfant, de nous charger d'elle et de l'élever.

MADAME GUICHARD.

C'était ingénieux.

MONTAIGLIN.

Oh! très ingénieux.

MADAME GUICHARD.

Madame de Montaiglin aurait pu lui dire : « Pourquoi ne chargez-vous pas plutôt votre femme que nous de votre enfant? »

MONTAIGLIN.

Madame de Montaiglin adore les enfants, elle n'y a pas même pensé.

MADAME GUICHARD.

Et puis...

MONTAIGLIN.

Et puis?

MADAME GUICHARD.

Et puis Octave aura donné pour raison qu'il épousait une femme jalouse, colère, despotique.

MONTAIGLIN.

Non! il a dit simplement à ma femme qu'il craignait de vous faire de la peine et que, plus tard... Bref, il m'a aidé à jouer mon rôle.

MADAME GUICHARD.

Et il m'a bien dépistée aussi. Enfin, c'était pour vous rendre service. Il avait promis le secret; il a tenu sa parole, il a bien fait. C'est très bien. Il est capable d'être sérieux et discret, ça me fait plaisir et ça excuse bien des choses. J'aime mieux qu'il ait menti quand il m'a dit qu'il avait un enfant, que lorsqu'il m'a dit qu'il n'en avait pas.

MONTAIGLIN.

Vous l'aimez donc beaucoup?

MADAME GUICHARD.

C'est ridicule à mon âge et avec une frimousse comme celle-là, mais le cœur est en dedans et il ne sait pas comment le visage est fait. Que voulez-vous! je n'ai jamais eu de famille, j'ai beaucoup pâti dans ma jeunesse; je me suis rattrapée un peu depuis; enfin, j'ai besoin d'aimer. Je crie beaucoup, j'ai l'air d'être très méchante; au fond, je ne le suis pas. Il n'y a qu'une chose qui me révolte, c'est le mensonge. Moi, je dis toujours ce que j'ai sur la conscience. Quand j'ai appris tantôt que la mère vivait, après qu'il m'avait dit qu'elle était morte, je n'ai eu qu'une idée, j'ai cru n'avoir qu'une idée, celle de me venger. Et puis, quand j'ai été à la mairie, quand j'ai vu cet acte de naissance, *sans parents*, sec et glacé comme un décès, je me suis rappelé ma naissance, à moi, qui a été à peu près la même, et je me suis attendrie sur cette petite, que je n'ai jamais vue et que je détestais deux heures auparavant. J'ai fait le vœu d'être bonne pour elle. Voilà comme je suis. Drôle de femme, n'est-ce pas? Et je lui apportais des cadeaux, à cette enfant, des robes, des petits bijoux. C'est là dans ma voiture. Faites-la-moi venir,

ACTE TROISIÈME.

commandant, que je lui donne ses petites affaires, que je la voie enfin, ma fille, notre fille, et que je me sauve comme une maladroite qui est venue se mêler de ce qui ne le regardait pas. Ah! la drôle d'histoire! J'en aurai eu des aventures, moi, dans ma vie!

MONTAIGLIN, lui tendant la main.

Madame Guichard, vous êtes une brave femme.

MADAME GUICHARD.

Trop vive... trop tendre et trop passionnée. Mais, si j'avais eu un peu d'éducation, un peu d'instruction, un peu d'argent pour commencer, on aurait fait quelque chose de moi. Merci, monsieur de Montaiglin, ça me fait plaisir, ce que vous me dites là, parce que, vous aussi, vous êtes un brave homme. S'il y avait seulement un homme comme vous sur cent, le monde pourrait encore se tirer d'affaire. Dites donc! quel malheur que notre aventure ne soit pas vraie! Mais vous n'auriez pas voulu de moi, ou vous m'auriez plantée là encore plus vite que vous n'avez fait de l'autre. Ce qui m'étonne, même, c'est que vous l'ayez prise un moment, l'autre. Cela ne sied pas à votre grande mine d'avoir trompé un mari, de lui avoir pris sa femme et d'avoir eu un enfant en cachette sans lui donner tout de suite votre nom. Ça n'a pas l'air d'être fait pour vous, ces choses-là... C'est bon pour nous, le commun des martyrs!... La jeunesse! l'entraînement! Et puis vous étiez un beau garçon. Et nous sommes si persévérantes, si opiniâtres, quand l'amour nous tient! Enfin, vous avez failli aussi comme nous, ça nous relève un peu.

MONTAIGLIN, à part.

Étrange femme!...

MADAME GUICHARD.

Est-ce que vous voudrez bien être le témoin d'Octave?

MONTAIGLIN.

Impossible, je pars demain.

MADAME GUICHARD.

C'est juste; mais vous permettrez que je vienne, en votre absence, voir ma *fille* de temps en temps!

MONTAIGLIN.

Madame de Montaiglin et Adrienne partent avec moi. Je dois séjourner un ou deux ans dans une de nos colonies et je ne veux pas rester si longtemps loin d'elles, maintenant surtout.

MADAME GUICHARD.

N'importe, je voudrais la voir, madame de Montaiglin, avant de sortir d'ici, et lui demander pardon de la manière dont je m'y suis présentée et conduite. Vous lui expliquerez bien le quiproquo, n'est-ce pas?

MONTAIGLIN, remontant vers la porte.

Oui, je vais vous envoyer ma femme avec Adrienne. Madame Guichard, soyez heureuse, vous le méritez, et je vous le souhaite bien sincèrement.

Il s'arrête.

MADAME GUICHARD.

Vous avez encore quelque chose à me dire?

MONTAIGLIN, hésitant un moment.

Non! rien...

Il sort.

SCÈNE IV

MADAME GUICHARD, puis OCTAVE.

MADAME GUICHARD, seule.

Il voulait dire quelque chose qu'il n'a pas dit. Il était ému, embarrassé, presque triste; il n'y a pas de quoi cependant, puisque tout s'arrange comme il le désirait. Pourquoi emmène-t-il sa femme? Sans doute pour que l'autre ne vienne pas faire des scènes ici, quand elle verra qu'on lui a pris son enfant. Tout ça est un peu bizarre. (A Octave, qui entre). Ah! te voilà, toi!

OCTAVE.

Oui, je venais pour vous dire...

MADAME GUICHARD.

Je sais tout. Je viens de voir M. de Montaiglin. C'est lui le père. Je t'avais accusé à tort, mais tu aurais bien pu avoir assez de confiance en moi pour me dire la vérité : ça m'aurait évité la sottise que j'ai faite.

OCTAVE.

Quoi donc?

MADAME GUICHARD.

J'ai reconnu Adrienne à Paris, pendant que M. de Montaiglin la reconnaissait ici.

OCTAVE, jouant l'étonnement.

Et pourquoi avez-vous fait ça?

MADAME GUICHARD.

Pour te prouver que je t'aimais jusque dans l'enfant d'une autre.

OCTAVE.

Vous ne changerez jamais. Toujours des coups de tête! Et le commandant, qu'est-ce qu'il a dit?

MADAME GUICHARD.

Il m'a paru plus sérieux qu'il ne convenait. Allons, il paraît que vous êtes tous les mêmes. (Un temps.) Tu sais, je suis un peu curieuse. Tu ne connais pas la mère?

OCTAVE.

Quelle mère?

MADAME GUICHARD.

La mère de l'enfant, la vraie?

OCTAVE.

Non.

MADAME GUICHARD.

Tu ignores son nom?

OCTAVE.

Absolument. Je sais que c'est une femme du monde, voilà tout.

MADAME GUICHARD.

Tu ne l'as jamais rencontrée?

OCTAVE.

Où cela?

MADAME GUICHARD.

Chez les gens de Rueil?

OCTAVE.

Jamais. Elle y allait donc?

MADAME GUICHARD.

Oui.

OCTAVE.

Comment le savez-vous?

MADAME GUICHARD.

Ils ont parlé. Je leur ai envoyé quelqu'un. Je voulais tout savoir.

OCTAVE.

Moi, je n'y suis allé que quatre ou cinq fois seulement, quand le commandant m'écrivait d'y aller.

MADAME GUICHARD.

On t'y appelait M. Alphonse... Pourquoi?

OCTAVE.

Parce que je ne voulais donner ni mon nom, ni mon adresse... Ces gens auraient pu croire...

MADAME GUICHARD.

Regarde-moi bien.

OCTAVE.

Je vous regarde.

ACTE TROISIÈME.

MADAME GUICHARD.

Tu me jures...

OCTAVE.

Ah! bon, voilà que ça vous reprend!

MADAME GUICHARD.

Tu me jures que tout cela est bien la vérité?

OCTAVE.

Quel intérêt le commandant aurait-il, je vous le demande, à reconnaître un enfant qui ne serait pas le sien?

MADAME GUICHARD.

Je l'ai bien reconnue, cette petite, moi qui ne l'ai jamais vue.

OCTAVE, riant.

Mais vous... vous êtes folle.

MADAME GUICHARD.

Peut-être.

OCTAVE.

Maintenant, allons-nous-en.

MADAME GUICHARD.

Tu es bien pressé.

OCTAVE.

Nous ne pouvons pas rester éternellement ici.

MADAME GUICHARD.

Mais je croyais que le commandant t'avait invité à dîner.

OCTAVE.

Oui... Mais...

MADAME GUICHARD.

Tu l'as oublié?

OCTAVE.

Non. Mais, quand il m'a invité, vous n'aviez pas...

MADAME GUICHARD.

Vous n'aviez pas?...

OCTAVE.

Vous n'aviez pas fait ce que vous avez fait.

MADAME GUICHARD.

Je n'avais pas fait une action dont il doit m'être reconnaissant toute sa vie, et j'ignorais que tu lui avais rendu un grand, très grand service depuis dix ans. Il n'y pas là de quoi nous sauver comme des voleurs, surtout quand l'un des deux est invité à dîner et que l'autre a l'envie et a bien le droit de l'être aussi. Que le commandant me retienne avec toi, voilà ce qui est naturel, et... (A part.) voilà ce qui ne se fait pas cependant. Il y a quelque chose... on me ment... on me trompe... c'est dans l'air.

SCÈNE VII

Les Mêmes, RAYMONDE, ADRIENNE.

RAYMONDE, faisant un très grand effort sur elle-même pour paraître calme et sincère.

Mon mari vient de me faire connaître, madame, la bonne pensée que vous avez eue au sujet de cette enfant, à qui j'apprendrai à vous être reconnaissante, comme si elle était réellement ce que la loi l'a faite. Je regrette seulement que l'explication que nous avons eue aujourd'hui, M. de Montaiglin et moi, nous ne l'ayons pas eue plus tôt. Vous n'auriez pas trouvé l'occasion, il est vrai, de donner une grande preuve de cœur, mais, aussi, vous n'auriez pas eu les embarras d'une situation tout à fait exceptionnelle. Heureusement, tous les intéressés savent à quoi s'en tenir sur votre compte, et ce bon mouvement vous portera bonheur.

ACTE TROISIÈME.

MADAME GUICHARD.

Alors, vous voulez bien me donner la main, madame?

RAYMONDE.

De grand cœur.

Elle lui donne la main.

MADAME GUICHARD, à part.

Sa main tremble.

RAYMONDE, désignant Octave.

Il me reste à remercier monsieur qui s'est intéressé à cette petite et qui a été forcé de vous faire un mensonge que vous lui pardonnerez, je pense, comme moi. (A part.) J'étouffe!... (Haut.) Adrienne, va embrasser monsieur, qui ne te devait rien et à qui tu dois beaucoup, surtout depuis ce matin.

ADRIENNE, à Octave en lui tendant le front.

Merci, monsieur Alphonse.

MADAME GUICHARD, en regardant Montaiglin qui va entrer en scène, dit à Octave :

Embrasse-la donc, cette enfant, puisqu'elle te tend le front, et que tu as été son père — un moment.

MONTAIGLIN, très simplement.

Madame a raison; embrasse-la. (Bas, à Raymonde.) Encore un peu de courage..

RAYMONDE, à Adrienne.

Et maintenant, va embrasser madame.

ADRIENNE.

Très volontiers.

MADAME GUICHARD, à part.

La petite se troublera bien, que diable! (Haut.) Vous savez, ma chère enfant, que je viens vous chercher?

ADRIENNE, simplement, et tout en faisant signe à Raymonde de ne rien craindre, qu'elle se rappelle les recommandations du second acte.

Pour aller où?

MADAME GUICHARD.

Chez moi...

ADRIENNE.

Pour combien de temps?

MADAME GUICHARD.

Pour toujours.

ADRIENNE.

Est-ce que vous m'emmènerez aujourd'hui?

MADAME GUICHARD.

Quand vous voudrez.

ADRIENNE.

Demain alors; aujourd'hui, vous resterez avec nous.

MADAME GUICHARD.

Cela ne vous fait donc pas de peine de quitter cette maison?

ADRIENNE.

Cela m'a fait de la peine de quitter celle où j'étais depuis ma naissance. (Montrant Raymonde.) Madame a été très bonne pour moi depuis ce matin; mais, puisque vous voulez bien vous charger de moi et que je n'ai pas de parents, je vous suivrai avec bonheur. Vous m'amènerez quelquefois ici?

MADAME GUICHARD.

Vous m'aimerez un peu?

ADRIENNE.

Je vous aime déjà.

MADAME GUICHARD.

Ne me dites pas cela; je vous regretterais trop. Car je vais vous dire la vérité: vous resterez toujours avec monsieur et madame. (Bas.) Elle ne bronche pas. (Haut.) Et nous ne nous reverrons probablement plus.

ADRIENNE, comme émue.

Pourquoi?

MADAME GUICHARD.

Parce que le commandant va emmener sa femme et que sa femme tient à vous garder; mais, si vous avez besoin de moi, je viendrai vous rejoindre; car, enfin, je suis votre mère; la seconde, la troisième; enfin, j'en suis une. Ça peut servir à l'occasion.

ADRIENNE.

Vous aussi, vous m'écrirez, je sais lire; vous me direz où vous serez, et je vous promets d'aller tout de suite à vous si le malheur voulait que je fusse de nouveau orpheline et que je perdisse mon père et...

MADAME GUICHARD, croyant qu'Adrienne va se trahir.

Et?...

ADRIENNE, montrant Raymonde.

Et madame.

MADAME GUICHARD, bas.

Ils mentent tous! Pourquoi? Il faudra bien qu'ils se trahissent. (Haut.) Pour vous encourager à me suivre, je vous avais apporté quelques petits présents; je les ai laissés dans ma voiture, qui est restée à la grille. Voulez-vous aller les chercher? (Adrienne sort.) Allez, courez. Dites au cocher de vous porter ce paquet. Les chevaux sont sages, ils ne bougeront pas. Comme elle court! (Avec un cri d'effroi.) Ah! mon Dieu!

RAYMONDE.

Qu'est-ce qu'il y a?

MADAME GUICHARD.

Elle est tombée, elle est pleine de sang.

RAYMONDE, poussant un cri déchirant et se précipitant vers la porte.

Ah!

MADAME GUICHARD, l'arrêtant.

Allons donc! vous êtes la mère! J'en étais sûre. Ne vous inquiétez pas. Elle n'a pas de mal. J'ai fait comme vous; j'ai menti. Je voulais que vous vous trahissiez.

MONTAIGLIN.

Madame...

MADAME GUICHARD.

Ne craignez rien, je sais ce que je fais. (A Octave, qui fait un mouvement.) Tu m'as donc crue bien bête? Je comprends tout. Cette enfant, c'est ta fille, et tu l'as laissée à des mercenaires, et tu allais la voir une fois tous les deux ans. Cette femme, tu l'as séduite, tu l'as rendue mère et tu l'as abandonnée. Cet homme, qui était ton ami, tu l'as contraint, pour sauver l'honneur de sa femme, à reconnaître ton enfant. Et tu as signé comme témoin, toi, le père! Misérable! Et tout cela pour pouvoir faire le beau avec l'argent de Victoire, l'ancienne fille d'auberge! L'honneur de l'une et les pièces de cent sous de l'autre... rien que ça! Et les lois pour empêcher ces infamies, où sont-elles? Il n'y en a pas. On a oublié de les faire. Et, d'ailleurs, c'est l'amour! Voilà l'homme! Ou plutôt les hommes. Car l'homme, celui qui mérite ce nom, le chef, le guide, le maître, le sauveur, le voilà! (Elle montre Montaiglin.) Comme c'était difficile à deviner, à sentir, que c'était lui l'honnête homme, et toi le gredin! Quand on pense que j'allais épouser ce pierrot-là!... Allons, va-t'en!... Je t'assommerais; j'ai fendu plus dur que toi à l'auberge du Lion d'or. Tu vas quitter la France, et que je ne t'y rencontre jamais. Tu peux garder tout ce que tu as reçu de moi. Et maintenant, file!

Adrienne est rentrée avec ses paquets pendant les dernières lignes.

MONTAIGLIN, à Octave, froidement.

Tu peux te retirer.

Octave sort en s'essuyant faussement les yeux.

MADAME GUICHARD.

Oh! tu peux faire semblant de pleurer; c'est bien fini. (A Raymonde et à Montaiglin.) Je vous demande pardon, mais j'avais besoin de me soulager; ça va mieux. Enfin! me voilà veuve d'un mari que je n'ai jamais eu, et mère d'un enfant qui n'est pas de moi; ça me suffit. Toi, ma petite, je t'ai fait peur. J'ai trop crié! Je ne recommencerai plus, et je t'aimerai bien, de loin, puisque tu vas partir; mais nous nous reverrons, plus tard, quand ton père sera sûr que je suis une bonne femme. Ce matin, tu n'avais pas de famille; ce soir, tu as un père comme il y en a peu et deux mères, et deux bonnes, je t'en réponds. Tu ne comprends pas grand'chose à tout cela. Tant mieux. Laisse-toi aimer, ça t'expliquera tout.

MONTAIGLIN.

O cœur humain, changeant comme la mer, profond comme le ciel, mystérieux comme l'infini! (Tendant la main à madame Montaiglin.) Ma femme! (A madame Guichard.) Mon amie.

MADAME GUICHARD, émue et reconnaissante.

Ah! commandant!

MONTAIGLIN, embrassant Adrienne.

Ma fille!

ADRIENNE, embrassant Montaiglin.

Mon père! (Revenant embrasser madame Guichard.) Ma mère! (Sautant au cou de Raymonde.) Maman!

FIN DE MONSIEUR ALPHONSE

L'ÉTRANGÈRE

COMÉDIE

Représentée pour la première fois, à Paris, sur le THÉATRE-FRANÇAIS.
le 14 février 1876.

A

ADOLPHE DE LEUVEN

La dernière pièce du fils au premier et au plus fidèle
ami du père.

A. DUMAS FILS.

Septembre 1879.

PRÉFACE

Une école nouvelle ou plutôt qui se croit telle, soutenait dernièrement cette thèse, qu'il faut introduire le naturalisme dans le théâtre, et que là est le seul moyen de le renouveler et de le relever. Le naturalisme serait, selon cette école, la représentation absolument exacte, sur la scène, dans le fond et dans la forme, non seulement de toutes les émotions de l'âme et de tous les actes de la vie, mais encore du langage dont l'être humain se sert, selon son tempérament et sa classe, pour exprimer ces différentes émotions.

L'école n'est pas nouvelle et la thèse n'est pas neuve. Toutes les littératures, y compris la littérature dramatique, ont toujours eu pour première base, sinon pour dernière fin, la recherche et la représentation, aussi fidèles que possible, de la nature, avec une conclusion philosophique déduite de cette étude et de cette représentation. Quant à l'expression, elle dépend et elle dépendra éternellement du génie particulier de l'écrivain. Chacun a sa manière de voir les choses et de les dire, et c'est très heureux; c'est ce qui fait la variété infinie de l'art. Reste à savoir jusqu'où doit aller l'expression.

Aristophane et Shakespeare ont poussé la vérité du

langage, dans de certaines situations, jusqu'à la crudité. Ont-ils jugé cette forme nécessaire à leur pensée? Ou bien sont-ils descendus jusqu'à un certain public dont ils avaient besoin? En tous cas, est-ce pour cela qu'ils sont Aristophane et Shakespeare? Je ne le crois pas, et s'ils avaient dit les mêmes choses, ce qui était facile, en un langage que tout le monde pût accepter, ils auraient regagné en haut le public qu'ils auraient perdu en bas, ils auraient été plus utiles et plus moralisateurs, en rendant ainsi leurs œuvres accessibles à qui pouvait le mieux les comprendre.

Quand Othello tue Desdémone, ce qui est dramatique, ce qui est émouvant, ce qui est vrai, c'est que cet homme, si sincèrement et si purement épris de cette épouse sans tache, en arrive sous l'empire de la jalousie, non seulement à la tuer comme une bête fauve, mais à l'insulter comme la dernière des courtisanes. Oui, dans cet état de passion, l'homme le plus noble, le plus épris et jusquelà le plus respectueux, aura instinctivement et logiquement besoin d'accompagner, de doubler l'acte qu'il commet des paroles les plus grossières et des épithètes les plus outrageantes. Oui, la femme qui a trompé un amour comme celui d'Othello mériterait qu'en la tuant son époux la marquât d'un des noms qu'on donne aux filles de la rue ; mais les noms que la colère et le mépris ont inventés pour flétrir ces malheureuses sont si nombreux, que je me demande si l'auteur ne devra pas employer un de ceux que tout le monde connaît et accepte, — et qui en dit tout autant, — plutôt que celui dont se sert Shakespeare. Une femme comme Desdémone se trouvera tout autant insultée si son mari lui applique le mot générique de « prostituée », qui est un mot qu'elle connaît certainement, ne fût-ce que pour l'avoir lu dans la Bible, que s'il lui applique celui qui est dans le texte anglais et qu'elle ne connaît certainement pas. Où la chaste fille de Brabantio aurait-elle jamais entendu ce mot de barrière

et de lupanar ? Il est vrai que Brabantio, quand il dit
à sa fille en la chassant ce qu'il lui dit, a l'air d'un père
qui a pu quelquefois, devant elle, quand il était irrité,
se servir d'expressions aussi colorées que celles dont se
sert Othello à la fin. Dans les deux cas, Shakespeare a
eu tort, ou du moins les trois cents ans qui ont consacré
ses chefs-d'œuvre ne lui ont pas encore donné raison
sur ce point-là.

Ce que dit la nouvelle école en question, Boileau,
qu'elle méprise sans doute, l'a dit dans ce vers bien
connu :

J'appelle un chat un chat et Rolet un fripon,

ce qui n'empêchait pas son ami et contemporain Molière
de se tenir, avec les mots, dans une mesure qu'il savait
être la bonne. La mesure, la proportion et le goût sont
en effet ce qui constitue la supériorité de notre esprit
national, et les merveilleuses scènes d'Alcmène et d'Amphitryon, de Cléanthis et de Sosie, où l'auteur force tous
les spectateurs à voir ce qu'il ne veut pas leur montrer
et à rire du mot qu'il ne leur dit jamais, resteront les
exemples achevés, éternels, et probablement inimitables,
de l'art de tout dire devant un public qui ne doit pas
tout entendre.

Mais Boileau, qui écrivait ce vers par lequel il s'engageait à appeler toutes choses par leurs noms, Boileau
n'écrivait pas pour le théâtre, et il avait bien autrement
de latitude que son grand ami.

Peut-être l'écrivain qui a soulevé, ou plutôt qui a repris ce débat, car il n'est pas nouveau non plus, et personne n'ignore la phrase imagée par laquelle, il y a plus
de cent ans, Voltaire mettait fin à une discussion de ce
genre, peut-être l'écrivain qui a repris le débat a-t-il été
induit en erreur lui-même par l'habitude qu'il avait prise
d'exprimer sa pensée dans le livre et par le grand bruit
que venait de faire un de ses romans, écrit en un style

d'une couleur inusitée jusqu'alors, mais approprié bravement aux gens et aux choses qu'il avait eu l'idée de montrer.

Le livre n'est pas la scène; la communication, l'optique, la sonorité ne sont pas les mêmes; le livre peut dire aisément tout ce que le théâtre dirait; la scène ne pourra jamais dire tout ce que dira le livre, pas plus qu'on ne peut toujours, quand on est trois, dire et faire tout ce qu'on peut dire et faire quand on est deux. Au théâtre, on est toujours trois.

Le livre parle bas, dans un coin, porte et fenêtres closes, à une personne seule; il procède à la fois de l'alcôve et du confessionnal; tandis que le théâtre s'adresse à douze ou quinze cents personnes réunies, et procède de la tribune et de la place publique. Nous avons tous lu les *Confessions* de Jean-Jacques. Pas un de nous qui n'ait admiré, sans en rougir, l'étrange scène du Maure, si franchement, si habilement, si audacieusement présentée, semblable, avec toute la lumière concentrée sur un seul personnage et le reste du tableau dans la demi-teinte, à une belle eau-forte de Rembrandt. Quel est celui de nous, même s'il n'y avait ni une femme ni un enfant dans la salle, qui tolérerait la représentation de cette scène sur le théâtre? Et où trouver l'acteur qui s'en chargerait?

La peinture de la vérité en public a donc des limites, et l'auteur du roman dont nous parlions tout à l'heure a dû le reconnaître lui-même, quand il a voulu tirer un drame de ce roman. Comme il ne voulait pas se déjuger et qu'il sentait l'impossibilité d'appliquer ses théories (il avait cependant là une belle occasion!), il a confié l'exécution de sa pièce à *des hommes de théâtre*, dont le premier soin a été de ne pas laisser dans l'œuvre destinée à la scène une seule des expressions qui faisaient la saveur particulière de l'œuvre imprimée. Et quand il a fallu qu'un des personnages tombât du haut d'un échafaudage sur le pavé, représenté d'ailleurs par des planches, on a dû renoncer à la vérité absolue, et s'en tenir à un modeste mannequin. Les concessions à la convention théâtrale étaient donc devenues indispensables non seulement dans le fond, mais dans la forme.

Le livre n'a jamais besoin de substituer un cadavre en crin à un véritable cadavre, une vessie remplie de liqueur rouge à un véritable jet de sang. Un écrivain quelque peu coloriste vous fera passer sous les yeux, et même sous le nez, toutes les images qu'il voudra, et vous pleurerez, frissonnerez et cesserez de respirer comme devant la réalité même. Mêmes facilités pour les peintures de l'amour. Sans prendre comme exemples Boccace, M. de Sade, Crébillon fils, dont les récits ne pourraient être transportés sur le théâtre ni avec leur forme, ni avec leur fond (il n'y a pour s'en convaincre qu'à voir comment Shakespeare lui-même modifie Boccace quand il lui emprunte un sujet), sans prendre comme exemples les auteurs ci-dessus, ne lit-on pas tous les jours, dans des romans, des phrases comme celle-ci :

« A ce mot, le jeune homme comprit qu'il était aimé ; il prit la tête de Julie (ou de Christine, ou de Gabrielle ; le nom ne fait rien à l'affaire) ; il prit la tête de Julie dans ses deux mains, et il appuya longuement ses lèvres frémissantes sur les lèvres de la jeune fille, qui tomba dans ses bras et se sentit défaillir. »

Rien de plus courant, rien de plus banal qu'une pareille phrase. Eh bien, représentez-vous un jeune premier appuyant longuement ses lèvres frémissantes sur les lèvres d'une ingénue qui, en tombant dans ses bras, devra exprimer la défaillance, et figurez-vous ce qui se passera dans la salle.

Voilà ce qui a égaré notre confrère. De ce qu'il a pu, dans le livre, présenter et développer certains cas particuliers, et leur donner l'expression, la forme et la couleur qu'ils ont dans la nature, il a conclu que l'on peut, que l'on doit user du même procédé au théâtre ; il s'est trompé. Qu'il ne s'afflige ni ne se révolte plus qu'il ne convient. Dans tous les arts, il y a une part plus ou moins grande, mais indispensable, à faire à la convention. La sculpture n'a pas la couleur, la peinture n'a pas le relief, et elles sont bien rarement l'une et l'autre dans les dimensions de la nature qu'elles représentent. Plus on donnerait à une statue les colorations de la vie, plus on lui infligerait les apparences de la mort, parce que, dans l'attitude définitive à laquelle la condamne la matière dont elle est faite, il lui manquerait toujours le mouvement qui, bien plus que la couleur et la forme, est la preuve de la vie. Si l'art n'était que la reproduction exacte de la nature, il resterait toujours inférieur à elle, puisqu'il ne pourrait jamais prétendre ni à l'ampleur, ni à l'étendue, ni à la fécondité, ni à l'ensemble, ni à la variété du modèle, et, constaté inférieur, il deviendrait inutile; tandis que, s'il est toujours au-dessous de la nature prise dans sa totalité, il peut être son égal, il peut être supérieur à elle quand il fait son choix dans ses innombrables parties. Il faut évidemment qu'on sente, qu'on retrouve, qu'on admire toujours la nature dans l'art, mais, nous le répétons, vue, interprétée et restituée d'une certaine façon par le génie particulier de l'artiste. Elle est la base, elle est la preuve, elle est le moyen, elle n'est pas le but. L'artiste, le véritable artiste a une plus haute et difficile mission que celle de reproduire ce qui est; il a à découvrir et à nous révéler ce que nous ne voyons pas dans tout ce que nous regardons tous les jours, ce que seul il a la faculté de percevoir dans cet ensemble en apparence ouvert à tous, et s'il emprunte à la création, ce n'est que pour créer à son tour. Qu'il tienne l'ébauchoir, la plume ou le pinceau, l'artiste ne mérite véritablement ce nom que lorsqu'il donne une âme aux choses de la matière, une forme aux choses de l'âme, que lorsque, en un mot, il idéalise le réel qu'il voit et réalise l'idéal qu'il sent.

Maintenant je m'explique aisément qu'un écrivain de très bonne foi ne comprenne pas comment un art qui, comme le nôtre, a justement à sa disposition toutes les ressources dont les autres arts n'ont que quelques-unes, la forme comme la statuaire, la couleur comme la peinture, le mouvement, la parole, le personnage humain tout entier, homme et femme, comment un tel art, qui est la nature même, est soumis à tant de conventions ? Par la raison bien simple que cet art, avec tous les moyens dont il dispose, est appelé à représenter la « vie de relation », comme disent les physiologistes, laquelle n'est elle-même, le plus souvent, qu'une convention perpétuelle.

Si fréquents, si connus, si nécessaires, si agréables, si nobles que soient certains actes de la vie, n'est-il pas convenu que nous ne les accomplirons pas les uns devant les autres, quelle que soit l'intimité. Pourquoi cette convention absolument contradictoire dans la vie réelle avec les volontés si expresses de la nature ? Pourquoi est-ce justement ce qu'elle exige le plus de nous que nous essayons le plus de voiler non seulement aux autres, bien qu'ils soient dans le même cas que nous, mais de nous voiler à nous-mêmes, qui savons cependant bien à quoi nous en tenir ? C'est le résultat de certaines délicatesses faisant partie aussi de la nature humaine qui en ont décidé de la sorte, et qui ont eu raison ; mais cette convention ne se borne pas aux choses du corps, elle s'étend aux choses de l'âme, de l'esprit, du langage.

Cette vérité absolue que l'on veut que nous montrions et disions sur le théâtre, où sera la preuve qu'elle est absolue, qu'elle est la vérité ? Où la voyons-nous sur le reste du globe ? Qui la dit autre part ? Qui peut prétendre la savoir ?

Est-ce la religion ? Alors pourquoi tant de religions différentes et pourquoi tant de schismes dans chacune ? Est-ce la politique ? Passons ; nous causons sérieusement. Est-ce la science ? Pourquoi tant d'écoles alors, spiritualiste, matérialiste, positiviste ? Sont-ce les mathématiques, la logique? Alors, si avec une voiture à deux chevaux je vais de Paris à Saint-Cloud en une demi-heure, avec quatre chevaux j'y serai en un quart d'heure, avec huit chevaux j'y serai tout de suite, avec seize chevaux me voilà revenu avant d'être arrivé et même parti. Cette vérité absolue est-elle dans ce que nous voyons et touchons? Je plonge à moitié un bâton dans une eau claire et transparente, mes yeux me font voir la partie immergée formant un angle, et je sais que le bâton est droit. Je passe mon doigt du milieu sur mon index et je roule sur ma table une boulette entre les extrémités de ces deux doigts ainsi posés, mes doigts sentent deux boulettes, et je suis certain qu'il n'y en a qu'une. Il y a donc des cas où les mathématiques et la logique nous trompent, où notre vue, notre toucher, nos sens enfin nous trompent aussi. Ce n'est pas tout; la convention dans la vie collective est telle que, là même où l'on jure sur le Christ de dire la vérité, rien que la vérité, devant un tribunal (je ne parle pas du prêtre et du médecin qui refusent nettement de la dire au nom du secret professionnel), la convention est telle, qu'il est des circonstances où un témoin qui a juré de dire la vérité sera conspué par l'auditoire et secrètement désavoué par les juges qui la lui demandent, s'il la dit. Ce que je vais raconter est peut-être un souvenir; j'aime mieux en faire une hypothèse.

Supposons un mari jaloux amené en cour d'assises pour avoir voulu tuer sa femme parce qu'il croyait, ce que confirmait la rumeur publique, qu'elle avait un amant. Pas de flagrant délit. L'homme qui passe pour avoir été cet amant est appelé comme témoin, bien entendu.

LE PRÉSIDENT. — Vos nom, prénoms, profession, âge, etc.?

Le témoin répond à ces questions.

LE PRÉSIDENT. — Vous jurez de dire la vérité, rien que la vérité?

LE TÉMOIN. — Oui.

LE PRÉSIDENT. — Levez la main et dites : « Je le jure. »

Le Témoin, *levant la main vers le Christ.* — Je le jure.

Le Président. — Avez-vous eu des relations intimes avec la femme de l'accusé?

Le Témoin. — Oui.

Toute la salle avec indignation : « Oh! »

Pourquoi cette indignation de toute la salle? Parce qu'un homme interrogé par la justice humaine et qui a juré sur la justice divine de dire la vérité, dit cette vérité qu'il a juré de dire? S'il ne la dit pas, non seulement il manque au serment qu'il vient de faire, il est parjure et sacrilège, mais il va faire condamner le mari qu'il a trompé, et pour qui son aveu sincère serait l'excuse et l'acquittement sans doute. Et cependant toute la salle et les juges eux-mêmes honniront cet homme. Pourquoi? Parce qu'il aura manqué aux conventions les plus élémentaires de la délicatesse en amour.

Alors, pourquoi demander à des gens, au nom de la justice et sur serment, des vérités qu'il est convenu qu'au nom de l'honneur ils ne doivent pas dire?

De déductions en déductions et de subtilités en subtilités, nous en arriverions à cette formule radicale : la seule vérité qui existe c'est que la vérité n'existe pas.

Nous n'irons pas jusque-là. Il y a des vérités de fait; il y en a d'expérimentation dans l'ordre physique; il y en a aussi d'observation dans l'ordre moral, mais beaucoup moins, et toujours plus ou moins contestables. C'est justement à celles-là que nous empruntons pour le théâtre. Or, si le public qui s'est rendu à un procès criminel pour connaître les détails absolument vrais d'un fait absolument prouvé, où l'honneur et la vie d'un accusé sont en jeu, si ce public plein de respect pour la loi et les juges, lesquels ont le droit de punir de dix années d'emprisonnement la fausse déclaration d'un témoin, si ce public admet, exige, dans certain cas, au nom d'une convention qui est qu'un homme qui a été l'amant d'une femme, quelle qu'elle soit, ne doit jamais le dire, comment voulez-vous que ce public, quand il vient au théâtre, accepte qu'on lui dise, là, toute la vérité à l'appui de faits qui ne sont jamais eux-mêmes que des fictions plus ou moins habilement combinées?

Le mari, que nous venons de voir tout à l'heure en cour d'assises et qui, jaloux comme Othello, a frappé comme lui, était-il, bien que la passion dont il était animé fût réelle et que le fait fût vrai, était-il dans la vérité absolue? Et si nous avons à représenter au théâtre ce fait et cette passion, est-ce toujours selon Othello, et cet homme que nous devrons conclure? Évidemment non; le fait a amené chez ces hommes des conséquences qui eussent pu être toutes différentes chez d'autres individus.

Il y a, dans cette situation, des maris qui pardonnent, d'autres qui plaident, d'autres qui spéculent, d'autres qui ferment les yeux, d'autres qui rient. Une fois une de ces situations admises, me dira-t-on, ce que nous demandons, c'est qu'elle soit représentée selon la nature, telle qu'elle se manifesterait dans la vie réelle, avec les sentiments et même le langage qu'elle comporterait, et selon la condition sociale, intellectuelle, morale des individus.

Soit! Je suppose que, tout au contraire d'Othello et de l'accusé dont nous parlions, le mari, que je mettrai en scène, soit absolument indifférent à l'événement, cela se voit.

Si ce mari est un homme du monde, au moment où il découvrira le fait, il dira : « Que m'importe! »

S'il est un bon bourgeois, un peu voltairien, il dira : « Je m'en moque! »

S'il est un petit commis, ou un petit employé, il dira : « Je m'en fiche! »

S'il est un maçon, ou un charretier, il dira — quoi? Vous voulez lui faire dire sur le théâtre ce qu'il dirait dans la réalité? Essayez.

Savez-vous jusqu'où l'on peut aller, sur la scène, comme expression complète d'un sentiment? Frédérick Lemaître y est allé ; il a touché, ce jour-là, le point extrême où la vérité et la convention s'unissent, et il en a tiré un très grand effet. C'était dans une pièce de mon père, dans *Kean*. Au quatrième acte, Kean, pour une question de jalousie aussi, refuse de jouer. Le régisseur le supplie : Kean refuse. On entend dans la coulisse le public qui crie et trépigne.

LE RÉGISSEUR, *à la porte.*

On va lever le rideau, monsieur Kean.

KEAN.

Je ne suis pas prêt.

LE RÉGISSEUR.

Mais vous avez dit qu'on pouvait sonner.

KEAN.

Allez au diable !

Le Régisseur se sauve en criant :

Ne levez pas le rideau ! ne levez pas le rideau !

KEAN, *à part.*

Que faire ? comment la prévenir ? je ne puis y aller, je ne puis lui envoyer...

DARIUS.

Eh bien, monsieur Kean, votre perruque ?

KEAN.

Laissez-moi tranquille.

Bruit au dehors.

SALOMON.

Maître, entendez-vous ?

LE PUBLIC, *criant et trépignant.*

La toile ! la toile ! le rideau !

SALOMON.

Le public s'impatiente.

KEAN.

Qu'est-ce que ça me fait, à moi ?

Que faisait Frédérick à ce mot-là ; il prenait une chaise, il la brisait sur le sol, et il s'écriait : *Qu'est-ce que ça me f...ait, à moi ?*

De l'inquiétude que, pendant une demi-seconde, le public avait eue que l'acteur ne prononçât le mot qui venait aux lèvres, du soulagement qu'il éprouvait à ne pas l'avoir entendu, du plaisir délicat que lui causait cette combinaison de la réalité et du goût dans le jeu de cet admirable artiste, il résultait un effet immense que non seulement le mot vrai n'eût jamais pu atteindre, mais qui eût été en sens contraire. Là où il y eut applaudissements il y aurait eu sifflets et sifflets mérités, parce qu'il n'y a aucune raison pour que nous nous servions, devant les femmes qui sont dans une salle de spectacle, des expressions dont nous ne nous servons jamais devant les femmes qui sont dans un autre lieu, et que, pour les hommes, le sous-entendu suffit.

Ce même Frédérick, dans cette même pièce, donnait encore, mais cette fois sans que le public s'en doutât, une autre preuve de la convention qui existe dans tous les arts et qui, selon quelques autres et moi, leur est nécessaire. Au troisième acte, il y a une scène où Kean, ayant appris qu'un misérable s'est servi de son nom pour enlever une jeune fille, se trouve en face d'un homme masqué qu'il suppose être ce misérable ; et, comme celui-ci veut rester inconnu et se dérober, Kean lui barre le passage et lui dit :

Si vous n'ôtez pas votre masque, je jure Dieu que je vous l'arracherai.

LORD MESVIL.

Monsieur !

KEAN.

Hâtez-vous, hâtez-vous, milord.

(*Lord Mesvil fait un mouvement pour sortir.*

KEAN, *lui saisissant le bras droit de la main gauche.*

Oh! vous ne sortirez pas; c'est moi qui vous le dis.

Un jour, à une répétition, l'acteur chargé du rôle de lord Mesvil dit à Frédérick :

« Mais, monsieur Frédérick, si je voulais me sauver, je le pourrais ; je ne sens même pas votre main gauche sur mon bras.

— Mais, monsieur, lui répondit Frédérick, pourquoi voulez-vous que je me fatigue à vous serrer le bras? C'est à vous de faire croire que je vous le serre. »

Frédérick avait raison. Comme il était un maître dans son art, il savait de combien de conventions la vérité dramatique est faite.

Ce que l'on pourrait à bon droit, mais tout aussi inutilement peut-être, reprocher au théâtre, et ce qui est bien plus grave que la convention dans l'expression des sentiments, c'est la convention dans les sentiments mêmes. Non seulement il y a des mots que le spectateur ne veut pas entendre, mais il y a telle situation qu'il ne veut jamais admettre, bien qu'il la coudoie tous les jours dans la vie, bien qu'elle soit quelquefois la sienne, peut-être parce qu'elle est la sienne.

Ainsi nous avons tous rencontré, nous connaissons tous au moins une de ces femmes mariées, trompées, délaissées, maltraitées par leur mari, qui après de longs jours d'humiliations, de solitude, d'ennui, et croyant en même temps obéir à une irrésistible impulsion de son cœur, poursuivie depuis longtemps par un homme qui lui promet un amour, un dévouement, une fidélité, un respect éternels, se laisse convaincre et *succombe.* Personne n'exige, je pense, que je me serve d'un mot plus clair. Il se trouve alors que cette femme, qui se plaignait qu'on l'avait trompée en lui donnant le mari qu'elle a eu, se trompe à son tour en cédant à l'amant qu'elle prend. Elle est tombée sur un simple libertin. Après avoir obtenu d'elle ce qu'elle aurait si bien fait de lui refuser, il l'abandonne, tout comme a fait le mari, et passe à une autre. Aimez-vous mieux que ce soit elle qui s'aperçoive la première que cette homme n'était pas digne du sacrifice qu'elle lui a fait, et qu'elle revienne sur ses pas, cette première faute commise? Ce cas est plus rare, mais il est possible, et je l'admettrai si vous voulez, pour que nôtre héroïne soit plus digne d'intérêt.

Cette femme, séparée de son mari et de son amant. pour une raison ou pour une autre, est belle, jeune encore, et la voilà retombée dans l'abandon avec de nouveaux regrets doublés maintenant d'un remords. Vous voyez que je fais bien les choses ; j'admets aussi les remords.

Ne peut-il pas cependant advenir, après un temps plus ou moins long consacré à ces remords et à ces regrets, ne peut-il pas advenir que cette femme rencontre un galant homme qui connaisse et comprenne cette première défaillance, qui l'excuse et qui, aimant sincèrement cette femme, lui consacre sa vie, l'épouse même si elle devient veuve? Ne peut-il pas advenir, enfin, que cette femme ayant déjà appartenu à deux hommes, un mari que sa famille lui avait donné, un amant qu'elle s'est donné elle-même, ne peut-il pas advenir que cette femme n'ait jamais aimé et n'aime, jusqu'à la fin de ses jours, que le troisième possesseur? La vie réelle n'offre-t-elle pas plus d'un exemple de ce genre, et, si l'on fouillait avec quelque persévérance dans les liaisons des femmes du monde et dans leurs secondes noces, êtes-vous sûr qu'on ne trouverait pas plus de seconds et de troisièmes que de premiers ; ce qui faisait dire si justement à La Rochefoucauld : « Il est plus facile de trouver une femme qui n'a pas eu d'amant, qu'une femme qui n'en a eu qu'un. » Déjà en 1671 !

PRÉFACE.

Eh bien, malgré les exemples fréquents, malgré La Rochefoucauld, je défie le plus grand critique et le plus grand auteur dramatique même réunis en une seule personne, de rendre cette dite femme intéressante au théâtre, en la prenant, bien entendu, au moment où elle va dire au public avec toutes les convenances et conventions reconnues plus haut, qu'elle compte appartenir à un troisième homme et que décidément elle n'a jamais aimé que celui-là. Notre public, et c'est tout naturel dans un pays où le divorce n'existe pas et où l'indissolubilité du mariage prépare tant d'excuses à la femme, notre public non seulement pardonne toujours le premier amant d'une femme mariée, mais il l'attend. En revanche, il ne pardonnera jamais le second, quelque habileté que déploie l'auteur, quelques raisons que fasse valoir l'héroïne. Pour le public une femme ne peut avoir appartenu qu'à deux hommes, un mari qui s'est conduit d'une façon abominable, cela va sans dire, et un amant qui adore cette femme, qui l'adorera jusqu'à la fin de ses jours, qui a toutes les délicatesses, toutes les grandeurs et qui est toujours prêt à mourir pour elle, c'est bien entendu. Si cet amant abandonne cette femme, celle-ci, devant le public, doit en avoir fini avec l'amour; si jeune qu'elle soit encore, sa vie est brisée; elle ne vivra plus que dans la retraite et l'on devra quitter la salle bien convaincu qu'après cette dure leçon, notre héroïne ne recommencera plus jamais, jamais. A son second amant, la femme mariée n'est plus, sur la scène, qu'une coutumière du fait, ne méritant aucune sympathie.

Le public n'admet jamais non plus qu'un héros de théâtre épouse une femme qu'il sait avoir eu un amant avant lui, sans que le futur mari n'ait préalablement tué son prédécesseur dans un duel où Dieu devra toujours opter pour le second. Cependant il acceptera peut-être, mais avec moins de bonne grâce et de confiance, un départ de l'amant pour un pays très éloigné avec toutes les garanties possibles (comment les lui donner?) que les deux époux ne le rencontreront plus. Ce dénouement est moins d'usage depuis qu'il n'y a plus de couplets dans les comédies de mœurs. L'auteur des *Idées de madame Aubray* est probablement le premier et le seul qui ait osé, au théâtre, battre en brèche ce dénouement traditionnel. Camille Aubray épouse Jeannine sans tuer Tellier dont elle a cependant un enfant et sans que rien indique dans la pièce que le jeune ménage ne rencontrera jamais le suborneur. C'est une audace qui a été bien reprochée à l'auteur et que je ne conseillerais à personne de recommencer.

Mais, me direz-vous, comment se fait-il alors que le public ait tant applaudi et tant pleuré à *la Dame aux Camélias*, qui a jusqu'à trois amants devant le public, sans compter tous ceux qui ont précédé l'exposition de la pièce? Courtisane, monsieur, courtisane! Ce n'est plus la même chose. Une courtisane, c'est-à-dire une femme qui a eu assez d'amants pour n'avoir pas su les noms de tous et pour avoir oublié les noms de quelques autres, une courtisane pourra toujours trouver miséricorde et sympathie devant le public, parce qu'elle pourra toujours rejeter ses fautes sur la misère, sur l'ignorance, sur les mauvais exemples ou la vénalité de ce qui lui a servi de famille. Une courtisane pourra toujours dire qu'elle n'a pas aimé un seul des hommes auxquels elle a appartenu; qu'elle les haïssait même parce que chacun d'eux lui apportait un opprobre nouveau et l'enfonçait de plus en plus dans la fange et dans la honte; cela ne sera peut-être pas vrai, mais elle pourra le dire, et pouvoir donner une excuse, pour tout le monde et surtout pour la femme, équivaut souvent à l'innocence. Cela place même quelquefois le coupable au-dessus de l'innocent, par l'émotion que causent le repentir et les larmes.

Cette excuse, la femme mariée, la femme du monde surtout, instruite, bien élevée, matériellement indépendante, munie de toutes les morales de la religion et de la famille, ayant reçu un nom honorable qu'elle doit léguer tel qu'elle l'a reçu aux enfants qui naîtront ou qui sont nés d'un mariage régulier, consenti, respecté, la femme mariée, quand elle dévie, n'a pas, il faut bien le reconnaître, les excuses de l'autre, ou du moins elle ne les a, elle ne peut les avoir, toujours pour le public, qu'une seule fois. Elle ne joue pas seulement sa vie et son honneur comme la femme libre, elle joue la vie et l'honneur de tous les siens, pendant plusieurs générations peut-être. Les conséquences de sa faute peuvent être désastreuses pour les êtres qui en sont le plus innocents, et qui doivent lui être le plus chers; elle a d'autant plus de responsabilités qu'elle avait plus de privilèges; si elle se trompe une fois, tant pis pour elle. Plus elle aura lutté avant de se livrer à cet amour illégitime, plus elle aura prouvé qu'elle comprenait la gravité de l'acte qu'elle allait commettre. Il ne s'agit plus d'un mari inconnu, conseillé ou imposé par une famille à une vierge à la fois romanesque, curieuse et ignorante, mais d'un homme choisi librement entre tous les hommes par une femme qui sait maintenant ce que c'est qu'un homme. Si, après cette première faute, elle tente de nouveau l'aventure, elle ne peut plus dire qu'elle est dans l'amour, ni dans l'idéal, ni dans les représailles, ni dans le droit; elle est dans la galanterie.

Seulement le monde auquel elle appartient, tant qu'elle ne fait pas de scandale public, la ménage, la couvre, la défend, la protège même quelquefois, d'abord par charité chrétienne, évidemment, puis parce qu'il est bon qu'il y ait toujours dans le monde un fond d'indulgence disponible et réciproque, comme un réservoir d'eau dans les maisons exposées au feu; enfin, parce que nul ne veut se faire accusateur et juge d'un délit qui peut aboutir à des catastrophes terribles le jour où il serait révélé à qui ne doit pas le connaître, dont après tout, il n'y a pas de preuves authentiques et palpables et qui fournit, dans les conversations intimes, de bonnes occasions de médire et d'avoir de l'esprit. Quelques vieilles femmes irréprochables, sévères et pieuses, se tiennent dans une réserve à deux ou trois degrés au-dessus de zéro, mais supportable. Les prévenues en sont quittes pour s'envelopper un peu plus quand elles doivent les rencontrer. Comme ces femmes sévères ne vont pas non plus au théâtre, nous n'aurions pas à tenir ici grand compte de leur opinion si, par une contradiction bizarre, cette opinion n'était au fond celle du public le plus frivole à l'endroit de la galanterie des femmes classées. Nous pouvons mettre ces femmes en scène, mais dans leur véritable type. Le spectateur rira avec elles, mais elles ne doivent compter ni sur son estime, ni sur sa complicité. Il ne les accepte que comme personnages secondaires, gravitant et tournant autour d'une héroïne à laquelle, au contraire, il est prêt à pardonner bien des choses si elle aime véritablement et surtout si elle souffre par l'amour, mais par l'amour unique, celui dont l'âme vit et meurt. L'amour unique, même dans l'adultère, voilà pour le public l'excuse et l'absolution de la femme.

Oh! il ne veut pas qu'on rie de l'amour! Aussi celles-là qui ne le traitent pas sérieusement ne sont-elles pour lui que des coquettes. De là le nom de grandes coquettes qu'on leur a donné dans les emplois du théâtre. Le public ne leur reconnaît jamais le droit d'occuper le premier plan dans une œuvre importante. Célimène est le type supérieur de ces femmes séduisantes et vides; mais c'est sans doute pour les raisons que nous venons de dire que, malgré les magistrales observations de caractère contenues dans *le Misanthrope*, dont chaque scène est un chef-d'œuvre, tous ces chefs-d'œuvre réunis ne constituent pas, pour le public, un chef-d'œuvre incontestable comme *Tartufe, les Femmes savantes* ou *l'École des femmes ;* et que, depuis deux cents ans, il ne s'intéresse pas, faut-il le dire, il ne comprend pas grand'chose à cette admirable étude qui va si loin dans le cœur humain et qui, par cela même, semble plutôt ressortir au livre qu'au théâtre. Il dit : « J'aime mieux le lire ; » il ne le lit pas, et si on lui demande ce qu'il en pense, il répond : « C'est admirable, mais ce n'est pas très amusant. »

« C'est ou ce n'est pas amusant, » tel est son dernier mot. Il entend par amusant tout ce qui le captive, tout ce qui le met en dehors de lui-même. Il ne vient à nous que pour sortir de lui. Il lui faut une illusion, une consolation, une espérance, un idéal, qui l'escorteront encore quelque temps après qu'il nous aura quittés. Pour retrouver au théâtre les réalités qu'il coudoie tous les jours, il aime autant rester chez lui et il a raison. Il ne pleure pas tous les jours, il ne rit pas tous les jours. S'il vient nous trouver, c'est pour pleurer jusqu'à ce qu'il suffoque, pour rire jusqu'à ce qu'il étouffe, pour être épouvanté jusqu'à ce qu'il tremble, pour être trompé jusqu'à ce qu'il croie.

Est-ce à dire que nous devons le laisser éternellement dans toutes ses habitudes, dans tous ses préjugés, dans tous ses partis pris, dans toutes ses ignorances ? Non ; pas plus que Shakespeare, Corneille, Molière et Racine ne l'ont laissé dans l'état où ils l'ont pris, pas plus qu'Eschyle, Euripide et Sophocle ne l'avaient laissé deux mille ans auparavant dans l'état où il l'avaient reçu. Mais il ne faut pas le brusquer ; il faut envelopper l'observation nouvelle qu'on veut lui faire accepter, comme on enveloppe un médicament amer qu'on veut faire avaler à un enfant, dans toutes les sucreries qu'il aime. Nous avons, pour l'initier, bien du temps devant nous ; le monde ne finira pas demain, malheureusement, car ce serait amusant à voir ; nous élargirons peu à peu notre domaine ;

mais, si large qu'il soit, c'est toujours l'émotion d'en haut, l'illusion, le rêve séduisant ou sublime, l'idéal, en un mot, se dégageant des réalités courantes, que le public viendra nous demander.

En attendant, il faut être être du métier pour savoir de quelle prudence et de quelle circonspection on doit user à chaque reconnaissance nouvelle sur le terrain à conquérir. Il y a des ennemis cachés dans toutes les broussailles. C'est ce qui rend notre art si difficile et ce qui le place en même temps si haut que, depuis le commencement du monde, on ne pourrait pas compter trente chefs-d'œuvre dramatiques. Il faut dire aussi qu'il y a là une perspective particulière. Il semble que les yeux de ces douze ou quinze cents spectateurs toujours fixés sur le même point acquièrent la puissance du microscope et grossissent les moindres détails jusqu'à des proportions démesurées, effrayantes, scandaleuses. Pour peu qu'il ait de connaissance et d'expérience du théâtre, alors qu'il assiste seul, dans la salle, aux dernières répétitions de sa pièce, l'auteur à qui un orgueil insensé ne trouble pas le cerveau, est, à chaque instant, épouvanté des énormités qu'il va faire entendre et qui feraient partie des choses les plus simples et peut-être les plus banales dans la vie réelle.

A peine la scène dangereuse commence-t-elle à se dessiner dans les préparations dont il a fallu la faire précéder, que le silence lui-même, dans cette grande salle, semble retenir sa respiration pour mieux écouter et devient pour ainsi dire menaçant. Que sera-ce donc, le soir, quand cette salle sera pleine et qu'au feu de la rampe tout paraîtra énorme? Aussi, dans ce travail des derniers jours, faut-il se rendre compte de la valeur et de l'importance d'un mot, d'une intonation, d'un geste, d'un regard, d'un temps! Savoir la vérité, la belle affaire! La dire, le beau mérite! Mais la faire entendre là, représentée par des êtres animés, de sexes différents, en tous points semblables à ceux qui écoutent, si bien qu'il semble à ceux-ci que leurs propres sentiments, leurs propres passions, leurs propres personnes, se meuvent toutes nues devant eux, voilà la difficulté et les plus habiles n'en sortent pas toujours.

Celui qui a été et qui reste le maître du théâtre moderne, quelque bruit que l'on fasse autour d'autres noms, celui dont l'imagination prodigieuse a touché les quatre points cardinaux de notre art, la tragédie, le drame historique, le drame de mœurs, la comédie anecdotique, celui dont le seul tort a été de manquer de solennité, et d'avoir du génie sans orgueil et de la fécondité sans effort, comme on a la jeunesse et la santé, celui enfin qui, Shakespeare étant donné comme point culminant, s'est chez nous, par l'invention, la puissance et la variété, le plus approché de Shakespeare, celui-là a dit lui-même, en pleine scène, ce que nous répétons aujourd'hui, et qui sera tout aussi vrai demain :

LA VICOMTESSE [1].

Déduisez vos raisons, et nous serons vos juges.

EUGÈNE D'HERVILLY.

Oh! mesdames, permettez-moi de vous dire que ce serait un cours beaucoup trop sérieux pour un auditoire en robes de bal et en parures de fête.

MADAME DE CAMPS.

Mais pas du tout; vous voyez qu'on ne danse pas encore; et puis nous nous occupons toutes de littérature, n'est-ce pas, vicomtesse?

LE BARON DE MARSANNE.

De la patience, mesdames. Monsieur consignera toutes ses idées dans la préface de son premier ouvrage.

---

1. *Antony*, acte IV, scène VI.

PRÉFACE.

LA VICOMTESSE.

Est-ce que vous faites une préface?

LE BARON DE MARSANNE.

Les romantiques font tous des Préfaces. Le Constitutionnel les plaisantait l'autre jour là-dessus avec une grâce!

ADÈLE.

Vous le voyez, monsieur, vous avez usé à vous défendre un temps qui aurait suffi à développer tout un système.

EUGÈNE.

Et vous aussi, madame, faites-y attention! vous l'exigez, je ne suis plus responsable de l'insuccès. Voici mes motifs : la comédie est la peinture des mœurs; le drame, celle des passions. La Révolution, en passant sur notre France, a rendu les hommes égaux, confondu les rangs, généralisé les costumes. Rien n'indique la profession; nul cercle ne renferme telles mœurs, ou telles habitudes; tout est fondu ensemble, les nuances ont remplacé les couleurs, et il faut des couleurs au peintre qui veut faire un tableau.

ADÈLE.

C'est juste.

LE BARON DE MARSANNE.

Cependant, monsieur, le Constitutionnel...

EUGÈNE, sans écouter.

Je disais donc que la comédie de mœurs devenait, de cette manière, sinon impossible, du moins très difficile à exécuter. Reste le drame de passion, et ici une autre difficulté se présente. L'histoire nous lègue des faits; ils nous appartiennent par droit d'héritage, ils sont incontestables, ils sont au poète. Celui-ci exhume les hommes d'autrefois, les revêt de leurs costumes, les agite de leurs passions qu'il augmente ou diminue selon le point où il veut porter le dramatique. Mais, que nous essayions, nous, au milieu de notre société moderne, sous notre frac gauche et écourté, de montrer à nu le cœur de l'homme, on ne le reconnaîtra pas. La ressemblance entre le héros et le *parterre sera trop grande, l'analogie trop intime, le spectateur qui suivra chez l'acteur le développement de la passion voudra l'arrêter là où elle se serait arrêtée chez lui. Si elle dépasse sa faculté de sentir ou d'exprimer à lui, il ne la comprendra plus, il dira : « C'est faux; moi je n'éprouve pas ainsi. Quand la femme que j'aime me trompe, je souffre sans doute, oui, quelque temps, mais je ne la poignarde ni ne meurs, et la preuve c'est que me voilà. » Puis les cris à l'exagération, au mélodrame, couvrent les applaudissements de ces quelques hommes qui, plus heureusement, ou plus malheureusement organisés que les autres, sentent que les passions sont les mêmes au XVe qu'au XIXe siècle, et que le cœur bat d'un sang aussi chaud sous un frac de drap que sous un corselet d'acier.*

ADÈLE.

Eh bien, monsieur, l'approbation de ces quelques hommes vous dédommagerait amplement de la froideur des autres...

Si l'auteur de cet admirable drame, où le dernier mot de la passion humaine a peut-être été dit, et dont tous les jeunes gens qui veulent écrire pour le théâtre devraient étudier la contexture, car on n'a jamais poussé plus loin l'intérêt, l'audace et l'habileté sur la scène, si l'auteur d'*Antony* avait écrit une de ces préfaces que le baron de Marsanne plaisantait si spirituellement en 1831, et qu'il doit plaisanter encore, au lieu d'écrire une pièce qui ne permet, que dans la mesure où il l'a fait, la digression que nous venons de citer, il aurait répondu aux deux dernières lignes d'*Adèle d'Hervey* :

« Eh bien, non, madame, l'approbation de ces quelques hommes ne me dédommagerait pas amplement de la froideur des autres, parce que le théâtre, qui s'adresse à la foule, ne peut pas se contenter de l'approbation de quelques-uns. Il lui faut pour vivre, moralement et matériellement, la quantité des spectateurs moyens jointe à la qualité des spectateurs intelligents. Ceux-ci ne peuvent rien contre ceux-là, quand ceux-là ne veulent pas écouter. Pour que le théâtre fasse ce qu'il peut, ce qu'il doit faire, pour que, s'adressant à des masses énormes, il puisse instruire et moraliser ces masses en leur révélant les vérités qu'elles ignorent, il faut d'abord qu'il attire ces masses, qu'il les retienne, ce qui ne peut avoir lieu que s'il emploie les moyens auxquels les masses, instinctives et grossières, sont et seront toujours accessibles.

Gœthe raconte, dans ses *Mémoires*, je crois, que, lorsque Schiller et lui eurent dépensé tout ce qu'ils avaient de force et de talent, soit avec leurs propres œuvres, soit avec des traductions des chefs-d'œuvre étrangers, pour fonder le théâtre de Weimar, avec la protection et les deniers du grand-duc, quand le public commençait enfin à paraître y prendre goût, il arriva dans la ville un montreur de chiens savants, et à partir de ce moment Gœthe et Schiller n'eurent plus un spectateur. Gœthe, découragé et humilié, abandonna la direction et ferma le théâtre. Peut-être, s'il avait eu l'idée d'engager le montreur et d'intercaler les exercices de ses artistes à quatre pattes dans les entr'actes des chefs-d'œuvre qu'il voulait populariser, peut-être le public de Weimar eût-il écouté ces chefs-d'œuvre par-dessus le marché.

Si Shakespeare et Molière ont imposé leurs hardiesses à leurs contemporains et à la postérité, cela tient peut-être moins à ce qu'ils étaient de grands esprits qu'à ce qu'ils étaient directeurs des théâtres où ils les faisaient représenter, et chefs des troupes qui les représentaient. Et encore étaient-ils forcés souvent, pour faire accepter leurs chefs-d'œuvre, d'y jeter ou d'y adjoindre quelques grosses farces de mauvais goût, pour les masses nécessaires aux recettes. S'ils eussent eu affaire à des entrepreneurs de théâtre, fort indifférents à l'art, mais fort sensibles aux bénéfices, à leur second chef-d'œuvre qui *n'eût pas fait d'argent*, ils eussent été plus ou moins poliment éconduits, leurs œuvres n'auraient pas été maintenues dans le répétoire, et ils ne nous serviraient pas aujourd'hui de modèles désespérants.

Pour le directeur de théâtre, l'auteur par excellence est celui qui fait salle comble. Si nous pouvons donc concilier ensemble la vérité, les goûts du public, les intérêts de l'art et ceux du directeur, cela va tout seul; mais ce n'est pas facile, et, dans la lutte, c'est toujours la vérité qui est condamnée aux concessions. L'auteur de *Faust* le savait comme tous les véritables auteurs dramatiques le savent, et voilà comment il le disait dans le prologue de son chef-d'œuvre injouable :

LE DIRECTEUR.

Allons! mes braves et fidèles camarades, vous qui m'avez souvent assisté dans mes embarras et dans mes peines, dites-moi, je vous prie, ce qu'on augure en Allemagne de notre entreprise. Je sais bien comment l'on s'empare de l'esprit d'une assemblée, et pourtant je ne fus jamais plus embarrassé qu'aujourd'hui; ces gens-ci ne sont pas habitués aux chefs-d'œuvre, mais ils ont terriblement lu. Où trouver quelque chose de frais, de nouveau qui les amuse et les intéresse? Encore une fois, il s'agit d'attirer la foule. Je veux la voir arriver à grands flots, comme un fleuve dont le vent soulève les vagues; je veux qu'en plein jour, avant quatre heures, elle assiège toutes les portes à la conquête d'un billet, au risque de se rompre le cou, comme au temps de famine à la porte des boulangers. A toi, poète, d'opérer ce miracle! Oh! mon ami, fais de ton mieux aujourd'hui!

LE POÈTE.

Ne me parlez pas de cette foule grossière! A son aspect le génie s'épouvante et s'enfuit; éloignez ces flots tumultueux qui pourraient m'entraîner dans leur tourbillon; conduisez-moi plutôt dans une solitude; c'est là que le poète goûte des joies pures; c'est là que l'amour et l'amitié, ces trésors de nos cœurs, sont cultivés par la main des dieux. Ah! quand je veux exprimer les émotions profondes qui naissent au fond de mon âme, mes lèvres tremblantes trouvent à peine des paroles, et si j'obtiens quelques inspirations heureuses, elles se perdent dans le tumulte, elles sont méconnues du temps présent. Souvent c'est après de longues années que l'œuvre du génie reparaît dans son éclat : le clinquant ne brille qu'un jour, l'or pur se conserve et passe à la postérité.

LE BOUFFON.

Eh! laissez-moi donc tranquille avec votre postérité! Si moi aussi je voulais m'occuper d'elle, qui songerait à égayer nos contemporains? Car enfin ils demandent leur part, et il est juste qu'on la leur fasse. Je sais comment les mettre en belle humeur; ma mine réjouie les y dispose; la foule n'épouvante pas celui qui sait exciter la sympathie; plus elle est nombreuse, plus il est sûr de l'émouvoir. Allons donc! prenez courage, présentez-vous sans embarras; que l'imagination précède: la raison et l'intelligence, le sentiment et la passion formeront son cortège; mais surtout n'oubliez pas la folie.

LE DIRECTEUR.

Du mouvement sur toutes choses, du mouvement! On vient ici au spectacle, on veut qu'il y ait beaucoup à voir. Si les yeux ont été satisfaits, si vous présentez au public des tableaux variés et merveilleux, vous voguez à pleines voiles, et le spectateur, en sortant, vous proclame son favori. Vous ne pouvez plaire à la foule que par la quantité; enfin de compte, chacun pense à soi. Si vous étalez un nombreux assortiment, vous en aurez pour tous les goûts, et vos chalands satisfaits se retireront de bonne humeur. Pourquoi prendre tant de peine à lier ensemble ce qui doit être mis en pièces? Le travail que je vous demande est facile; la conception, l'exécution ne coûteront qu'un instant, et, puisque le public ne manquerait pas de mettre en lambeaux votre ouvrage, autant vaut, je le répète, le lui servir en cet état.

LE POÈTE.

Eh quoi! c'est à ce métier misérable que vous prétendez

nous réduire! L'artiste n'est-il donc qu'un manœuvre? Mais, je le vois, le mauvais goût de nos auteurs du jour vous a séduit.

LE DIRECTEUR.

Un tel reproche ne m'inquiète guère : un bon ouvrier choisit les outils en raison de la matière. Songez que vous avez du bois tendre à travailler, ou, pour parler sans métaphore, voyez de quelles personnes se compose votre auditoire. L'un vous arrive poursuivi par l'ennui; l'autre quitte la table, fatigué d'un long repas; celui-ci, et c'est bien pire encore, vient de lire les journaux. Chacun est distrait comme pour un bal masqué. La curiosité seule peut réveiller leur apathie. Les femmes nous apportent leur toilette, leur beauté, et sont en scène pour leur compte. Qu'ont affaire de telles gens de vos sublimes rêveries? Pensez-vous qu'elles soient bien propres à les tenir en belle humeur? Examinez de près ces amateurs de poésie; ils sont froids, ou malveillants; ils attendent impatiemment la fin, l'un pour retourner au jeu, l'autre pour passer la nuit chez des filles. Et vous mettrez les chastes Muses au service de telles gens? Pauvre fou que vous êtes, ne prenez pas tant de peine; entassez les événements pêle-mêle, ne craignez pas de vous tromper de chemin. Contenter les hommes, cela est trop difficile : cherchez seulement à les émouvoir, il n'importe comment, par la peine ou le plaisir. . . . .

Tel est le public, tel il a été, tel il sera éternellement, un enfant à la fois ignorant et ne voulant rien apprendre, curieux et convaincu qu'il y a une quantité de choses très naturelles, très vraies, dont on ne doit jamais lui parler au théâtre, impressionnable et distrait, sensible et taquin, prêt à pleurer, prêt à rire, ayant horreur de la réflexion, enchanté d'un jouet nouveau qui lui fait tout de suite oublier les anciens, mais qu'il est toujours prêt à casser pour voir ce qu'il y a dedans, et, ne sachant pas très bien d'ailleurs qui le lui a donné, ne refusant pas d'écouter des choses sérieuses, mais à condition que ça ne durera pas longtemps, sinon il se met à causer, ou à bâiller, ou à dormir, à moins qu'il ne s'en aille ; un enfant qui ne vieillit jamais, qui ne peut jamais vieillir, parce qu'il s'est assimilé le principe de l'éternelle jeunesse, de l'éternel amour, de l'éternel idéal, l'éternel féminin, c'est-à-dire ce qui est toujours fermé à un raisonnement et toujours ouvert à une émotion. Vouloir modifier le public, autant essayer de dessaler la mer.

Figurez-vous une classe de filles et de garçons de dix à douze ans, réunis et mêlés, les uns pensant à leur toupie, les autres pensant à leur poupée, les ayant sous la main, et à qui vous voulez expliquer et apprendre l'histoire sainte. Si vous ne la leur racontez pas dans le langage du petit Poucet et de l'Oiseau bleu, bonsoir! ils ne vous écoutent pas. Qui sait, du reste, si les grandes vérités morales de la religion n'ont pas besoin aussi des fictions, du surnaturel et du merveilleux dont on les enveloppe pour être écoutées des hommes! Pour en revenir à notre public, il faut, en un mot, que ce que nous avons de sérieux à lui dire lui paraisse plus amusant que ce qui l'amuse d'ordinaire. Le théâtre n'est toujours pour lui qu'un *Guignol* plus ou moins grand, et il écoutera toutes les philosophies que vous voudrez, pourvu que ce soit Polichinelle qui les lui dise.

Je comprends que des esprits distingués, délicats et graves comme celui dont nous parlions au début de cette préface, à la recherche de la vérité absolue, s'étonnent, s'irritent même de toutes les concessions que la vérité doit faire au public du théâtre, et qu'ils s'en prennent aux auteurs même les plus accrédités, surtout à ceux-là, les jugeant responsables de cet état de convention. Que ces grands esprits essayent de changer ce qui est, ils verront si c'est possible. Ils feront peut-être mieux que leurs confrères, mais avec les procédés que ceux-ci emploient ; il n'y en a pas d'autres.

Si Shakespeare fait apparaître le spectre de Banquo, bien qu'il n'y ait pas de spectres dans la nature, il a ses raisons, et elles sont bonnes. Ce Croquemitaine lui paraît nécessaire pour faire peur à son grand enfant. Si Molière fait faire la morale de Tartufe par Dorine, au lieu de laisser celle-ci à la cuisine où nous sommes habitués à la reléguer et d'où nous ne tenons aucun compte de son opinion et de son dire sur les choses intimes de la famille, il a ses raisons aussi, et elles sont tout aussi bonnes ; il a besoin de la gaieté de cette commère pour faire rire son grand gamin. C'est peut-être cette grosse gaieté-là qui manque au *Misanthrope*, et ce doit être pour cela que Molière n'osait pas le lire à sa servante, qui lui aurait répondu, elle aussi, que ça ne l'amusait pas.

Notre confrère ne se figure pas, je pense, qu'il est le seul, avec ses amis, à regretter et à maudire ces vieilles coutumes du public. Nous en sommes tous au même point que lui, quand nous voyons quelle difficulté nous avons et quels détours, quelquefois un peu humiliants, il nous faut prendre pour arriver à dire à ce public les choses les plus simples, les plus élémentaires, pour nous et même pour lui, mais dont il dépose, pour ainsi dire, toute notion et tout souvenir à la porte du théâtre.

Personne, ceci soit dit en passant et sans autre intention de me faire valoir, personne, dans sa carrière et surtout à ses débuts, n'a eu plus à lutter que celui qui écrit ces lignes, contre les traditions étroites du public, auxquelles venait s'ajouter encore, à cette époque, le classement des genres. Au nom de je ne sais quelle hiérarchie dans les entreprises dramatiques, nul ne pouvait ouvrir une salle de spectacle sans un privilège du gouvernement, lequel n'accordait ce privilège qu'en soumettant l'entrepreneur, les auteurs, et l'art par conséquent, à de certaines charges et conditions complètement absurdes. Ainsi, au Vaudeville et au Gymnase, où l'auteur a donné ses premiers ouvrages, il y avait alors nombre de choses que non seulement on ne pouvait pas dire, mais qu'il fallait chanter. Voilà qui était bien autrement contre la nature et contre la vérité! L'auteur en question protestait devant la censure, mais inutilement, et c'est ainsi que, pour tâcher de concilier tout, il a introduit dans le premier acte de *la Dame aux Camélias* une chanson pendant le souper, et pendant le premier acte de *Diane de Lys* la chanson de Valentin, qui viennent là, il faut en convenir, comme, selon la comparaison vulgaire, des cheveux dans la soupe. Mais c'était bien peu de chose à côté des autres concessions que lui demandait la censure, laquelle trouvait ces œuvres d'une immoralité criante et les défendait sans même discuter avec l'auteur. Quand celui-ci parlementait avec elle, non pas directement, elle ne lui faisait pas cet honneur, mais par intermédiaires bienveillants, elle répondait : « Que l'auteur transporte le sujet de *la Dame aux Camélias* sous Louis XV, qu'il mette des couplets dans la pièce, et qu'à la fin Armand épouse Marguerite. — C'est cela qui serait immoral, répondait-on aux censeurs, de voir ce jeune homme amoureux, mais intelligent, honnête, noble de cœur et d'esprit, épouser cette courtisane. — Non, non, répondaient les censeurs, parce que ce sera faux, et que ce qui est faux au théâtre n'est jamais dangereux. »

Voilà où en était encore le théâtre en 1852. Seule, la Comédie-Française avait le droit de parler comme tout le monde ; mais le jeune auteur de *la Dame aux Camélias* ne pouvait avoir l'audace d'aller présenter une pareille pièce au comité de la rue Richelieu, qui n'oserait peut-être pas encore la reprendre aujourd'hui, même si l'on supprimait les couplets du premier acte. Il a fallu vingt ans de consécration, le gouvernement de la République, et surtout le courage et le bon vouloir de M. Perrin, pour que *le Demi-Monde* entrât dans le répertoire du Théâtre-Français, au grand scandale de certains abonnés. Car il ne faut pas oublier qu'aux yeux d'un grand nombre de personnes l'auteur desdites pièces avait grandement contribué à la démoralisation des générations nouvelles. Les moins sévères se contentaient de protester contre les audaces et les paradoxes sociaux qu'il s'était plu à étaler sur la scène.

Ainsi cette donnée : un enfant naturel, qui n'a que le nom de sa mère, illustre ce nom à force de travail et de probité. Un jour, par amour-propre ou par intérêt, son père veut le reconnaître. Ce jeune homme répond à ce père : « Je vous remercie bien ; j'ai illustré le nom de ma mère ; je n'ai plus besoin du vôtre. » Cette donnée est bien simple, elle n'a rien de commun avec l'invention de la poudre ou la découverte de l'Amérique ; elle n'en a pas moins paru, lors de la première représentation, à une foule de gens, tous de très bonne foi, d'une hardiesse scandaleuse et subversive, et l'auteur a été mis, par un grand critique de l'époque, sur le même rang qu'une demoiselle Lemoyne, laquelle venait d'être condamnée aux galères pour avoir fait rôtir son enfant dans un poêle, ce qui était la donnée toute contraire.

Il était convenu, dans ce temps-là, au théâtre, qu'un enfant naturel devait gémir, pendant cinq actes, de n'avoir pas été reconnu, et qu'à la fin, après toutes sortes d'épreuves plus pathétiques les unes que les autres, il verrait son père se repentir, et qu'ils se jetteraient dans les bras l'un de l'autre en s'écriant : « Mon père ! mon fils ! » aux applaudissements d'un public en larmes. Un pareil sujet ne devait pas être traité d'autre façon. Il a fallu attendre encore vingt ans pour que cette pièce fût reprise au Théâtre-Français où, malgré le grand succès qu'elle a obtenu, grâce à la manière admirable dont elle est jouée, le dénouement paraît toujours trop dur, et où ce titre, *le Fils naturel*, s'étalant en grosses lettres sur une affiche, trouble encore bien des gens. En effet, une jeune fille passant avec sa mère devant une pareille affiche pourrait dire : « Maman, qu'est-ce que c'est qu'un fils naturel ? » Et la mère serait embarrassée. Toutes les mères n'ont pas la présence d'esprit de cette grande dame qui, au siècle dernier, regardait du balcon de son hôtel passer en charrette un certain Duchauffour, condamné au supplice de la roue pour avoir commis le seul crime d'amour que les femmes ne pardonnent pas, sans doute parce qu'elles n'y sont jamais pour rien. Sa fille, qui était à côté d'elle, lui dit : « Qu'a donc fait ce pauvre homme, ma mère ? — De la fausse monnaie, ma fille. »

Quand l'auteur du *Fils naturel*, qui croyait pouvoir sans inconvénient se servir d'un titre dont Diderot s'était servi cent ans avant lui sans que personne y trouvât à redire, s'aperçut qu'une chose si simple faisait tant de tapage, quand, après avoir développé dans *les Idées de Madame Aubray* cette autre idée non moins banale que la première, à savoir que, si pendant trente ans de la vie, on a proclamé et professé certains principes de religion et de morale, il faut, le cas échéant, les affirmer jusqu'au sacrifice, et que c'est bien le moins qu'on doive aux apôtres de qui on les tient, et qui les ont affirmés jusqu'au martyre ; quand l'auteur des *Idées de Madame Aubray* a vu qu'il venait encore de dire une énormité, et que la critique lui criait de toutes parts : « Alors, monsieur, vous voulez que les mères de famille aillent chercher, pour marier leurs fils, des demoiselles qui ont déjà eu un enfant d'un autre homme ? » ledit auteur a compris qu'il serait peut-être temps, si l'on voulait faire entrer dans le théâtre quelques idées nouvelles, d'en causer un peu d'avance avec ce public qui s'épouvante ou se choque si facilement, par suite des vieilles habitudes qu'il a contractées. C'est alors qu'il a pensé à publier son *Théâtre complet*, avec des préfaces en tête de chaque pièce (rassurez-vous, lecteur, celle-ci sera la dernière), préfaces dans lesquelles il essayerait de faire comprendre et mesurer l'énorme différence qui existe entre les vérités de la vie et les vérités du théâtre, et où il s'efforcerait d'initier peu à peu et tout doucement le public aux réalités qui sont véritablement du domaine de l'art. Dans maints bons endroits, on lui a répondu que ses pièces n'étaient plus que des thèses, ses dialogues que des conférences, et ses préfaces que des paradoxes. Il ne s'est pas découragé pour si peu, et le voilà encore soutenant une thèse nouvelle et un paradoxe nouveau.

Cette fois, il a bien failli ne pas en revenir. Sans le grand crédit que le public fait à la scène de la Comédie-Française et sans le grand talent de ses interprètes, je ne sais pas comment l'auteur de *l'Étrangère* s'en serait tiré. Sérieusement, je crois que, dans un théâtre de genre, la pièce n'eût fourni qu'une bien courte carrière. L'auteur à qui, après la première représentation de *la Princesse Georges*, presque toute la critique avait reproché de n'avoir pas fait tuer le prince de Birac, et qui avait encore répondu à ces critiques par une préface dans laquelle il déclarait qu'en son âme et conscience, il ne croyait pas que ce pauvre prince eût mérité la mort, ni que sa femme eût le droit de la donner; l'auteur, qui a plus de suite dans les idées que d'invention dans l'esprit, s'était bien promis de reprendre cette *Princesse Georges* en sous-œuvre et de la marier, cette fois, avec un monsieur qui méritât vraiment qu'on la débarrassât de lui.

La thèse, celle que M. Naquet soutient avec tant de talent et de persévérance devant la Chambre, et qu'il essaye de faire comprendre au public dans des conférences qui sont un peu aux débats officiels ce que ces préfaces sont à mes pièces, la thèse était celle du divorce, que le bon sens et la justice finiront bien par obtenir, au nom des droits les plus sacrés et les plus naturels de la liberté et de la conscience humaines. L'esprit de bonne foi s'étonne, quand il regarde cette question bien en face, il se révolte même en voyant l'opposition que, de très bonne foi aussi, sans aucun argument plausible, font les plus honnêtes gens du monde à la réforme que nous demandons. Il est vrai que, de notre côté, il y a de très honnêtes gens aussi, très désintéressés, et n'ayant aucune envie, comme moi par exemple, d'user du divorce pour eux-mêmes, qui soutiennent, avec des arguments absolument irréfutables, que cette loi absurde, injuste, dangereuse et sauvage du mariage indissoluble doit être réformée. Dieu me garde de reprendre ici la thèse du divorce, que j'ai déjà soutenue, et que je soutiendrai peut-être encore : mais, à propos de *l'Étrangère*, dont elle ressortait une fois de plus, je puis montrer quelles influences la modification de la loi exercerait sur la littérature française en général et la littérature dramatique en particulier.

Quand nous attaquons une loi sur la scène, nous ne pouvons le faire que par des moyens de théâtre, et le plus souvent sans que le nom de cette loi soit même prononcé. C'est au public de tirer les conséquences et de dire : « En effet, voilà un cas où la loi est dans son tort. » Nos moyens sont une certaine combinaison d'événements puisés dans le possible, le rire et les larmes, la passion et l'intérêt, avec un dénouement imprévu, l'initiative personnelle, l'intervention d'un *Deus ex machinâ*, mandataire d'une Providence qui ne se manifeste pas toujours si à point dans la réalité, et qui, jouant le rôle que la loi aurait dû prendre, emploie, en face de situations insolubles, le grand argument du théâtre ancien, l'argument sans réplique, la mort.

Que les Chambres nous donnent enfin le divorce, et un des résultats immédiats de ce vote, celui qui entre certainement le moins, qui n'entre même pas du tout dans les raisons que font valoir les promoteurs de la réforme, ce sera la transformation subite et complète de notre théâtre. Les maris trompés de Molière et les femmes malheureuses des drames modernes disparaîtront de la scène, l'indissolubilité du mariage autorisant seule les revanches secrètes ou les lamentations publiques de la femme adultère. La femme véritablement opprimée par son mari étant admise à reprendre, de par la loi, sa liberté totale, quand elle pourra prouver les faits dont elle accuse toujours son mari pour excuser sa faute, n'aura plus le moindre droit aux représailles, ni à la pitié du public. D'un autre côté, si Sganarelle est vraiment trompé par sa femme, il la répudiera, Antony n'aura plus besoin de tuer Adèle ; le colonel d'Hervey fera constater qu'elle est adultère et enceinte, et reprendra sa liberté et son nom ; Claude ne sera plus réduit à tirer sur Césarine comme sur une louve, et nous n'aurons plus besoin de faire venir Clarkson d'Amérique pour débarrasser cette pauvre Catherine de Septmonts de son abominable époux. Enfin il y aura au théâtre toute une esthétique nouvelle, et ce ne sera pas un des moins heureux effets de la modification de la loi. On ne pourra plus nous reprocher de rendre l'adultère intéressant, par la raison bien simple que, le divorce existant, l'adultère de la femme ne sera plus que le désir de profiter du mari, tout en se servant de l'amant, et que cet adultère s'appellera libertinage. La question ne relèvera plus du drame, mais de la comédie, les conséquences du divorce ne pouvant amener que des situations comiques.

« Sauf pour les enfants, » diront les adversaires de cette réforme.

« Eh bien, le drame pathétique y trouvera son compte ; j'entrevois déjà une foule de situations émouvantes et nouvelles, et ce sera peut-être un auteur dramatique qui prouvera que le divorce est plus que la séparation à l'avantage des enfants légitimes et des enfants adultérins, tout aussi innocents, tout aussi intéressants par conséquent que les autres. »

Si cet argument littéraire peut décider nos législateurs, je le livre à leurs méditations.

Revenons à *l'Étrangère*. S'il est une pièce que les écrivains naturalistes doivent mépriser, c'est bien celle-là. Presque toute la presse a été très sévère pour cette comédie que je viens de relire avec autant d'attention que de complaisance, mais que je ne défendrai pas contre les nombreuses critiques dont elle a été l'objet et qu'elle mérite souvent. Le public n'ayant paru tenir aucun compte de ces critiques, je trouve plus simple de me ranger de son côté.

Cependant si je constate ici le succès de *l'Étrangère*, je ne m'en fais pas accroire plus qu'il ne faut, et je sais très bien à qui j'en dois la plus grande part.

Dans un autre théâtre que la Comédie-Française, je n'aurais pas eu si bon marché de la critique, et le public eût certainement subi davantage l'influence des journaux. Le Théâtre-Français échappe à cette influence quand elle est mauvaise, tout en en tirant profit quand elle est bonne. Il est bien rare qu'une pièce dont la critique et le public feraient justice, en quelques représentations, sur nos scènes de genre, ne fournisse pas là une carrière honorable et quelquefois brillante. Cela tient à plusieurs causes.

D'abord, comme on dit vulgairement, « la maison est bonne »; elle date de loin; elle a des fondateurs qui sont maintenant des aïeux, dont les œuvres sont impérissables. Si les œuvres de Corneille, de Molière, de Racine, de Beaumarchais sont d'une comparaison dangereuse pour les auteurs nouveaux, elles sont pour eux d'une émulation utile. En même temps elles restent pour les comédiens un exercice supérieur qui tient toujours leur talent et leur goût à une hauteur où les artistes des autres théâtres ne peuvent que difficilement atteindre, par des dons hors ligne, tout individuels, qui révèlent alors un Potier, un Frédérick Lemaître, une Dorval, une Déjazet, une Rose Chéri, une Desclée. L'habitude d'interpréter des chefs-d'œuvre forme ainsi une troupe d'un ensemble hors ligne, qui, alors même qu'elle représente une pièce dont la valeur ne saurait être assimilée à celle du répertoire classique, prête à cette œuvre secondaire une autorité, une perfection extérieure, une magie qui font illusion au public. Si le spectateur n'est pas conquis par l'auteur, il l'est par le comédien. Quand il voit sur l'affiche certains noms, la cause de l'œuvre est aux trois quarts gagnée. Le public n'admet pas que des artistes de cette qualité exposeraient leur renommée et leurs intérêts, car ils sont maîtres chez eux, et leur fortune dépend non seulement de leur science dans leur art, mais de leur goût dans le nôtre, le public n'admet pas, dis-je, que des artistes de cette qualité exposeraient leur talent, leurs intérêts et même leur personne dans une œuvre indigne du lieu ; et, quoi que dise la critique, le public va voir par lui-même.

Les théâtres de genre sont dans la nécessité de fournir sans cesse, à leurs risques et périls, du nouveau à une clientèle affamée, indépendante, mobile, qui juge malgré elle de l'importance des œuvres par la dimension et le nom de la salle où on les lui offre. Ces théâtres ne peuvent fixer momentanément la foule qu'avec un immense succès, dû quelquefois à des moyens complètement étrangers à l'art. Ce succès, ils sont forcés de l'épuiser jusqu'à sa dernière goutte de sang, en fatiguant, je dirais presque en amoindrissant ainsi des artistes n'ayant, avec la maison où ils exercent leur profession, aucun lien d'esthétique, d'amitié, de tradition, d'intérêt, et dont les efforts et l'originalité, quelquefois très grands, ne peuvent constituer que très rarement l'ensemble indispensable à l'exécution des œuvres sérieuses. Ces théâtres sont donc dans toutes les difficultés des entreprises commerciales et dans tous les aléas de la production à outrance. Il n'en est pas de même pour le Théâtre-Français. Il a ses statuts particuliers, ses ressources officielles, son fonds littéraire légué par le passé, sa constitution privilégiée reposant sur un bel et bon décret qui non seulement a survécu à celui à qui on le doit, mais a résisté à toutes les révolutions et à tous les gouvernements. Il associe à sa fortune ceux qui y contribuent, il espace et aère, pour ainsi dire, son répertoire, et le rajeunit sans cesse, ou plutôt le maintient toujours jeune par les débuts et les progrès intéressants de tous les jeunes comédiens dont il fait choix pendant que les sociétaires les plus anciens et les plus célèbres continuent à prêter aux moindres rôles l'appui de leur talent et de leur renommée. Le Théâtre-Français, au milieu des tentatives les plus étranges que devait produire la liberté des théâtres, est ainsi demeuré le lieu consacré où se réunit avec plaisir ce public d'élite qui ne manquera jamais aux œuvres, quoi qu'on fasse et quoi qu'on dise. Mais ce public tient, en revanche, lorsqu'il se donne la peine d'écouter pendant trois ou quatre heures, à entendre dire, aussi bien qu'ils le peuvent, et par l'auteur et par les comédiens, les choses pour lesquelles on l'a dérangé. Le Théâtre-Français est enfin devenu ainsi ce que le Conservatoire est pour la musique, ce que le Louvre est pour la peinture, un musée, celui de l'art dramatique, où de temps en temps on expose une œuvre moderne destinée à devenir, pour nos descendants, une œuvre bonne à conserver si elle peut se tenir, sans trop détonner, à côté de celles des maîtres. L'épreuve est dangereuse pour les vivants, mais décisive. Si elle ne réussit pas, au bout d'un certain temps, on décroche le tableau et on le relègue au grenier.

Ce théâtre ne se contente pas des œuvres qui ne peuvent pas mourir et de celles qui veulent naître; il en évoque quelquefois dont on se demande si elles dorment ou si elles sont vraiment mortes, et il procède à des résurrections très curieuses. On voit alors, grâce au talent de tel ou tel comédien, le pseudo-chef-d'œuvre reprendre un moment toutes les apparences de la vie; puis, peu à peu, il semble que les jambes du Lazare simplement galvanisé tremblent, que sa voix chevrotte, que ses yeux s'éteignent, que sa face pâlit. Son beau vêtement devient trop large sur ses os sans chair, sans nerfs, sans muscles, qu'on entend se choquer les uns contre les autres ; on lui jette une dernière fois un peu d'eau bénite, et l'on recouche poliment, mais pour toujours, le squelette dans la grande nécropole des admirations éphémères !

Le public sait tout cela, et, le soir, quand il remet son large billet aux contrôleurs bien abrités du froid dans ce vestibule circulaire à colonnes et à statues, il est à la fois un peu fier et un peu intimidé. Ce bel escalier à tapis, ces huissiers à chaînes, ce silence des couloirs, ces ouvreuses graves, ces vestiaires dont certains personnages officiels devraient venir étudier le service, au risque de méprises, ce foyer garni de bustes en marbre qu'on débarbouille de temps en temps, tout cela vous a un air sacerdotal qui inspire à la fois au public le respect, la confiance, la sévérité et la courtoisie. Ce n'est pas là une église évidemment, mais c'est un temple. S'il n'y a pas de saints, il y a des dieux, et voilà bientôt deux cents ans que le grand, le beau et le vrai y ont leur autel, leur culte et leurs prêtres. Bref, c'est le premier théâtre du monde, chargé de recueillir, de répandre et de consacrer ce qui doit rester de notre littérature dramatique, laquelle est, disons-le, une des gloires, sans rivale dans les autres pays, de notre génie français.

Pour moi, j'attendais sans trop d'impatience que je fusse mort pour essayer de débuter sur cette scène difficilement accessible, quand le nouvel administrateur M. Perrin eut l'aimable pensée de m'en ouvrir les portes et, pour me faire faire connaissance avec son public, de reprendre d'abord *le Demi-Monde*, qui se trouvait ainsi, après vingt-deux ou vingt-trois ans de stage dans un autre théâtre, arriver à celui pour lequel il avait été composé. Le succès ayant répondu à l'épreuve, je me décidai à tenter l'aventure avec une œuvre nouvelle que j'avais dans la tête depuis longtemps, et que je n'exécutais pas, parce que je sentais bien que pour la faire accepter du public, il me fallait l'autorité de remarquables comédiens. Sans la gracieuse démarche de M. Perrin, l'*Étrangère* n'eût probablement jamais vu le jour. « Ce n'eût été un malheur pour personne », me dira quelqu'un. — Évidemment ; mais il y a ainsi une foule de choses qui sont arrivées et qui auraient pu ne pas arriver sans le moindre inconvénient. On reconnaîtra même, si l'on veut se donner la peine de réfléchir un peu et surtout de se souvenir, que c'est là le caractère vraiment original de la plupart des choses qui arrivent.

Cette pièce bizarre, traitée par un critique influent d'excellent mélodrame et de détestable comédie, a donc vu le jour sur la première scène du monde, au lieu d'aller rejoindre, dans ce qui n'est pas et ne sera jamais, un certain nombre de bons ou de mauvais mélodrames, de bonnes ou de mauvaises comédies que je me compose et me joue pour moi tout seul quand je me promène, que je me repose, ou que j'assiste à quelque représentation d'un de mes confrères dont la donnée me fait venir des idées que je n'ai pas le courage d'écrire ou qui ne me paraissent pas mériter l'honneur de voir le jour.

Entre nous, il faut véritablement pouvoir se figurer qu'on a quelque chose de nouveau à dire, pour avoir l'audace de réunir quinze cents personnes et de vouloir les tenir assises et attentives pendant deux ou trois heures. Que l'auteur reste au-dessous de ce qu'il tente, c'est toujours à prévoir et très souvent à constater, mais qu'il ait au moins la consolation d'avoir fait de son mieux, et de voir qu'à travers son insuffisance quelques esprits ont deviné son intention et lui savent gré de sa tentative. Du reste, on prouverait qu'on est le dernier des sots si l'on s'imaginait, quelques soins qu'on ait don-

PRÉFACE.

nés à son œuvre, et même quelque succès qu'elle obtienne, qu'on a fait tout ce qu'on devait, tout ce qu'on voulait faire. Madame Sand me disait un jour : « Est-ce que vous avez quelquefois exécuté à votre satisfaction ce que vous rêviez de faire? — Non, et vous? — Moi jamais. » Dans les derniers jours de sa vie, mon père me disait : « Réponds-moi sincèrement; crois-tu qu'il restera quelque chose de moi? »

Voilà ce que pensent d'eux-mêmes ceux que le public admire le plus, quand ils sont vraiment dignes d'être admirés.

Penser juste, et voir vrai sont déjà choses difficiles et rares, même pour des hommes réputés supérieurs, qu'est-ce donc quand il faut avec un peu d'encre sur un peu de papier donner une forme définitive et impérissable à ce que l'on a le mieux pensé et le mieux vu? Je ne viens donc pas plus, dans cette préface que dans les autres, dire adroitement au lecteur que les pièces que je réimprime sont admirables et que la dernière ne mérite aucune des critiques qu'on lui a adressées, je cause tout simplement avec lui, l'assurant de ma sincérité et de ma reconnaissance pour ce que je lui dois, qui est certainement bien au-dessus de ce que je lui donne. Je lui parle des choses que je crois pouvoir l'intéresser s'il n'a rien de mieux à faire. J'essaye de lui expliquer tout ce qu'il n'est pas forcé de savoir sans explication. Je l'initie tant bien que mal à nos aventures, à nos mystères et à nos espérances; enfin je lui mets sous les yeux à propos de ces travaux qui ont été ma vie et dont il reste toujours le juge, les sentiments, les faits, les idées qui les ont fait naître. Si tout ce bavardage l'amuse, qu'il le lise, s'il l'ennuie, qu'il le jette; — cela ne va pas plus loin. Je n'ai pas le chimérique espoir ni le fol orgueil d'espérer changer quoi que ce soit dans les choses qui m'entourent. A certaines convictions qui me sont venues de l'étude attentive des gens et des choses, et dont j'ai fait les bases de ma conduite en ce monde, j'ai dû autant d'indépendance et de bonheur qu'un homme peut en avoir ; je livre au public, sur le théâtre et dans mes autres écrits, les procédés qui m'ont réussi, pour qu'il s'en serve à l'occasion comme je lui livrerais le moyen de guérir la goutte si je l'avais découvert. A-t-il d'autres idées en morale, en esthétique, en art ? Qu'il laisse là les miennes, nous n'en serons pas plus mauvais amis pour cela.

Il faut être d'une outrecuidance niaise voisine de l'hémiplégie ou du *delirium tremens* pour s'imaginer qu'on fait des révolutions en littérature et qu'on est un chef d'école. On peut avoir autour de soi quelques besoigneux, quelques naïfs et quelques malins qui vous disent ces choses-là par nécessité, par ignorance ou pour se donner le spectacle de la sottise d'un homme célèbre, mais il ne faut pas les croire. En art, et surtout en art littéraire, il n'y a pas d'écoles, il n'y a pas de genres, il n'y a pas de formes, il n'y a pas de vérités ; il y a ce qui dure.

Un jour j'entendais de jeunes musiciens déclarer avec cette témérité et cette présomption qui sont le propre de l'aveugle jeunesse, que, dans vingt ans, il ne resterait plus rien ni de Meyerbeer, ni de Rossini, ni de Mozart et que nous entrions enfin avec M. Wagner dans la musique de l'avenir. Je ne pus m'empêcher de leur dire : « Savez-vous quelle sera la musique de l'avenir ? Ce sera celle qui restera ! » En effet, pour que nous fassions des chefs-d'œuvre, il nous faut un collaborateur qui nous survit toujours : le Temps. Nul de nous ne sait en mourant s'il a fait une œuvre solide. C'est à la postérité seule qu'appartient le droit de juger et de décider de ce qui doit vivre. Or, si nous augurons d'après ce qu'elle a fait des œuvres les plus retentissantes du passé, ce qu'elle fera des nôtres, il ne nous restera plus qu'à nous montrer très humbles et très modestes.

Ceux qui, comme moi, ont eu quelques œuvres, importantes par le nombre d'actes, représentées sur la scène du **Théâtre-Français**, ont quelques chances de plus que les autres, même lorsqu'on ne les y représentera plus, qu'il soit encore question d'eux, à cause du buste en marbre que le comité peut admettre, après leur mort, dans le foyer, les escaliers ou les vestibules. Si jamais cet honneur m'est accordé, on placera probablement le buste que Carpeaux a fait de moi, en face du buste que Chapu a fait de mon père, au pied du grand escalier. Nous regarderons alors, tous les deux, sans les voir, passer les belles personnes qui se rendront à leurs places, et, quand elles descendront, après le spectacle, peut-être l'une d'elles, en attendant sa voiture, arrêtera-t-elle nonchalamment son regard sur cette image de marbre et dira-t-elle quelque chose, n'importe quoi, à propos de l'homme ou de l'œuvre. Merci d'avance, madame, on ne saurait, en vérité, souhaiter davantage, et, pour ma part, cette petite immortalité d'encoignure me suffira parfaitement.

Quelques jours après la première représentation de *l'Étrangère*, le *Gaulois* publiait un article signé de mon nom avec ce titre : *Préface de l'Étrangère*, dont j'extrais les passages suivants :

Il y a longtemps que je suis préoccupé de l'absorption du masculin par le féminin, de l'homme par la femme, de la force et du droit par la passion. La bête aux sept cornes dorées dont l'haleine grise et empoisonne, élargit de jour en jour le cercle de ses mouvements. Elle entre partout et, pour passer, elle fait brèche à tout. Rien ne lui résiste, ni l'église, ni le temple, ni la synagogue, ni le palais de justice, ni les chambres hautes, basses ou moyennes. Quand la bête touche de sa corne magique la muraille d'un édifice, il s'en écroule un peu et elle est bientôt maîtresse de l'édifice entier. Grâce à elle, tout devient passionnel; les rôles s'intervertissent, les caractères s'émoussent à leurs angles et le chaos monte dans les têtes les plus fortement équilibrées. Pour peu que son influence dure encore et se propage, nous ne serons plus, nous et nos institutions, que des momies, vivantes en apparence, mais dont l'intérieur sera desséché et prêt à tomber en poussière au moindre attouchement, comme cela arriva, dit-on, à la momie d'Alexandre. Tout renversement de fonctions est une prostitution; la femme s'emparant des rênes sociales que doit tenir l'homme prostitue la société. C'est là que nous en sommes : or, de ce déclassement fondamental dérivent un nombre infini de déclassements douloureux et désastreux. L'objet de nos efforts s'impose donc avec évidence : il s'agit de rétablir l'ordre, de remettre en sa place ce qui n'y est pas, de faire de la femme notre compagne et notre alliée, non point notre tyran. . . . .

Elles vivent presque toujours, ces magiciennes splendides, enveloppées d'une légende. Il circule sur leur compte d'étranges histoires incertaines. Malgré le flamboiement de leur existence, nul ne peut se vanter de les avoir pénétrées. Elles se détachent sur un fond de flammes qui n'ont rien d'infernal, énigmatiques comme les figures byzantines sur leur fond d'or. On prétend qu'elles ont causé un suicide ici, deux duels ailleurs, des ruines plus loin. Est-ce-vrai? Ne l'est-ce point? Qui le sait? Elles-mêmes, peut-être, ne sont pas bien sûres de la vérité. Qu'on se soit ruiné pour elles, c'est possible; mais cela leur était dû. Qu'elles se soient penchées pour prendre, je n'en crois rien : elles ont des valets même pour cela. Tout le monde les a aimées, tout le monde le leur a juré avec respect, car elles accaparent le respect aussi. Il se peut qu'elles aient marché pures de scandales en scandales — absolument pures dans leur ignominie. Elles représentent la femme toute-puissante et le féminin triomphant, planant au-dessus de toutes les réalités, désorganisant la vie à plaisir, et elles n'ont donné à personne ici-bas le droit de dire : « Elles ont péché tel jour, en tel lieu. »

. Ce type formidable et moderne existe et il me serait facile de citer des noms. — Mais pourquoi? On n'a point contesté

la vérité de mistress Clarkson, cette dominatrice de pure comédie, cette fascinatrice que j'ai nommée l'Étrangère moins à cause de sa nationalité que parce qu'elle est étrangère à toutes nos passions et qu'elle est le despotisme de la femme incarné. Les hommes l'adorent, cette Circé, les femmes ne la haïssent, cette Phryné, qu'en raison de sa puissance. Toutes lui doivent quelque misère; l'une sa première faute, l'autre l'abandon de son mari. Elle est le vrai pivot de la société. Elle tient bureau de mariage et sait travailler également au bonheur des pensionnaires et à la restauration des fortunes compromises. Au total, déclassée grandiose et volontaire, elle déclasse tous ceux qui l'approchent, elle déclasse encore et toujours.

Voilà mistress Clarkson, telle qu'elle m'est apparue, hideuse et superbe, tandis que j'écrivais. Des critiques m'ont reproché de l'avoir laissée au second plan. Eh! ne voyez-vous pas que si mon idée a réellement de la force, sa force vient de là? L'Étrangère se tient, pour ainsi parler, en dehors de la vie, Elle marie des ducs avec des filles de marchands, elle n'est point duchesse et elle dédaigne de l'être. Le jour où elle le deviendrait, elle abdiquerait son pouvoir: elle ne serait plus l'Étrangère. Par son rôle même, elle est isolée et elle n'en est que plus fatale et plus heureuse. Elle écrase notre sexe, elle le poursuit et ne lui donne point d'arme contre elle. Il n'y a qu'un seul moyen de la combattre, c'est de la démasquer — s'il est possible — et de lui tourner le dos.

Maintenant qu'à grandes lignes j'ai tracé son portrait, j'arrive aux autres personnages dont elle mène le chœur. Quelle est l'action que j'ai mise en scène? C'est l'histoire d'un déclassement et de ses conséquences. Septmonts est un patricien qui se déclasse en épousant une roturière; Catherine Mauriceau est une roturière qui se déclasse en épousant un fils des preux. Septmonts est bien dépravé, mais une femme de son milieu le sauverait peut-être et Catherine, mariée à contre-sens, ne pourra que se perdre avec lui. Ainsi la vie de ces deux êtres est suspendue. Pour que le meilleur parvienne *à se ressaisir lui-même, il faudra que le pire disparaisse. Et Septmonts sera supprimé, parce que tôt ou tard la logique triomphe et que la société finit toujours par retourner à l'ordre. Telles sont la signification et la portée de* l'Étrangère. *Personne ne s'y est mépris.*

. . . .

Cet article, dont je viens de citer quelques fragments, n'était pas de moi. Il était d'un jeune critique, très observateur, très consciencieux, très érudit, M. de Fourcaud, qui s'était amusé à ce pastiche, auquel le lecteur se laissa prendre. L'auteur de l'article avait si bien vu et si bien dit ce que j'avais voulu dire, qu'en écrivant la vraie préface de *l'Étrangère*, je ne pouvais pas ne pas citer une partie de la sienne, d'abord parce que j'y trouvais une excellente formule de ma pensée personnelle, ensuite parce que c'était pour moi une occasion de remercier ce jeune et aimable auxiliaire.

J'ai une faculté, dont je demande la permission de me vanter ici, parce qu'elle me rend très heureux et que, dès lors, je ne saurais trop la recommander à mes futurs confrères, c'est de n'en vouloir jamais à ceux qui m'attaquent, et de rester éternellement reconnaissant à ceux qui me soutiennent, à ceux-là surtout qui, comme M. de Fourcaud, le font sans me connaître et sans me rien devoir. Je ne sais pas de plaisir plus délicat pour un auteur que de se voir compris et défendu, dans sa pensée intime, par un inconnu, tout à fait indépendant, qui, sans arrière-pensée, lui donne un témoignage public de sympathie et de communion que rien ne le force de donner. Là est la véritable récompense d'un travail sincère et le dédommagement dont parle Adèle d'Hervey. Il n'y a pas dans ce qu'on a écrit, surtout au théâtre, que ce qui est énoncé; il y a ce qui n'est pas dit, ce qui ne peut l'être, que quelques-uns seulement découvrent ou devinent. Certainement le succès, le succès retentissant est toujours agréable, et, quand nous l'obtenons, nous nous laissons volontiers aller à croire qu'il est mérité; mais nous, qui ne pouvons nous cacher par quels grossiers moyens nous sommes à peu près sûrs, quand nous voulons, de l'obtenir, nous savons gré à ceux qui ne tiennent pas compte de ce résultat, plus facile qu'on ne le croit, qui méprisent un peu ce grand tapage et qui sont, au contraire, saisis par certains détails, passant inaperçus, restant invisibles pour le public enthousiaste. Avec ceux qui ont surpris le mécanisme secret, le principe, l'âme des grands effets extrinsèques qui nous aident à prendre la foule, nous causons alors plus volontiers qu'avec ces admirateurs bruyants, mais superficiels, qui nous complimentent quelquefois de ce que nous estimons le moins dans notre œuvre.

La grande erreur des critiques de profession est de se figurer que nous ne nous critiquons pas nous-mêmes. Pas un de nous, connaissant bien son métier d'auteur dramatique, qui d'abord n'ait fait vingt fois la critique de sa pièce avant de la livrer à la scène (les ratures de nos manuscrits sont là pour en témoigner), et qui, la pièce jouée, ne sache parfaitement par où elle pèche. Il ne faut pas croire que nos défauts visibles soient toujours des erreurs involontaires; ce n'est par toujours parce que nous nous trompons que nous faisons mal, c'est parce que nous ne pouvons pas faire autrement. Toute notre habileté consiste alors à glisser le plus rapidement possible sur ce que nous savons ne pas être solide, pour arriver à l'effet dramatique ou comique que nous avons en vue et auquel la concession que nous avons faite était nécessaire. J'ai vu certains critiques, pleins de talent et de conscience, mettre très sûrement le doigt sur le point défectueux, constater que cela sonnait creux à tel ou tel endroit; mais je n'en ai jamais vu un seul dire comment il aurait fallu faire. Ils ne le savent pas, ils ne peuvent pas le savoir; s'ils le savaient, ils écriraient eux-mêmes des drames et des comédies, au lieu de juger les nôtres. Ils y trouveraient plus de plaisir, plus de profit et plus de renommée. Mais notre art est un art tellement personnel, il exige des procédés si particuliers, nous l'avons déjà dit maintes fois, que celui qui n'a pas reçu ce don de la nature ne l'acquerra jamais. L'auteur dramatique, à mesure qu'il avance dans la vie, peut acquérir des pensées plus élevées, développer une philosophie plus haute, concevoir et exécuter des œuvres plus consistantes que celles de ses débuts ; en un mot, la matière qu'il jettera dans son moule sera plus noble et plus riche, mais le moule sera le même. Parti de *Mélite* et de *Médée*, il arrivera au *Cid*, à *Horace*, à *Cinna*, à *Polyeucte*; parti de *l'Étourdi* et du *Dépit amoureux*, il arrivera à *Tartufe*, au *Misanthrope*, à *l'École des Femmes* et aux *Femmes savantes*; parti des *Frères ennemis* et d'*Alexandre*, il arrivera à *Andromaque*, *Britannicus*, *Phèdre* et *Athalie*; mais si vous vous donnez la peine d'étudier attentivement Corneille, Molière et Racine, vous reconnaîtrez bien vite que leurs premières pièces, au point de vue du métier, sont aussi bien construites que les dernières, quelquefois mieux, car ce don naturel du mouvement, de la situation, de l'effet, de la clarté, de la vie enfin, nous le perdons presque toujours à mesure que nous avançons en âge, en raison inverse de ce que nous gagnons comme connaissance du cœur humain. Nous voulons alors pousser trop loin l'étude des caractères et l'analyse des sentiments et nous devenons souvent lourds, confus, obscurs, solennels, quintessenciés, disons le mot, ennuyeux.

Arrivé à un certain âge, hélas! celui que j'ai justement, l'auteur dramatique n'a rien de mieux à faire que de mourir, comme Molière, ou de se retirer de la lutte, comme Shakespeare et Racine. C'est déjà un moyen certain de leur ressembler en quelque chose. Le théâtre est semblable à l'amour, il veut la bonne humeur, la santé, la puissance et la jeunesse. C'est s'exposer aux plus douloureux mécomptes que de vouloir être toujours aimé des femmes ou choyé de la foule. Le grand Corneille en a fait la rude épreuve ; il ne s'en consolait pas, même en traduisant en vers *l'Imitation de Jésus-Christ,* si propre qu'elle soit à consoler de tout ; même en répondant à la Duparc, qui le trouvait trop vieux, ces vers admirables :

> Cependant j'ai quelques charmes,
> Qui sont assez éclatants
> Pour ne prendre pas d'alarmes
> De ces outrages du temps.
>
> Vous en avez qu'on adore,
> Mais ceux que vous méprisez
> Pourraient bien durer encore,
> Quand ceux-là seront usés.
>
> Croyez-moi, belle marquise,
> Quoiqu'un grison fasse effroi,
> Il vaut bien qu'on le courtise
> Quand il est fait comme moi.
>
> Chez cette race nouvelle,
> Où j'aurai quelque crédit,
> Vous ne passerez pour belle
> Qu'autant que je l'aurai dit.

Quelle colère éloquente et superbe ! Oui ! mais la belle avait vingt ans et s'en moquait bien. Le grand homme, créateur du théâtre en France, l'égal d'Eschyle, de Sophocle et d'Euripide, ne lui semblait plus qu'un vieillard indigne de ses caresses, pourtant si faciles, et pour elle, comme pour l'Agnès de Molière, Horace avec deux mots en disait bien davantage.

La foule est semblable à cette belle fille ; elle est toujours jeune et veut qu'on le soit toujours. Elle se soucie de notre morale, de notre expérience, de notre sagesse, de notre style et de notre philosophie, comme du temps qu'il faisait la veille. Elle veut être captivée, charmée, entraînée, amusée, conquise, séduite, violée même. Malheur à vous, si vous n'êtes pas en état de mener l'aventure jusqu'à la fin, la folle vous rit au nez et elle a bien raison. S'il vous reste une chance qu'elle se souvienne encore de vous et vous regrette quelquefois, c'est de renoncer volontairement à elle.

D'autre part, à mesure que les années s'accumulent, que la vieillesse s'avance, que la mort s'annonce, nous devons sentir une sorte de malaise et croire commettre une sorte d'indécence en nous exposant, avec des lazzis ou des histoires d'amour, aux curiosités, aux caprices, aux ingratitudes du public. Si nous n'avons plus ce qu'il faut pour lui plaire encore, il n'a pas, à vrai dire, acquis ce qu'il lui faudrait pour nous attirer de nouveau. Nous l'avons devancé dans la connaissance des hommes, des sentiments et des choses ; nous en savons plus long, nous voyons de plus haut et plus loin que lui. Ce que nous distinguons clairement, si nous voulions le lui montrer, lui apparaîtrait monstrueux, grotesque ou confus, car nos études et nos entretiens de chaque jour roulent sur des sujets qui ne lui sont pas familiers, qui lui sont même inconnus, et qui ne se prêtent ni aux émotions ni aux plaisanteries à hauteur d'homme ordinaire qu'il vient chercher au théâtre. Quand il en sera arrivé individuellement aux mêmes réflexions que nous, ce n'est plus à nous qu'il viendra. Les passions, que nous lui avons peintes alors que nous les éprouvions comme lui, qu'il a toujours, puisqu'il ne vieillit jamais dans sa masse et se renouvelle sans cesse, nous regrettons peut-être de ne plus les avoir, mais enfin nous ne les avons plus. Nous sommes devenus froids pour ce qui exaltait jadis notre enthousiasme, indifférents ou indulgents pour ce qui excitait notre colère; nous commençons à constater et à reconnaître la vanité des biens et des maux d'ici-bas. Le rire, dont nous étions si prodigues à l'encontre des sottises et des ridicules d'autrui, s'est envolé de nos lèvres, et si nous l'y rappelions de force, les flèches que nous lancerions reviendraient bien vite sur nous. Nous serions mille fois plus à bafouer que ceux dont nous nous moquerions, et qui auraient sur nous le grand avantage de se croire encore heureux de leurs erreurs, de leurs fautes, de leurs chagrins même. C'est l'heure où Racine s'isole, où sa poétique se trouble, où son âme s'inquiète, où sa conscience de chrétien s'alarme d'une gloire profane, tandis que son orgueil de poète souffre encore de ses échecs, du mauvais goût et de l'ignorance de la foule, qui se pâme aux platitudes de Pradon. Il faut à l'auteur de *Phèdre*, honteux d'être comparé et immolé à ce qui est si au-dessous de lui, dix ans de solitude, d'apaisement, de tristesse, pour devenir l'auteur d'*Athalie*, pour donner au drame chrétien de Corneille ce pendant biblique qui élèvera momentanément le théâtre jusqu'aux proportions et jusqu'à la majesté du temple, tandis que la foule, assez étonnée et déconcertée pour qu'on la croie conquise et respectueuse, continuera à dire de l'un et de l'autre chef-d'œuvre : « C'est beau, mais ce n'est pas amusant. »

Arrivé à ce moment difficile, l'auteur dramatique, qui n'est pas seulement un faiseur de tours d'esprit plus ou moins ingénieux, qui a cru à son art, qui l'a honoré et aimé, qui aurait voulu en faire non seulement un plaisir, mais un enseignement pour les hommes, se sent pris entre son idéal et son impuissance. Il comprend que ce ce n'est pas à la forme dont il s'est servi jusqu'à présent que l'humanité demandera jamais la solution des grands problèmes qui l'agitent, bien qu'il croie l'avoir trouvée pour lui-même ; que ce qu'il rêve maintenant est irréalisable sur le terrain fleuri, mais étroit et mouvant, où il s'est tenu longtemps en équilibre à force de souplesse et d'agilité, et il sent qu'il va y avoir un irréparable malentendu dont il sera la victime, s'il veut y bâtir le monument de ses dernières pensées. La seule chance qu'il ait de faire accepter les vérités qu'il a dites, c'est de ne pas essayer d'en ajouter de plus hautes à celles-là. Qu'il assiste de temps en temps à la représentation de ses œuvres passées, si on les représente encore de son vivant, si quelque montreur d'animaux savants n'a pas pris sa place comme à Weimar, et, devant l'éternelle jeunesse du public qui rira son beau rire et pleurera ses douces larmes d'autrefois, il revivra quelques-unes des bonnes journées de sa jeunesse disparue. Il comprendra bien vite qu'il ne faut rien dire de plus sérieux à ces spectateurs frivoles, et que le plus sage et le plus sûr, quand on approche si rapidement tous les jours de celui qui sait tout, c'est de se taire et d'écouter.

M. Montégut, dans un des avertissements de sa belle traduction de Shakespeare, dit à propos du *Conte d'hiver*, de *Cymbeline* et de *la Tempête* :

« Dans ces trois pièces, on voit apparaître un nouveau système dramatique que le grand poète n'a pas eu le temps de pousser à bout, heureusement peut-être pour sa gloire. Il était arrivé à Shakespeare ce qui arrive à tous les grands artistes, à Michel-Ange, à Gœthe, à Beethoven ; à mesure qu'il vieillissait et que son génie se débarrassait davantage de cette tyrannie des passions dont la jeunesse l'avait enveloppé, les spectacles habituels de la nature, et les sentiments généraux du cœur ne lui suffisaient plus ; il se plaisait à rêver un univers nouveau, ou plutôt il se plaisait à peindre l'univers réel de la couleur de ses rêves ; il se sentait entraîné à pénétrer toujours plus avant dans les profondeurs du cœur humain, pour y découvrir de plus secrets mobiles d'action, et pour surprendre de plus près les passions à leur source même. De là ces combinaisons si curieuses, si précieuses, si rares, de réalité et d'idéal, de fantaisie et de logique, de nature et de mensonge, qui ont pour noms *le Conte d'Hiver*, *Cymbeline*, *la Tempête*. C'est ce qu'il est possible de concevoir de plus subtil et de plus fin, sans que la conception poétique perde trop de sa substance et s'évapore dans l'abstraction. Dans ces trois pièces nous avons l'équilibre le plus parfait, mais aussi le plus fragile que jamais poète ait atteint dans les combinaisons de la nature et du rêve. Un pas de plus dans cette voie et Shakespeare lui-même allait sortir de la nature. La mort, arrivée avant l'heure, empêcha le grand poète de tomber dans ces abstractions colorées qu'on reproche à la vieillesse de Gœthe, et dans ces obscurités énigmatiques que l'on prétend trouver dans les derniers quatuors de Beethoven. »

On ne saurait mieux voir et mieux dire, et il y a là un bon conseil que l'auteur dramatique fera bien de suivre même quand il n'est pas Shakespeare, surtout quand il n'est pas Shakespeare. Celui qui écrit ces lignes suivra-t-il ce conseil? il aurait raison. Il suffit de lire *l'Étrangère* et surtout les rôles de mistress Clarkson, de Gérard et de Rémonin pour se convaincre que les abstractions dont parle M. de Montégut le troublent déjà. Qu'il fasse donc comme *Prospero*, dans la dernière scène de *la Tempête*, qu'il sorte de l'île enchantée, qu'il gagne cette retraite où, sur trois pensées, il y en a une pour la tombe. Le moment est venu de dire à Ariel, l'esprit invisible de l'air qui a jusqu'alors obéi au magicien, et l'a fait triompher de Caliban :

« Ariel, mon petit oiseau, retourne aux éléments; sois libre et porte-toi bien. »

Août 1879.

N.-B. — La pièce est trop longue; on fera bien de couper, à la représentation, les passages pris dans les crochets.

PERSONNAGES

                                            Acteurs
                             qui ont créé les rôles.

LE DUC MAXIMIN DE SEPTMONTS.	MM. COQUELIN.
MAURICEAU....................	THIRON.
RÉMONIN......................	GOT.
GÉRARD.......................	MOUNET-SULLY.
CLARKSON.....................	F. FEBVRE.
GUY DES HALTES...............	PRUDHON.
D'HERMELINES.................	BAILLET.
DE BERNECOURT................	JOUMARD.
CALMERON.....................	GARRAUD.
CATHERINE DE SEPTMONTS.......	Mmes CROIZETTE.
MISTRESS CLARKSON............	SARAH BERNHARDT
LA MARQUISE DE RUMIÈRES......	MADELEINE BROHAN.
MADAME D'HERMELINES..........	LLOYD.
MADAME CALMERON..............	THOLER.

DOMESTIQUES.

La scène se passe à Paris.
Le 1er, le 2e, le 4e et le 5e acte chez la duchesse,
le 3e acte chez mistress Clarkson.

L'ÉTRANGÈRE

ACTE PREMIER

Un salon très élégant communiquant avec d'autres salons. — Des domestiques en grande livrée, poudrés, se promènent de long en large dans le fond. — Tout est éclairé comme pour une soirée. — Grande fenêtre à droite du spectateur.

SCÈNE PREMIÈRE

RÉMONIN, MAURICEAU, entrant ensemble
par la porte du fond.

MAURICEAU.

Et tu es ici dans les appartements particuliers de la duchesse, de ma fille !

RÉMONIN.

C'est donc pour cela que ce domestique ne voulait absolument pas me laisser entrer.

MAURICEAU.

Naturellement ! Ma fille a prêté le reste de son hôtel et ses jardins pour cette fête de bienfaisance ; mais c'est bien le moins qu'elle se soit réservé son appartement pour elle et ses amis tout à fait intimes, dont tu es, bien que je ne t'aie pas vu depuis près de vingt ans, et que je ne m'attendisse guère à te retrouver ce soir ici.

RÉMONIN.

Je ne me doutais même pas, en y venant comme tout le monde pour donner mes vingt francs aux orphelins de ces malheureux mineurs auxquels ta fille s'est intéressée, je ne me doutais même pas que cette duchesse de Septmonts, c'était mademoiselle Mauriceau que j'ai mise au monde ; car c'est moi qui l'ai mise au monde.

MAURICEAU.

Il y a vingt-trois ans. Comment! tu ne savais pas que la duchesse de Septmonts était ma fille! C'est curieux! Tout Paris le sait.

RÉMONIN.

Comme tu n'as pensé qu'à tout Paris, et que tu ne m'as pas invité à son mariage, je ne l'ai pas su.

MAURICEAU.

J'ignorais ce que tu étais devenu.

RÉMONIN.

Tu n'avais qu'à chercher dans l'*Almanach du Commerce*, à la lettre R. Tu aurais trouvé : « Rémonin, rue Madame, 103, professeur au Collège de France. » C'est très commode, l'*Almanach du Commerce*, quand on veut retrouver ses amis.

MAURICEAU.

Tu sais ce que c'est que la vie de Paris. Tu travaillais de ton côté; je travaillais du mien. [Et moi, me trouves-tu changé?

RÉMONIN.

Non, tu es resté le même ou à peu près.

MAURICEAU.

Mon cher, tu me croiras si tu veux, excepté quand je

me regarde pour me faire la barbe, il ne me semble pas que j'aie vieilli.

RÉMONIN.

Toujours ce bel estomac?

MAURICEAU.

Toujours.]

RÉMONIN.

Et madame Mauriceau?

MAURICEAU.

Morte, mon cher! La pauvre femme!

RÉMONIN.

Depuis longtemps?

MAURICEAU.

Il y a sept ou huit ans.

RÉMONIN.

De quoi?

MAURICEAU.

Les médecins disent que c'est du foie. On n'a jamais bien su. Elle languissait. Elle n'était pas d'une santé brillante au fond. Très nerveuse. Ç'a été un grand chagrin! Mais ne parlons pas de ça. Et toi, es-tu marié?

RÉMONIN.

Non!

MAURICEAU.

Ma foi, tu as aussi bien fait. La famille a du bon, mais il y a encore beaucoup à dire là-dessus. [(Au domestique, qui s'approche de lui.) Qu'est-ce que c'est?

LE DOMESTIQUE.

On vient chercher la réponse pour le journal.

MAURICEAU, prenant un papier dans sa poche et allant chercher une enveloppe sur la table, tout en faisant signe au domestique d'attendre au fond.

Parfaitement, voilà. (A Rémonin.) C'est pour un reporter

qui est venu me demander des détails sur la fête de ce soir, et, en même temps, sur la famille et les ancêtres de mon gendre, les Septmonts, vieille, très vieille famille. Je lui ai écrit tout ce qu'il voulait en quelques lignes. Puisqu'il veut parler de cette fête, autant qu'il en parle exactement. Il m'a demandé aussi quelques notes sur moi. Il voudrait faire ma biographie, à propos des nouveaux magasins qu'on vient d'ouvrir rue de la Paix. Il voudrait faire un parallèle entre l'industrie du temps où j'ai commencé et celle d'aujourd'hui. Je veux bien le renseigner là-dessus aussi, mais verbalement, et je lui écris de venir me voir un matin. (Au domestique, lui remettant la lettre.) A propos, dites qu'on cherche la duchesse. Dès qu'on l'apercevra, qu'on la prie de monter. Qu'on lui dise que je la demande. (Le domestique s'éloigne.) Ah! mon vieux Rémonin, je suis content de te revoir. Ce Paris tourne si vite, qu'on n'a pas le temps de rencontrer les gens qu'on aime.] Mais, puisque tu ne savais pas que Catherine eût épousé le duc de Septmonts, qui est-ce qui t'a dit que tu me trouverais à cette fête?

RÉMONIN, en le regardant avec intention.

C'est Gérard, que j'ai rencontré tout à l'heure. Tu te rappelles bien Gérard?

MAURICEAU.

Parfaitement. Ah! il est là aussi?

RÉMONIN.

Oui.

MAURICEAU.

Comment va-t-il?

RÉMONIN.

Il va très bien, comme santé d'abord et comme position ensuite.

MAURICEAU.

Cela ne m'étonne pas qu'il ait fait son chemin. C'était

un garçon très intelligent et très laborieux. Et sa mère ?

RÉMONIN.

Sa mère vit toujours. Elle a donc été la gouvernante de ta fille ?

MAURICEAU.

Pendant cinq ou six ans. Qu'est-ce qu'il fait maintenant, Gérard ?

RÉMONIN.

Il a été un de mes meilleurs élèves à l'École polytechnique. Aujourd'hui, il est dans les mines. Il a publié sur la question des travaux très intéressants. Une grande compagnie minière se l'est associé tout de suite. Gérard gagne trente ou quarante mille francs par an. Et ce n'est pas fini. Il fait sur le lavage de l'or un grand travail que je lui ai demandé pour un Américain, et, s'il réussit, comme je le crois, ce sera une fortune.

MAURICEAU.

Tant mieux ! tant mieux ! Lui as-tu dit que tu allais venir me retrouver ici ?

RÉMONIN.

Oui, je lui ai dit que nous étions d'anciens camarades.

MAURICEAU.

Et il n'a pas demandé à t'accompagner ?

RÉMONIN.

Non.

MAURICEAU.

Il ne t'a chargé de rien pour moi ?

RÉMONIN.

De rien.

MAURICEAU.

C'est drôle ! il n'aura pas osé. Je ne lui en veux cependant pas. C'était bien naturel.

RÉMONIN.

Quoi donc?

MAURICEAU

Je te conterai ça un de ces jours. [Ah! que c'est curieux, la vie! Te rappelles-tu ma petite chambre du faubourg Saint-Denis? Nous y avons bien ri quelquefois. Quel bon temps! J'étais cependant simple commis de magasin, pendant que tu étais interne à la maison municipale de santé, quelques numéros plus haut. Nous allions de temps en temps déjeuner et dîner chez la mère Salignon, trois francs tout compris. Mais j'avais mon idée et le père Maroizel m'a pris pour associé et m'a donné sa fille. Il est vrai qu'il n'y avait guère moyen de faire autrement; la petite m'adorait. Tu te souviens de ces magasins sombres, de cette clientèle bourgeoise, de cette vieille routine commerciale. Une fois le père Maroizel mort, j'ai bouleversé tout ça. Pour faire venir le monde élégant faubourg Saint-Denis, sais-tu que ce n'était pas commode? J'y suis arrivé cependant et je me suis retiré avec dix millions, en conservant une part importante dans la maison, part que j'ai vendue six millions, pour rien, quand j'ai marié ma fille. En la faisant entrer dans la noblesse, je ne pouvais pas rester marchand, même dans la coulisse. Tu comprends ça.

RÉMONIN.

Parfaitement.

MAURICEAU.

Du reste, j'ai mis des capitaux dans d'autres affaires très sûres, et tu retrouves ton ami avec une vingtaine de millions.

RÉMONIN.

Je te fais mon compliment.

MAURICEAU.

Mais oui, ce n'est pas mal, et je ne me plains pas.]

ACTE PREMIER.

RÉMONIN.

Alors, tu es heureux?

MAURICEAU.

Parfaitement heureux.

RÉMONIN.

Ce monde nouveau dans lequel tu es entré par le mariage de ta fille?

MAURICEAU.

Est charmant; et il a cela d'agréable qu'au bout d'un certain temps qu'on y est, on croit qu'on en est. Il y a bien eu, dans le commencement, quelques pimbêches, montées sur leur noblesse comme des perruches sur leur perchoir, qui m'ont lancé quelques plaisanteries sur mon ancienne enseigne des *Trois Sultanes*; mais mon gendre m'avait raconté des histoires sur la plupart de ces dames; j'ai riposté. Quant aux hommes, ils ne s'y frottent pas. Septmonts est de première force à l'épée. Il a eu jadis, étant garçon, deux ou trois affaires dont ses adversaires se sont mal trouvés. Et puis les hommes sont toujours du parti d'une jolie femme, et, comme ma fille est une des plus jolies, des plus élégantes et des plus riches de sa coterie, elle a une véritable cour et ça va tout seul maintenant.

RÉMONIN.

Et elle est heureuse aussi?

MAURICEAU, un peu hésitant.

Oui, oui.

RÉMONIN.

Son mari l'aime?

MAURICEAU.

Comme on aime dans son monde! Ces gens-là ont leurs habitudes qu'ils ne sont pas près de changer; mais ça se fera peu à peu.

RÉMONIN.

Et pourquoi as-tu tenu à marier ta fille dans ce monde?
Était-ce son goût?

MAURICEAU.

Non; mais à qui voulais-tu que je la mariasse? A un
commerçant comme moi?... Le commerce, c'est bon pour
faire sa fortune; mais, une fois la fortune faite, ça n'a
plus de raison d'être, surtout pour une fille qui parle
quatre langues et qui est une musicienne de premier
ordre. A un banquier? Pour qu'elle entende parler d'argent du matin au soir! A un militaire qu'on enverra se
faire tuer en Afrique ou en Chine, ou qui donnera sa
démission? Qu'est-ce que c'est qu'un militaire, qui a
donné sa démission? A un marin, qui la laissera toute
seule pendant qu'il fera le tour du monde? A un homme
politique? Pour qu'au premier changement il faille
gagner la frontière, si on en a le temps. A un artiste,
qui l'aurait menée dans un monde de bohèmes? A un
médecin, qu'on vient réveiller la nuit pour le petit du
concierge qui a le croup? A un savant, qui passe sa vie
comme toi dans un laboratoire? Tous ces gens-là, pour
peu qu'ils aient un peu d'intelligence et de dignité, savent bien que ça ne se peut pas, et ils sont les premiers
à le reconnaître. Tiens! ce garçon dont nous parlions
tout à l'heure en est un exemple.

RÉMONIN.

Gérard?

MAURICEAU.

Oui, Gérard. Tout ceci entre nous. Il s'était pris d'une
belle passion pour Catherine, qui, de son côté, s'était
monté la tête pour lui. Connais-tu mon gendre?

RÉMONIN.

Non.

MAURICEAU.

Comme homme, au physique et au moral, Gérard est

mille fois mieux que lui! Il n'y a même pas de comparaison. De toi à moi, toute cette noblesse s'en va par morceaux, et, si nous ne venions pas, de temps en temps, lui infuser notre argent et notre sang de bourgeois, il n'en resterait bientôt plus rien! Où en étais-je?

RÉMONIN.

Tu en étais à Gérard qui valait mille fois mieux que ton gendre.

MAURICEAU.

Oui. Eh bien, il a été le premier à comprendre que son mariage avec Catherine était impossible. Pas de patrimoine, pas de nom : il était le fils d'un petit négociant avec qui j'avais été en relation d'affaires, et qui était mort presque insolvable. Sa veuve, en vendant tout, avait pu tout payer. C'est très bien. Je l'ai recueillie et j'ai fait d'elle la gouvernante de ma fille, car elle avait de l'instruction et de la probité. Ce n'est pas mal non plus, ce que j'ai fait là. Mais était-ce une raison, soyons francs, pour donner ma fille à son fils? J'ai eu tort, j'en conviens, de leur permettre un peu trop d'intimité. Quand Gérard sortait de l'École polytechnique et venait voir sa mère, il passait une partie de la journée avec nous. C'était imprudent, de ma part. J'aurais dû me souvenir de ce que j'étais moi-même quand j'avais son âge; mais, quand on n'est plus jeune, on se figure que personne ne l'est plus. Bref, quand j'ai vu que cela devenait sérieux, j'ai eu une conversation sérieuse aussi avec Gérard, et je dois reconnaître qu'à l'instant même il a parfaitement compris, et il s'est retiré. Sa mère, je ne dirai pas qu'elle avait prêté la main à ces sentimentalités, ni qu'elle avait rêvé un dénouement irréalisable, mais enfin sa mère a dû quitter peu de temps après une maison où son fils ne pouvait plus revenir. Franchement, on ne gagne pas vingt millions dans le commerce pour les donner au fils de la gouvernante de sa fille! Non, mon cher ami, j'ai bien réfléchi, et j'ai fait la seule chose qu'il y eût à faire. Quand on a une fille belle et richissime, et qu'on n'est qu'un roturier, un parvenu comme moi, on ne doit avoir qu'une idée, faire entrer sa fille dans le monde, et il n'y en a qu'un, où la beauté, l'esprit, la fortune, servent vraiment à quelque chose et peuvent briller de tout leur éclat.

RÉMONIN.

Mais si tu avais eu un fils.

MAURICEAU.

Si j'avais eu un fils au lieu d'une fille, j'aurais pensé tout le contraire, c'est bien certain. J'aurais invoqué les immortels principes de 89, j'aurais proclamé l'égalité des hommes, parce que mon fils, né Mauriceau, n'aurait pu mourir que Mauriceau, à moins qu'il n'eût été un homme de génie; mais je ne sais comment ça se fait, les millionnaires n'ont jamais cette idée-là; c'est la ressource des pauvres diables. J'avais une fille; c'est autre chose. C'est très commode, une fille, ça change de nom par le mariage. La duchesse de Septmonts, ça dit tout! Aujourd'hui nous sommes duchesse, et vraie duchesse. Nous avons acheté sept cents ans de noblesse en cinq minutes. Mon gendre a mené la vie à grandes guides; je le savais. Il était plus que ruiné, entre nous, il était couvert de dettes, c'est certain. Il écorne la dot, c'était prévu. Mais les enfants que la fille de Mauriceau mettra au monde seront ducs, marquis, comtes vicomtes, barons, selon leur âge; ils seront inscrits dans le grand armorial de France, au milieu des plus nobles et des plus illustres. Rien ne peut plus nous ôter ça; le notaire et le prêtre y ont passé. Quant à ceux qui disent que je suis un vaniteux et un imbécile, ce sont ceux qui ne peuvent pas en faire autant.

RÉMONIN.

Et la duchesse est mariée depuis?...

ACTE PREMIER.

MAURICEAU.

Depuis dix-huit mois.

RÉMONIN.

Et elle a un enfant?

MAURICEAU.

Non.

RÉMONIN.

Eh bien, dis donc!... les petits ducs se font un peu attendre.

MAURICEAU.

Ils viendront. Tout vient à son heure.

RÉMONIN.

Tu es un grand politique sans en avoir l'air.

MAURICEAU.

Je connais la vie; voilà tout.

RÉMONIN.

Je t'en félicite; mais, à propos de connaissance, comment as-tu connu le duc de Septmonts? Tu n'étais ni de son âge ni de son monde. Est-ce que tu avais de ses créances entre les mains?

MAURICEAU.

Non. Et je n'avais même pas plus d'idées sur lui que sur un autre.

RÉMONIN.

Mais tu en voulais un comme ça.

MAURICEAU.

J'en voulais un comme ça. Je ne me dissimulais pas que je ne pouvais le trouver que dans de certaines conditions.

RÉMONIN.

Un peu avarié.

MAURICEAU.

[Il est évident que quand un fils de famille fait une mésalliance il a ses raisons. Il y en a de bonnes, il y en a de mauvaises, mais il y en a beaucoup dans lesquelles on peut choisir.] J'ai été assez malin. Je me suis fait présenter dans une des maisons de Paris où j'avais le plus de chances de rencontrer ce que je cherchais, chez une étrangère, très jolie, très élégante, très riche, très originale, dont tu n'as pas entendu parler, puisque tu n'entends parler de rien dans ton laboratoire, et qu'on nomme mistress Clarkson.

RÉMONIN.

Je la connais.

MAURICEAU.

Tu la connais?

RÉMONIN.

Oui. C'est pour elle ou plutôt pour son mari, qui a des mines en Amérique, que Gérard fait ce travail dont je te parlais tout à l'heure. Je viens de la rencontrer dans les jardins. J'ai laissé Gérard causant avec elle, et je ne te cacherai pas qu'elle paraît lui porter le plus grand intérêt. Ne le dis pas à ton gendre : il passe pour avoir été son amant, ton gendre, avant qu'il se mariât; il passe même pour l'être encore.

MAURICEAU.

C'est possible, mais ça ne me regarde pas.

RÉMONIN.

Évidemment.

MAURICEAU.

Tu dis?

RÉMONIN.

Va toujours.

ACTE PREMIER.

MAURICEAU.

Eh bien, mistress Clarkson recevait en hommes tout ce qu'il y a de plus élégant, de plus noble, de plus distingué. C'est une femme d'infiniment d'esprit. A quelques mots qui me sont échappés volontairement, elle a deviné ce que je cherchais, et elle m'a mis en rapport avec le duc, en me disant : « Vous ne trouverez pas mieux. »

RÉMONIN.

Est-ce qu'elle a été de la noce?

MAURICEAU.

Non. Je n'ai jamais vu une femme chez elle et elle ne va jamais chez aucune femme. Du reste, puisque tu la connais, tu connais ses habitudes aussi bien que moi.

RÉMONIN.

Je ne suis allé la voir que deux ou trois fois.

MAURICEAU.

Je lui fait un beau présent.

RÉMONIN.

Qu'elle a accepté?

MAURICEAU.

Parfaitement. C'est une femme pratique, qui prétend que les sentiments sont des valeurs qui doivent être représentées par une monnaie ayant cours; sans quoi, on ne saurait pas à quoi s'en tenir sur la sincérité de leur expression. Je lui ai donné un collier de perles à six rangs, avec les agrafes en diamants, que j'ai parfaitement payé dix mille livres sterling chez Mortimer, à Londres. Mon gendre a dû faire à peu près la même chose de son côté. De cette façon, nous nous sommes acquittés, comme des gens de notre condition doivent le faire. Et voilà comment ma fille s'est mariée.

RÉMONIN.

C'est une manière comme une autre.

MAURICEAU.

Ah çà! j'espère que nous allons nous revoir maintenant; viens donc un de ces jours, nous dînerons ensemble comme autrefois.

[RÉMONIN.

Chez la mère Salignon?

MAURICEAU.

Si tu veux. Ça nous rajeunirait; mais je crois que nous serons mieux chez moi.] J'habite, à côté, l'hôtel attenant à celui-ci. J'ai fait bâtir les deux en même temps. Viens; nous causerons. Je vis en garçon. Tu te trouveras peut-être avec une jolie femme. Une jolie femme ne te fait pas peur, n'est-il pas vrai? Je ne te promets pas que, la seconde fois, ce sera la même. Quand on a passé trente ans et plus dans l'industrie, dans les affaires, qu'on est retiré, qu'on a établi sa fille, qu'on a eu une jeunesse laborieuse et continente, qu'on a été marié seize ans, qu'on a été fidèle...

RÉMONIN.

Oh! oh!

MAURICEAU.

Ma femme ne se doutait de rien, cela revient au même; enfin, quand on a conservé son estomac et qu'on n'a que soixante ans, on peut bien se donner quelques petites distractions. On a tant d'économies! C'est ce que j'appelle casser la tire-lire. Le mot n'est pas mal, eh!... Ah! je suis content de te revoir, mon vieux Rémonin.

SCÈNE II

Les Mêmes, LA MARQUISE DE RUMIÈRES, CATHERINE DE SEPTMONTS, GUY DES HALTES, CALMERON, SEPTMONTS, MADAME CALMERON, BERNECOURT, LA BARONNE D'HERMELINES, D.'HERMELINES.

Ces personnages sont déjà depuis quelque temps dans le salon du fond, où ils causent en prenant le thé, debout ou se promenant, et visibles pour les spectateurs.

LA MARQUISE DE RUMIÈRES.

Oh! mon cher monsieur Mauriceau, tous mes compliments. (A Rémonin.) Tiens, vous voilà, vous. (A Mauriceau.) Oui, votre fête est charmante.

MAURICEAU.

Ce n'est pas moi, c'est ma fille, marquise...

MADAME DE RUMIÈRES.

Évidemment. Ce n'est pas vous. (A Rémonin). Cependant il a du goût, il l'a prouvé; il est le premier marchand qui ait eu l'idée de faire asseoir ses clients sur des sièges confortables et qui leur ait offert un biscuit et un verre de malaga. C'était une idée, et avec une idée, à Paris, on fait fortune. (A Mauriceau.) Je viens de voir dans le jardin votre successeur, flanqué de sa femme qui a des diamants jusque dans son corset. Je lui ai fait des reproches, à lui; je lui ai dit que sa maison ne vaut pas la vôtre. (A Rémonin.) Il faut venir ici pour vous voir. Ah! vous êtes un joli garçon! On vous écrit, on vous invite, vous ne venez pas.

RÉMONIN.

Le travail!

Mauriceau est allé rejoindre les autres personnages.

MADAME DE RUMIÈRES.

Vous connaissez donc Mauriceau?

RÉMONIN.

C'est un de mes camarades de jeunesse.

MADAME DE RUMIÈRES.

C'est un type excellent! Quand viendrez-vous passer la soirée avec moi? Ah! mais j'y pense. Je viens de lire vos articles dans la revue; c'est très intéressant, mais mon journal et mon directeur disent que vous êtes un affreux matérialiste! un suppôt de l'enfer!

RÉMONIN.

C'est exagéré.

CATHERINE, entrant, à Mauriceau.

Tu m'as fait demander?

MAURICEAU.

Oui. Mais qu'est-ce que tu as? Tu es toute pâlotte.

CATHERINE.

Je suis un peu fatiguée. Il m'a fallu causer avec tant de monde, faire tant de saluts, répondre à tant de compliments!

MAURICEAU, lui présentant Rémonin.

Je parie que tu ne reconnais pas monsieur?

CATHERINE, après avoir regardé Rémonin.

Non.

MAURICEAU.

C'est lui qui t'a mise au monde cependant; mais il a beaucoup changé depuis.

CATHERINE.

Et moi encore plus, n'est-ce pas, monsieur?

RÉMONIN.

Mais vous, madame, vous y avez gagné.

ACTE PREMIER.

CATHERINE.

Mon cher monsieur Rémonin, j'espère que vous allez rattraper le temps perdu et que vous considérerez cette partie de la maison où vous êtes en ce moment comme votre propre maison. Quand vous me connaîtrez davantage vous saurez que ce n'est pas là une formule de politesse et je suis sûre que vous aurez de l'amitié pour moi.

RÉMONIN.

Ainsi, vous vous rappelez mon nom?

CATHERINE.

Ma mère m'a parlé de vous bien souvent. Elle vous était reconnaissante et vous tenait en très grande estime; elle suivait de loin vos travaux et vos succès. Ma mère menait une existence très retirée et très simple, mais elle avait un esprit et un jugement supérieurs. Venez me voir, je vous en prie, vous me ferez grand plaisir et grand bien. Du reste je vous ai déjà vu tout à l'heure dans les jardins, sans me douter que c'était vous. Vous causiez avec quelqu'un que je connais et qui vous a peut-être parlé de moi.

RÉMONIN.

Oui.

CATHERINE.

Pourquoi M. Gérard ne m'a-t-il saluée que de loin? Pourquoi ne s'est-il pas approché de moi?

RÉMONIN, voyant Sepmonts qui s'approche.

Nous causerons de cela plus tard.

CATHERINE, montrant Rémonin à Septmonts et Septmonts à Rémonin.

M. de Septmonts. (A Septmonts.) M. Rémonin, dont le nom doit vous être bien connu.

Elle s'éloigne.

SEPTMONTS.

Certainement. — Très heureux, monsieur, de l'occasion qui m'est offerte de faire connaissance avec vous. Mon beau-père vient de me dire que c'est vous qui avez aidé la duchesse à venir au monde; je n'ai pas besoin de vous dire, à mon tour, que personne ne vous en est plus reconnaissant que moi. Je regrette de ne devoir le plaisir de vous le témoigner qu'au hasard d'une fête publique. Cependant j'ai beaucoup entendu parler de vous, comme tout le monde, par tout le monde, puis particulièrement par une charmante personne que je vois très souvent et qui a eu, je crois, la bonne chance de vous être agréable, mistress Clarkson.

RÉMONIN.

En effet.

SEPTMONTS.

C'est une de mes meilleures amies.

GUY, qui s'est approché.

Ne le dis pas si haut, surtout ici, et fais-moi l'honneur de me présenter à M. Rémonin.

SEPTMONTS, présentant Guy à Rémonin.

M. Guy des Haltes, un de mes camarades de collège, qui fait la cour à ma femme et qui me fait de la morale à moi.

GUY.

Tu sais bien...

SEPTMONTS.

Je sais bien que la duchesse est une très honnête femme et que je n'ai rien à craindre de toi... grâce à elle. Il est aussi naturel que tu rendes des hommages à la duchesse de Septmonts qu'il est naturel que j'en rende à mistress Clarkson. La galanterie fait partie des droits, presque des devoirs du monde auquel nous appartenons, et si on l'en retirait tout à coup, ce monde ne serait plus tenable. Fais donc ta cour à la duchesse, mon cher Guy; plains-la, dis-lui même un peu de mal de moi, pas trop! moi, je me contente de te dire que tu perdras ton temps, et le jour où un mal-appris quelconque trouvera extraordinaire ce que, moi, je trouve tout naturel, c'est à moi qu'il aura affaire. (Il lui met la main sur l'épaule.) Va, mon cher Guy, va, la duchesse est toute seule, c'est le moment; et nous, monsieur Rémonin, allons prendre une tasse de thé.

Pendant ce temps, Catherine s'est approchée de la fenêtre, qu'elle a ouverte, et elle regarde dans le jardin comme si elle prenait l'air et en se cachant à moitié le visage avec un éventail. Les autres personnes prennent le thé et causent en groupes divers dans le premier salon.

GUY, s'approchant de Catherine.

C'est le duc qui m'envoie vers vous.

CATHERINE.

Pour?...

GUY.

Pour que vous ne soyez pas seule.

CATHERINE.

Il est bien bon. Si je suis seule chez moi au milieu de tout ce monde, c'est que j'ai envie d'être seule.

GUY.

Alors je me retire.

CATHERINE.

Non.

GUY.

Qu'est-ce que vous avez?

CATHERINE.

J'ai chaud.

GUY.

Et qu'est-ce que vous faites là?

CATHERINE.

Je me rafraîchis.

GUY.

Cette soirée est humide. Vous allez vous rendre malade.

CATHERINE.

Qu'est-ce que ça peut vous faire?

GUY.

Vous le demandez!

CATHERINE.

C'est vrai, vous m'avez dit, quand cela? hier, je crois, que vous m'aimiez? Que vous m'aimiez, qu'est-ce que cela peut signifier?

GUY.

Le grand avantage de ce mot, c'est qu'il est clair.

CATHERINE.

Et élastique, et sonore, et vide, et injurieux, et bête, et inutile!

GUY.

C'est pour cela que votre mari m'autorise à vous le dire tant que je voudrai. Il sait que vous n'y croirez pas.

CATHERINE.

Il a raison.

GUY.

Et à mon amitié?

CATHERINE.

Pas davantage.

GUY.

A quoi croyez-vous donc?

CATHERINE.

A rien, heureusement.

ACTE PREMIER.

GUY.

Vous devez souffrir beaucoup?

CATHERINE.

J'ai quelquefois des migraines.

GUY.

Ce n'est pas de ces souffrances-là que je parle.

CATHERINE.

Je n'en connais pas d'autre.

GUY.

Laissez-moi fermer cette fenêtre.

Il ferme la fenêtre.

CATHERINE.

Vous avez peur de vous enrhumer?

GUY.

Non, mais vous tremblez, vous avez la fièvre.

CATHERINE.

Heureusement, M. Rémonin est là... Je viens de renouveler connaissance avec lui. Il me fera une ordonnance.

GUY.

Il n'y a pas besoin de lui pour cela.

CATHERINE.

Vous savez peut-être ce que j'ai.

GUY.

Oui. Vous avez un mari qui ne vous aime pas.

CATHERINE.

Après?

GUY.

Et que vous n'aimez pas.

CATHERINE.

Le malheur est moins grand que si je l'aimais.

GUY.

Qui vous ruinera par là-dessus.

CATHERINE.

Ceci regarde mon père. Mais je vous croyais des amis de mon mari.

GUY.

De ses camarades seulement.

CATHERINE.

Et, comme on ne peut aimer le mari et la femme et qu'il faut opter, vous optez pour la femme! Trop tard! Il fallait vous présenter quand j'étais à marier. J'étais si innocente que j'aurais pu vous croire, et comme vous êtes d'aussi bonne noblesse que M. de Sepmonts, mon père m'eût aussi bien donnée à vous qu'à lui. Cela eût peut-être mieux valu. Vous n'auriez eu seulement qu'à être poli avec moi, j'aurais été capable de vous adorer.

GUY, se levant.

Vous avez raison, je partirai.

CATHERINE.

Quel héroïsme! C'est celui des hommes en pareil cas. Un petit voyage et l'on revient guéri.

GUY.

Ce qui veut dire?...

CATHERINE.

Que le moyen a déjà servi...

GUY.

A qui?

CATHERINE.

A un autre.

GUY.

Qui vous aimait?

ACTE PREMIER.

CATHERINE.

Qui disait m'aimer, oui.

GUY.

Et que vous aimiez aussi?

CATHERINE.

Ceci ne regarde que moi.

GUY.

Avant ou après votre mariage?

CATHERINE.

Avant ou après, qu'importe!

GUY.

C'était avant.

CATHERINE.

Si vous voulez.

GUY.

Alors je devine pourquoi vous êtes si agitée en ce moment. Ce n'est pas difficile.

CATHERINE.

Pourquoi suis-je agitée?

GUY.

Vous avez revu cet homme ce soir; il était dans cette foule. C'est pour cela que vous avez remonté si brusquement ici. Vous l'aimez toujours.

CATHERINE.

Je le hais.

GUY.

C'est la même chose! Voulez-vous que j'aille le chercher?

CATHERINE.

Vous seriez capable de faire cela?

GUY.

Je suis capable de tout pour vous.

CATHERINE.

Et votre amour? Qu'est-ce qu'un amour sans jalousie?

GUY.

Qu'est-ce qu'un amour sans dévouement?

CATHERINE.

On dirait que vous êtes sincère.

GUY.

Essayez. Dites-moi la vérité, et je vous jure, non pas de cesser de vous aimer, mais de vous aimer autrement.

CATHERINE.

Et un jour, plus tard, on ne sait pas ce qui peut arriver! Un premier amant par amour, un second par dépit, et les autres par habitude. Et quand on est déjà l'ami, on peut être un de ceux-là! N'est-ce pas ainsi que cela se passe? mais, moi, je ne comprends rien à vos galanteries légales et ingénieuses qui trompent à la fois le mari et l'amant. Le jour où je serais sûre d'aimer, d'être aimée surtout, j'appartiendrais tout entière à mon amour, je prendrais toute la vie de l'homme que j'aurais cru digne de moi, je lui donnerais toute la mienne et je partirais avec lui...

GUY, voyant un domestique qui s'approche de la duchesse.

Prenez garde, on vient...

CATHERINE.

Ça vous tire d'embarras.

LE DOMESTIQUE, présentant un plateau avec une carte à Catherine.

La personne qui fait remettre cette carte à madame la duchesse attend la réponse dans un des salons du rez-de-chaussée.

CATHERINE, qui a lu

Quelle insolence!

GUY.

Qu'est-ce que c'est?

CATHERINE, lui tendant la carte qu'elle a reçue.

Lisez!

GUY, après avoir lu.

Et qu'avez-vous répondu?

CATHERINE, qui a écrit pendant ce temps-là sur une carte à elle.

Ce que je devais répondre. (Au domestique en lui remettan la carte sur laquelle elle a écrit.) Voici la réponse. (Haut, et s'adressant aux autres personnages.) Qui de vous, mesdames, peut me donner des renseignements certains sur une dame étrangère qu'on nomme mistress Clarkson?

MADAME D'HERMELINES.

Je ne crois pas qu'il y ait une seule femme de notre monde qui puisse vous parler de cette dame autrement que par ouï-dire, car je ne crois pas qu'il y en ait une seule qui lui ait jamais adressé la parole; mais je ne crois pas non plus que parmi ces messieurs il y en ait un seul qui ne la connaisse pas et qui ne puisse vous renseigner sur elle; mon mari et mon frère par exemple. Seulement, je ne vous garantis pas leur sincérité : ils sont des plus grands admirateurs de cette dame.

D'HERMELINES.

Mais, chère amie, nous sommes allés chez mistress Clarkson comme on va partout à Paris. Je vous l'ai raconté. D'ailleurs, c'est votre frère, c'est Bernecourt qui m'y a mené.

BERNECOURT.

Moi, je l'ai connue à Monaco. Je ne jouais pas, bien entendu; je regardais. Elle était là, debout, souriante, à la table de la roulette. Je la vois encore chiffonnant les billets de banque de ses petites mains ou plutôt de ses petites griffes gantées qui passaient au milieu des têtes des joueurs pour déposer sa mise ou ramasser son gain. Elle jouait le maximum à chaque coup. On eût dit qu'elle cherchait une émotion qu'elle ne parvenait pas à trouver.] Ce soir-là, elle perdit soixante-dix ou quatre-vingt mille francs et quitta la table en disant comme s'il se fût agi de quelques pièces d'or : « Je n'ai pas de chance aujourd'hui. » Le lendemain, elle gagna cent mille francs sans témoigner plus d'émotion que la veille. « La chance est revenue », dit-elle toujours du même ton. Et, poussant sa masse de billets et d'or devant l'inspecteur, elle ajouta : « Ayez la bonté, monsieur, de m'envoyer tout ça demain. » [Après quoi, elle prit le bras d'un de ses courtisans, qui l'escortaient au nombre de trois ou quatre. Je les connaissais tous, je me fis présenter à elle. Depuis, je la retrouvai à Paris, toujours élégante, toujours entourée, toujours impassible.]

MADAME D'HERMELINES.

Cet argent qu'elle gagne au jeu, je vois bien d'où il lui vient; mais celui qu'elle perdait, d'où lui venait-il? Et ces rivières de diamants qui inondent ses épaules à l'Opéra, si bien qu'elle a l'air d'un second lustre...

D'HERMELINES.

Qui éclaire mieux que le premier.

MADAME D'HERMELINES.

D'où viennent-elles, ces rivières ?

MADAME CALMERON.

Comme toutes les grandes rivières, des petits ruisseaux.

CALMERON.

Pour le plaisir de faire un mot, chère amie, vous accusez peut-être faussement; car j'ai reçu, moi, cette année, près de deux millions pour mistress Clarkson, sans compter pareille somme qu'elle avait déjà en dépôt chez moi, et je sais qu'elle a en outre un compte important à la Banque.

MADAME CALMERON.

Et d'où avez-vous reçu cet argent, car ce n'est pas moi qui tient vos livres de caisse?

CALMERON.

D'Amérique, et, comme en Amérique on trouve de l'or dans les petits ruiseaux, votre mot devient un peu moins méchant.

MADAME CALMERON.

Et cet argent lui était envoyé par qui?

CALMERON.

Par M. Clarkson.

MADAME D'HERMELINES.

Son mari?

CALMERON.

Son mari évidemment, qui fait de très grosses affaires dans le Grand-Ouest, et qui, d'après les renseignements que mes correspondants m'ont transmis, est un homme des plus entreprenants et en même temps des plus honorables. Du reste, messieurs, vous aurez peut-être bientôt occasion de le voir, car la dernière fois que j'ai dîné chez mistress Clarkson...

MADAME D'HERMELINES.

Avec madame Calmeron?

CALMERON.

Non. Elle n'avait invité que moi.

MADAME CALMERON.

Elle avait bien fait.

MADAME DE RUMIÈRES.

Eh bien, la dernière fois que vous diniez chez elle?...

CALMERON.

Elle nous a annoncé l'arrivée prochaine de M. Clarkson à Paris...

[MADAME D'HERMELINES.

Comment! elle a un vrai mari, à elle? Qu'est-ce qu'on disait donc qu'elle n'avait que les maris des autres?

D'HERMELINES.

Ah! mesdames, vous êtes bien extraordinaires! vous nous reprochez toujours de dire du mal des femmes, et quand nous en disons du bien, vous ne voulez pas le croire. Êtes-vous mariée, vous, chère amie?

MADAME D'HERMELINES.

Oui, avec vous, quelquefois.

D'HERMELINES.

Eh bien, pourquoi une autre femme ne le serait-elle pas aussi?

MADAME D'HERMELINES.

Et plus souvent. Et les hommes qui se trouvaient avec vous chez elle?

CALMERON.

Étaient les mêmes que je rencontre dans les meilleures maisons.

MADAME CALMERON.

Seulement ils y étaient tous sans femme.

CALMERON.

Elle ne reçoit et n'a jamais reçu que des hommes.

MADAME D'HERMELINES.

Alors n'en parlons plus : ce n'est pas une femme, c'est un cercle.

CALMERON.]

Et, si je ne me trompe, ce jour-là M. le docteur Rémonin était parmi les convives.

RÉMONIN.

Parfaitement.

MADAME DE RUMIÈRES.

Comment! Rémonin, vous connaissez aussi cette dame? Vous allez chez elle? Parlez-nous-en!

RÉMONIN.

D'abord, moi, je vais partout; c'est mon droit de vieux garçon d'aller partout, et c'est mon droit d'observateur de tout voir et de m'intéresser à tout. Or vous savez ou vous ne savez pas, mesdames, que l'État est assez ladre avec nous et que nos laboratoires n'ont pas toujours tout ce dont ils ont besoin. Or il parut un jour dans un journal un article qui peignait notre détresse. Le lendemain, je recevais une lettre de mistress Clarkson, qui, ayant lu cet article, me demandait la permission de m'offrir dix mille francs pour nos expériences. J'allai naturellement remercier cette gracieuse donatrice, que je trouvai fort aimable et assez instruite, comme le sont, du reste, beaucoup de femmes de son pays. C'est alors qu'elle m'invita à dîner et que j'eus l'honneur de rencontrer chez elle M. Calmeron qui veut bien s'en souvenir.

MADAME DE RUMIÈRES.

Et vous, monsieur des Haltes, vous ne dites rien?

GUY.

C'est que, moi, tout en ayant été invité par cette dame, je ne suis jamais allé chez elle.

MADAME DE RUMIÈRES.

Vous êtes d'autant plus libre alors de nous dire ce que vous savez, si vous savez quelque chose.

GUY.

Je ne sais et je ne répète que ce que j'ai entendu dire; que c'est tout bonnement une aventurière ayant plus d'audace, plus de bonheur et peut-être plus d'originalité que ses semblables. Elle a beaucoup voyagé ; elle a habité New-York, Pétersbourg, Varsovie, Florence, Rome, Naples, Londres et partout où elle a passé, on a raconté un scandale ou un drame auquel son nom était mêlé. Il y a eu en Amérique un procès dont elle était l'héroïne : deux frères dont l'un avait tué l'autre pour elle. On parle d'un grand seigneur russe qu'elle aurait rendu fou après l'avoir ruiné, et d'un diplomate fameux qui se serait brûlé la cervelle parce qu'elle aurait vendu des secrets d'État qu'il aurait eu l'imprudence de lui confier! Maintenant, qu'elle reçoive Socrate et se fasse épouser par Périclès, comme Aspasie ; qu'elle soit assez riche pour offrir de rebâtir Thèbes comme Phryné ; qu'elle soit capable de tourner la tête à un Louis XV comme la Dubarry, ou à un Nelson comme Emma Lyonna, je ne le nie pas, et Dieu me garde de le lui reprocher trop haut dans le pays qui a immortalisé Ninon et qui en glorifiera tant d'autres ! mais je comprends que, dans ces conditions-là, elle ne reçoive que des hommes, parce qu'il ne doit pas y avoir, dans le monde entier, parmi les femmes chez qui elle voudrait être reçue, une seule femme qui consentirait à la recevoir.

CATHERINE.

Eh bien, mistress Clarkson a changé tout à coup d'avis, elle veut être reçue par nous et peut-être nous recevoir. Elle assiste à la fête qui a eu lieu dans ma maison, et elle vient de me faire passer cette carte avec ces mots (Elle lit.) : « Mistress Clarkson sollicite de madame la duchesse de Septmonts l'honneur d'être reçue par elle ce soir, et de prendre une tasse de thé avec les amis qu'elle admet dans son intimité. Comme mistress Clarkson est une inconnue pour la duchesse de Septmonts, elle payera cette tasse de thé vingt-cinq mille francs, pour les malheureux au bénéfice desquels cette fête est donnée. »

SEPTMONTS.

Et qu'avez-vous répondu, chère amie?

CATHERINE.

Comme, jusqu'à nouvel ordre, je suis de l'avis de madame d'Hermelines et de M. des Haltes à l'endroit de mistress Clarkson, j'ai répondu sur une de mes cartes : « La duchesse de Septmonts recevra ce soir mistress Clarkson et lui offrira une tasse de thé, s'il se trouve, parmi les parents ou les amis de la duchesse de Septmonts, un homme qui donne son bras à mistress Clarkson. Dans le cas contraire, la duchesse de Septmonts versera elle-même vingt-cinq mille francs dans la caisse des pauvres pour que ceux-ci ne perdent rien. » Maintenant, messieurs, que vous avez dit ce que vous savez et pensez de cette dame, s'il est quelqu'un parmi vous qui consente à lui offrir son bras, je suis prête à la recevoir.

Silence général.

SEPTMONTS, se levant.

J'ai attendu quelques instants pour laisser à quelqu'un de nos invités le plaisir et l'honneur de vous présenter mistress Clarkson. Je suis même étonné que M. Mauriceau, que j'ai vu pour la première fois chez elle, ne se soit pas offert le premier. Comme je ne crois pas aux légendes que mon camarade des Haltes vient de nous répéter, ce qui ne saurait te blesser, mon cher Guy, puisque tu n'as été témoin d'aucun des faits qu'on t'a rapportés, comme mistress Clarkson m'honore de son amitié et de sa confiance; comme je la tiens pour une personne très recommandable; comme, dans la circonstance qui nous réunit, elle fait une démarche qui est une preuve de goût et de générosité; comme enfin, chère amie, vous avez stipulé qu'il lui fallait, pour pénétrer chez vous, le bras d'un de vos parents ou d'un de vos amis, votre père, votre plus proche parent, s'étant abstenu, c'est moi, votre meilleur ami, je crois, qui remplirai le programme.

CATHERINE, se levant.

Monsieur.

GUY, bas, à Septmonts.

Réfléchis à ce que tu vas faire.

SEPTMONTS.

Quand je fais une chose, mon cher, je sais toujours pourquoi je la fais. Je t'ai laissé dire; laisse-moi faire.

Il sort.

SCÈNE III

Les Mêmes, moins SEPTMONTS, puis SEPTMONTS et MISTRESS CLARKSON.

Les femmes se sont groupées autour de Catherine, qui a peine à contenir son émotion et sa colère.

MADAME DE RUMIÈRES.

Restez et soyez calme, ma chère; nous sommes là.

MADAME D'HERMELINES.

C'est d'une audace incroyable !

MADAME CALMERON, à son mari.

Partons !

CALMERON.

C'est impossible, ma chère ! Et que vous importe ? Nous ne sommes pas chez nous.

LE DOMESTIQUE, annonçant.

Mistress Clarkson !

Mistress Clarkson entre lentement au bras de Septmonts qui la conduit à Catherine.

SEPTMONTS, présentant.

Mistress Clarkson, la duchesse de Septmonts.

MISTRESS CLARKSON, quittant le bras du duc.

Je suis on ne peut plus touchée, madame, de l'empressement que vous avez mis à répondre à ma demande et du choix que vous avez fait de mon introducteur dans votre salon. Il y avait longtemps que je comptais demander au duc de me présenter exceptionnellement à vous; aussi ai-je saisi avec joie l'occasion de cette fête, qui me permet de faire un peu de bien sous votre patronage.

CATHERINE, à un valet, haut.

Une tasse !

Elle se dirige vers la table à thé, où le domestique lui présente une tasse. La duchesse verse elle-même le thé pendant que mistress Clarkson salue les hommes sans paraître voir les femmes.

MISTRESS CLARKSON, à part.

Il n'est pas ici. (Haut.) Bonsoir, mon cher monsieur de Bernecourt, j'espère vous voir bientôt. J'inaugure mon hôtel, et je compte que vous serez encore plus souvent des nôtres, ainsi que M. d'Hermelines.

MADAME D'HERMELINES, à madame Calmeron.

Elle a de l'aplomb !

MADAME CALMERON.

Moins que si elle nous invitait aussi.

MISTRESS CLARKSON, à la duchesse,
qui lui présente une tasse.

Merci, madame. (A Rémonin.) Je suis bien heureuse de vous rencontrer, monsieur, j'allais vous écrire. M. Clarkson va arriver ce soir peut-être. Je ne serais pas étonnée qu'il fût chez moi à l'heure où je vous parle. (A des Haltes, d'un bout du salon à l'autre.) On m'assure que vous dites quelquefois du mal de moi, monsieur des Haltes. Je le regrette d'autant plus que, d'après tout ce que j'ai entendu dire sur votre compte, je ne peux penser que du bien de vous. Si jamais vous changez d'opinion sur moi, je serai heureuse de vous recevoir et de vous faire trouver avec quelques-uns de vos amis. (A Mauriceau.) Bonsoir, mon cher monsieur Mauriceau ! je vous fais tous mes compliments, votre fille est charmante, et je suis très heureuse de ce que j'ai fait pour elle, bien que vous ne vous en souveniez peut-être plus assez. Je suis habituée à ce qu'on m'attaque, mais non à ce qu'on m'oublie. (Pendant ce temps elle a bu la tasse de thé et la remet à Mauriceau, qui la reporte sur la table ; puis elle tire un petit portefeuille, écrit quelques mots, déchire la feuille, la plie et la remet à la duchesse, qui est restée debout.) Pour les pauvres! — Monsieur Calmeron, vous voudrez bien faire honneur à ma signature, n'est-ce pas?

CALMERON.

Certainement, madame.

MISTRESS CLARKSON, à la duchesse.

Je serais très heureuse, madame, si vous vouliez bien me rendre ma visite. (Bas.) Nous parlerons d'un de nos amis communs, M. Gérard, que j'aime peut-être autant que vous l'aimez, bien qu'il ne m'aime peut-être pas autant qu'il vous aime. (Haut.) Adieu, madame, ou plutôt au revoir...

Elle reprend le bras du duc.

SEPTMONTS, bas, en s'éloignant avec elle.

Croirez-vous désormais que je vous aime?

MISTRESS CLARKSON.

Aimer n'est rien, mon cher; se faire aimer est tout.

Ils sortent.

CATHERINE, prenant la tasse dans laquelle mistress Clarkson a bu, et la brisant par terre. — Au domestique.

Ouvrez les portes; maintenant tout le monde peut entrer ici!

ACTE DEUXIÈME

Même décor.

SCÈNE PREMIÈRE

Le Domestique, MADAME DE RUMIÈRES
RÉMONIN.

Au lever du rideau Rémonin est assis près de la cheminée et lit.

LE DOMESTIQUE, à madame de Rumières qui entre.

Madame la duchesse est sortie, mais elle va rentrer tout de suite. Elle est allée jusqu'à l'église.

MADAME DE RUMIÈRES.

C'est bien, je l'attendrai.

RÉMONIN, qui a entendu les derniers mots, à madame de Rumières.

Nous l'attendrons ensemble, si vous voulez.

MADAME DE RUMIÈRES, s'assied.

Je ne demande pas mieux.

RÉMONIN.

Vous venez, comme moi, savoir des nouvelles de notre héroïne ?

MADAME DE RUMIÈRES.

Oui, elle a été très bien cette petite, hier au soir. Qu'est-ce qui se douterait qu'elle vient du faubourg Saint-Denis ? J'avoue que quand Septmonts, qui est un peu mon parent, m'a annoncé son mariage avec la fille des *Trois Sultanes* (c'est comme cela que j'avais baptisé sa fiancée, à cause de l'enseigne des magasins du père) : j'avoue que j'ai trouvé l'alliance un peu risquée pour un Septmonts. Il est vrai qu'il était tellement ruiné et tellement compromis, qu'il fallait être du faubourg Saint-Denis pour lui donner sa fille. Peu à peu, je me suis prise d'amitié pour la pauvrette. Elle était modeste, douce ; elle se tenait à sa place, et je pressentais qu'elle serait si malheureuse avec le personnage, qu'elle m'attendrissait. La scène d'hier lui a conquis ses galons. [Il n'a pas été mal non plus, ce petit drôle. Il avait, en allant chercher cette femme et en l'introduisant ici, un certain air qui donnait à cette impertinence une allure chevaleresque. La coquine faisait aussi bonne figure. Ce banquier qui avait dîné avec nous et qui payera son mandat, déduction faite du courtage, probablement, tout cela faisait tableau. Le mouvement de la tasse cassée, l'ordre donné d'ouvrir les portes à tout le monde, pour changer l'air, c'était original, c'était amusant.] J'ai été enchantée de ma soirée. D'où peut-elle tenir ces grands airs ? Le père Mauriceau est d'une vulgarité qui dépasse la moyenne. Est-ce que la mère ?...

RÉMONIN.

La mère était une femme très distinguée, très intelligente et irréprochable.

MADAME DE RUMIÈRES, se levant.

Et elle a contre-balancé l'influence du père. Vous croyez à ces choses-là, vous autres savants. — Nous, nous appelons cela la grâce ! Mais pourquoi, puisqu'elle était intelligente, a-t-elle laissé sa fille épouser Septmonts ? Elle aurait pu prendre des informations, et le premier huissier venu l'aurait renseignée. Pourquoi n'a-t-elle pas fait cela ?

RÉMONIN.

Elle avait une excuse : elle était morte.

MADAME DE RUMIÈRES.

Vous m'en direz tant ! Ces mariages-là m'étonnent toujours. Le grand avantage qu'il y a à être un bourgeois, le seul même, c'est qu'on peut se marier par inclination. Il est tout naturel qu'une demoiselle Duval épouse un monsieur Durand, tandis qu'il est absolument défendu à une fille de grande maison d'épouser un Duval, si beau, si célèbre qu'il puisse être. Voyez-vous cette carte de visite : « Madame Duval, née Montmorency ! »

RÉMONIN.

Mademoiselle Mauriceau voulait aussi se marier selon son origine et son inclination ; mais le père s'était fourré des idées de noblesse dans la tête, et le jeune homme que Catherine aimait, bien qu'il s'appelât Gérard tout court, ce qui est l'équivalent de Durand et de Duval, était le plus honnête garçon du monde. [Or il y a des roturiers qui ont le culte de l'honneur, comme il y a des nobles qui ont l'amour de l'argent ; seulement l'honneur conserve encore cette infériorité, par rapport à la noblesse, qu'on ne peut pas le vendre, parce qu'une fois qu'il serait vendu, il ne serait plus l'honneur et ne vaudrait plus rien.

MADAME DE RUMIÈRES.

Allez, allez ; plaisantez-moi, c'est à votre tour, et ça ne me gêne pas.

RÉMONIN.]

Quand [Gérard] il apprit que mademoiselle Mauriceau serait quinze ou vingt fois millionnaire, lui qui n'avait que son intelligence, sa volonté, son travail, il fut très triste, très malheureux, car il l'adorait ;—mais il se retira et ne la vit plus. Les femmes ne comprennent pas, quand on les aime, qu'on ne passe pas par-dessus tout. Le père Mauriceau profita du dépit de sa fille pour lui faire épouser le duc, qu'il avait rencontré, comme nous l'avons appris hier, chez cette énigmatique mistress Clarkson.

MADAME DE RUMIÈRES.

Et la petite s'est dit : « Malheureuse pour malheureuse, autant être duchesse. »

RÉMONIN.

Et elle est devenue duchesse, et elle est restée malheureuse.

MADAME DE RUMIÈRES.

Dites donc, Rémonin, vous qui avez la prétention d'expliquer tout, en votre qualité de savant, est-ce que vous pourriez résoudre cette proposition : Pourquoi, étant donnée la quantité d'amour qu'il y a sur la terre, se trouve-t-il tant de mariages malheureux?

RÉMONIN.

Je vous donnerais parfaitement une explication si vous n'étiez pas une femme.

MADAME DE RUMIÈRES.

C'est indécent?

RÉMONIN.

Non, mais c'est abstrait.

MADAME DE RUMIÈRES.

Et je suis trop ignorante?

RÉMONIN.

Vous êtes trop distraite.

MADAME DE RUMIÈRES.

Essayez toujours!

RÉMONIN.

Quand vous commencerez à ne plus comprendre, vous m'arrêterez.

MADAME DE RUMIÈRES.

Autrement dit, il faut que j'écoute jusqu'au bout sous peine de passer pour une bête. Allez, allez.

RÉMONIN.

Eh bien, ce qui fait que les mariages sont rarement heureux, malgré la quantité d'amour en question, c'est que l'amour et le mariage n'ont, scientifiquement, aucun rapport ensemble. Ils appartiennent à deux ordres complètement différents.

MADAME DE RUMIÈRES.

Ah! A quel ordre appartient donc l'amour?

RÉMONIN.

A la physique.

MADAME DE RUMIÈRES.

Et le mariage?

RÉMONIN.

A la chimie.

MADAME DE RUMIÈRES, riant.

Expliquez-vous!

RÉMONIN.

L'amour fait partie de l'évolution naturelle de l'être; il se produit à un certain âge, indépendamment de toute volonté et sans objet déterminé. On éprouve le besoin d'aimer avant d'aimer quelqu'un. C'est par là que l'amour appartient à la physique, qui traite des propriétés existant à l'intérieur des êtres; tandis que le mariage est une combinaison sociale qui rentre dans la chimie, puisque celle-ci traite de l'action des corps les uns sur les autres et des phénomènes qui en résultent. Les grands législateurs, les grands religieux, les grands philosophes, qui ont institué le mariage sur la base de l'amour ont donc purement et simplement fait de la physique et de la chimie, et de la plus belle et de la plus haute, dans le but d'en extraire la famille, la morale, le travail, et par conséquent le bonheur des hommes, qui est contenu dans ces trois produits. Tant que vous vous conformez à cette donnée première et que vous choisissez deux éléments propres à la combinaison, cela va tout seul; l'expérience se fait et le résultat s'obtient; mais, si vous êtes assez ignorant ou assez maladroit pour vouloir combiner deux éléments réfractaires, au lieu d'obtenir des fusions, vous ne constatez que des inerties, et les deux éléments restent éternellement en face l'un de l'autre, sans pouvoir s'unir jamais. [Dans l'ordre humain, comme il y a en plus l'âme, c'est-à-dire l'intermédiaire entre Dieu et l'homme, Dieu punit l'homme qui dédaigne et qui écarte son intermédiaire ; alors il n'y a plus seulement inertie, il y a choc : de là des explosions, des catastrophes, des accidents, des drames.]

MADAME DE RUMIÈRES.

Alors, selon vous, le duc et la duchesse sont deux éléments réfractaires?

RÉMONIN.

Qui ne se combineront jamais, à moins...

MADAME DE RUMIÈRES.

A moins?

RÉMONIN.

A moins qu'on ne fasse intervenir un nouvel élément qui aide les deux premiers à se fondre.

MADAME DE RUMIÈRES.

Et ce nouvel élément?

RÉMONIN.

Ça vous intéresse?...

MADAME DE RUMIÈRES.

Ça me change.

RÉMONIN.

Eh bien, ce nouvel élément est justement celui qui a manqué à la première expérience et dont l'absence a empêché le résultat : l'amour!

MADAME DE RUMIÈRES.

Mais l'amour sous quelle forme?

RÉMONIN.

Il y en a trois : l'enfant, c'est-à-dire l'amour maternel ;

la foi, c'est-à-dire l'amour divin, et l'amant, c'est-à-dire l'amour terrestre. La femme qui n'a pas trouvé l'amour dans le mariage peut être sauvée par une seule de ces trois formes. La duchesse n'a pas d'enfant; vous le voyez, elle est allée instinctivement à l'église ce matin. Si elle n'en rapporte pas de consolation, il n'y a plus que l'amant.

MADAME DE RUMIÈRES.

Mais, malheureux! l'amant ne sauve pas, il perd; il ne guérit pas, il achève.

RÉMONIN.

Ça dépend de l'amant.

MADAME DE RUMIÈRES.

Vous croyez qu'il y a des hommes assez aimants et assez nobles pour respecter la femme qu'ils aiment et qu'ils ne peuvent pas épouser?

RÉMONIN, se levant.

J'en suis convaincu... (Un silence.) Vous n'avez pas l'air d'y croire.

MADAME DE RUMIÈRES.

Pas beaucoup, en effet. Je comprends que deux personnages chinois et en porcelaine se regardent éternellement d'un bout d'une cheminée à l'autre, surtout s'il y a une pendule entre eux; mais un Français et une Française en chair et en os, non, je n'y crois pas. Avez-vous jamais aimé?

RÉMONIN.

Moi, je n'ai pas eu le temps... Et vous, marquise?

MADAME DE RUMIÈRES.

Moi, j'ai aimé mes enfants.

RÉMONIN.

Et votre mari?

MADAME DE RUMIÈRES.

M. de Rumières?

RÉMONIN.

Oui.

MADAME DE RUMIÈRES.

Ah bien, non! C'était un charmant homme, mais il n'y tenait pas du tout.

RÉMONIN.

Et en dehors de votre mari?

MADAME DE RUMIÈRES.

Je ne me rappelle rien. Non, vrai. Quelquefois des imaginations, le soir, à la campagne, pendant qu'on faisait de la musique et que je regardais la lune. Mais c'était plus le désir d'être aimée que le désir d'aimer moi-même, car je crois que, nous autres femmes, nous n'aimons pas; il y a seulement certains hommes dont nous voudrions être aimées. C'est ce qui fait croire que nous aimons; mais, une fois l'amour inspiré, une fois le triomphe obtenu, il n'est pas rare que nous pensions à autre chose. Enfin les gens que je voyais atteints de cette folie m'ont toujours paru avoir de si drôles de figures que je ne n'aurais jamais voulu leur ressembler. [Bref, je m'en suis tirée à mon honneur, c'est le cas de le dire, et je m'en trouve très bien. La forme que vous appelez l'enfant m'a sauvée. Mon fils me raconte ses peines de cœur; il tient de son père, qui en avait beaucoup; mais il tient aussi de moi, ce qui me rassure. Ma fille m'a déjà rendue grand'mère. Ces petites filles sont impitoyables. Elles rendent leur mère grand'mère avec une simplicité inouïe; elles trouvent ça tout naturel. Somme toute, je n'ai rien à reprocher à ma vie, et j'assiste à celle des autres en m'y intéressant quelquefois. Je suis comme les abonnés de l'Opéra, qui savent par cœur tout le répertoire, mais qui écoutent toujours certains morceaux avec plaisir et qui encouragent les débutants.] Ainsi votre jeune homme qui aime platoniquement dans un pays comme le nôtre, c'est un oiseau rare que je serais curieuse de voir. Vous me le montrerez?

RÉMONIN.

Quand il vous plaira.

MADAME DE RUMIÈRES.

Où est-il?

RÉMONIN.

Il est ici, à Paris.

MADAME DE RUMIÈRES.

Par hasard?

RÉMONIN.

Paris n'est pas une ville où l'on est par hasard, et puis le hasard n'existe pas; c'est le dieu des ignorants.

MADAME DE RUMIÈRES.

Alors, M. Gérard sait ce qu'il fait?

RÉMONIN.

Oui. Il aime toujours, il revient vers celle qu'il aime : Système des attractions.

MADAME DE RUMIÈRES.

C'est de la physique?

RÉMONIN.

Justement.

MADAME DE RUMIÈRES.

Et après?

RÉMONIN.

Après?

MADAME DE RUMIÈRES.

Oui, j'admets, puisque vous y tenez, que la duchesse et M. Gérard filent le plus pur amour. Quand ils se seront bien regardés, par-dessus la pendule, pendant quelques années, qu'arrivera-t-il? Car il faut que ces choses-là aient une fin, même lorsqu'elles n'ont pas eu de commencement. Après?

RÉMONIN.

Après? Je pense qu'ils se marieront.

MADAME DE RUMIÈRES.

Comment! qu'ils se marieront?

RÉMONIN.

Oui, puisqu'ils s'aiment.

MADAME DE RUMIÈRES.

Eh bien, et le mari, le duc, mon cousin? Mon cousin, qu'est-ce que vous en faites dans tout cela?

RÉMONIN.

Je ne m'occupe pas de lui, il disparaîtra au moment nécessaire; les dieux interviendront.

MADAME DE RUMIÈRES.

Comme dans les tragédies antiques?

RÉMONIN.

C'est vous qui l'avez dit. Et les anciens avaient raison. Ils savaient aussi bien que nous, mieux peut-être, que le monde moral est régi par les mêmes lois que le monde physique; qu'il y a la même logique dans l'un que dans l'autre, et l'intervention des dieux n'était que la conséquence visible, la fatalité inévitable résultant des actes humains.

MADAME DE RUMIÈRES.

Mais comment disparaîtra-t-il, mon cousin?... car, pour le moment, il n'a aucune envie de disparaître. Il est vivant et bien vivant.

RÉMONIN.

Il en a l'air, parce qu'il mange, parce qu'il boit, parce qu'il s'agite, parce qu'il parle, parce qu'il a la forme humaine; mais ce n'est qu'une apparence. En réalité, ce n'est pas un homme.

MADAME DE RUMIÈRES.

Ah!... Qu'est-ce que c'est donc?...

RÉMONIN.

C'est un vibrion.

MADAME DE RUMIÈRES.

Vous dites?

RÉMONIN.

Je dis : un vibrion.

MADAME DE RUMIÈRES.

Qu'est-ce que c'est que ça?

RÉMONIN.

Comment! vous lisez mes articles et vous ne connaissez pas les vibrions? Je vous en ferai voir, c'est très curieux. Ce sont des végétaux nés de la corruption partielle des corps, qu'on ne peut distinguer qu'au microscope et qu'on a pris longtemps pour des animaux, à cause d'un petit mouvement ondulatoire qui leur est propre. Ils sont chargés d'aller corrompre, dissoudre et détruire les parties saines des corps en question. Ce sont les ouvriers de la mort. Eh bien, les sociétés sont des corps comme les autres, qui se décomposent en certaines parties, à de certains moments, et qui produisent des vibrions à forme humaine, qu'on prend pour des êtres, mais qui n'en sont pas, et qui font inconsciemment tout ce qu'ils peuvent pour corrompre, dissoudre et détruire le reste du corps social. Heureusement, la nature ne veut pas la mort, mais la vie. La mort n'est qu'un de ses moyens, la vie est son but. Elle fait donc résistance à ces agents de la destruction et elle retourne contre eux les principes morbides qu'ils contiennent. C'est alors qu'on voit le vibrion humain, un soir qu'il a trop bu, prendre sa fenêtre pour sa porte, et se casser ce qui lui servait de tête sur le pavé de la rue; ou, si le jeu le ruine ou que sa vibrionne le trompe, se tirer un coup de pistolet dans ce qu'il croit être son cœur, ou venir se heurter contre un vibrion plus gros et plus fort que lui qui l'arrête et le supprime. Les gens distraits ne voient là qu'un fait, les gens attentifs voient là une loi. On entend alors un tout petit bruit... quelque chose qui fait hu...u...u...u. (Il souffle un peu d'air entre ses lèvres.) C'est ce qu'on avait pris pour l'âme du vibrion qui s'envole dans l'air... pas très haut. M. le duc se meurt, M. le duc est mort. Allons, bonsoir.

MADAME DE RUMIÈRES, lui prenant les mains.

Vous êtes complètement fou!

RÉMONIN.

On l'a dit, on l'a même imprimé, mais ce n'est pas sûr. Du reste, regardez dans le creuset, vous verrez bien comment les éléments se comportent.

SCÈNE II

LES MÊMES, SEPTMONTS, puis MAURICEAU, puis GUY.

SEPTMONTS, entrant.

Bonjour, cousine.

MADAME DE RUMIÈRES.

Bonjour, cousin.

SEPTMONTS, à Rémonin.

Monsieur, je suis heureux de vous voir.

RÉMONIN.

J'ai laissé la duchesse un peu souffrante hier; je viens savoir comment elle se trouve ce matin.

SEPTMONTS.

J'ignorais qu'elle eût été souffrante.

MADAME DE RUMIÈRES.

Vous ne l'avez pas revue hier au soir?

SEPTMONTS.

Non. J'ai conduit mistress Clarkson jusqu'à sa voiture, et je suis allé au cercle. J'étais agacé; ce n'était pas le moment d'avoir une explication avec Catherine. D'ailleurs, il était deux heures du matin, et je n'entre jamais chez elle à cette heure-là.

MAURICEAU, qui est entré sur les derniers mots.

Tant pis!

SEPTMONTS.

Pourquoi?

MAURICEAU.

Parce que c'est l'heure, où, entre mari et femme, les choses s'arrangent le mieux.

SEPTMONTS.

Votre fille dort toujours quand je rentre.

MADAME DE RUMIÈRES.

Probablement parce que vous ne rentrez jamais que quand elle dort. Bonjour, mon cher monsieur Mauriceau, bonjour.

SEPTMONTS, à Mauriceau.

Enfin, ce n'est pas de cela qu'il s'agit, et vous arrivez bien. Nous sommes en famille, pour ainsi dire, M. Rémonin étant de vos plus anciens amis, et nous pouvons nous expliquer au sujet de votre fille, qui a fait hier une scène qui m'a été on ne peut plus pénible. Puisqu'elle n'est pas là... Où est-elle?

MADAME DE RUMIÈRES.

Elle est à l'église.

SEPTMONTS.

Elle ne saurait trop y aller, si elle doit y apprendre la

charité chrétienne; enfin, puisqu'elle n'est pas là, et que je ne puis passer ma journée à l'attendre, je vous prierai, mon cher monsieur Mauriceau, de lui dire que ses façons d'hier au soir ne sont pas de mise dans notre monde. Et voilà pourquoi j'ai cru devoir lui donner publiquement la petite leçon qu'elle a reçue.

MAURICEAU.

Mistress Clarkson a été plus qu'indiscrète.

SEPTMONTS.

Et la duchesse a été plus qu'impolie. Quand on est dame patronnesse d'une fête de bienfaisance, et surtout quand on est chez soi, il y a des choses qu'il faut savoir faire ou deviner quand on ne les a pas apprises. Mistress Clarkson est une étrangère; elle peut être originale, excentrique; c'est un droit que nous avons assez souvent reconnu à bien d'autres étrangères pour que nous ne le lui marchandions pas. Elle offrait vingt-cinq mille francs pour prendre une tasse de thé dans cette chambre; c'était une fantaisie princière; le devoir de madame de Septmonts, dame patronnesse et mandataire des pauvres, était de se rendre à cette fantaisie qui leur rapportait vingt-cinq mille francs de plus, de recevoir tout de suite mistress Clarkson, de lui faire sa plus belle révérence et de lui servir une tasse de thé.

MADAME DE RUMIÈRES.

On pouvait même y ajouter un petit gâteau pour ce prix-là.

SEPTMONTS.

Vous êtes de mon avis, n'est-ce pas? Vous auriez reçu cette dame; vous auriez encaissé ses vingt-cinq mille francs et tout eût été dit, puisque cette dame ne demandait pas autre chose.

MADAME DE RUMIÈRES.

C'est certainement ce que j'aurais fait, mais votre femme

avait peut-être ses raisons pour ne pas faire comme moi. En dehors de tout ce qu'on raconte sur mistress Clarkson, on assure que vous lui témoignez des sentiments dont une femme légitime a le droit d'être jalouse. Pour tout dire en un mot, on vous accuse d'être au mieux avec mistress Clarkson.

[Mauriceau approuve du geste la marquise et l'encourage à continuer.

SEPTMONTS.

C'est une calomnie de plus. Je ne suis pas au mieux avec mistress Clarkson, — malheureusement.

MADAME DE RUMIÈRES.

Voilà un adverbe un peu vif.]

SEPTMONTS.

Et, en admettant que cela fût, ce sont choses qui ne regardent pas une femme comme il faut.

MAURICEAU.

Si cette femme comme il faut aime son mari?

SEPTMONTS.

Vous savez bien, cher monsieur, que votre fille ne m'aime pas. Loin de moi l'idée de le lui reprocher. L'amour ne se commande pas. Mais, pour une raison ou pour une autre, nous sommes mariés; j'ai promis protection à ma femme, et je ne manquerai pas à ma promesse. Ma femme m'a promis, en échange, obéissance et fidélité; je tiens à l'une et à l'autre, à l'obéissance surtout, parce que, la fidélité, je m'en charge. Je vous serai très reconnaissant si vous voulez bien, quand madame de Septmonts reviendra de l'église, lui dire que je tiens absolument, mais absolument, à ce qu'elle rende à mistress Clarkson la visite qu'elle a reçue hier de cette dame. Mistress Clarkson le désire, elle l'a demandé, elle m'a réitéré sa demande pendant que je l'accompagnais hier au soir; je ne puis pas le lui refuser, pour des raisons particulières. Une visite reçue dans de certaines conditions peut amener à rendre une visite; cette visite rendue n'engage à rien. Enfin, il faut que cela soit ainsi; c'est ma volonté expresse. Au revoir, cousine, vous m'excuserez de ne pouvoir rester plus longtemps avec vous, mais je suis attendu. (Saluant Rémonin.) Cher monsieur... — (A Mauriceau.) A bientôt, mon cher monsieur Mauriceau.

MAURICEAU, à Septmonts.

Je ferai entendre raison à Catherine. Mais n'en restez pas là, revenez quand elle sera seule, et que la réconciliation soit complète.

SEPTMONTS.

Je ne demande pas mieux, arrangez tout cela avec elle.

Il rencontre Guy.

SCÈNE III

LES MÊMES, moins SEPTMONTS, GUY, puis CATHERINE.

SEPTMONTS, sortant, à Guy.

Désolé de sortir au moment où tu arrives; mais je te laisse en bonne compagnie.

Il sort.

RÉMONIN, à madame de Rumières.

Si vous aviez un mari comme celui-là, marquise, qu'est-ce que vous feriez?

MADAME DE RUMIÈRES.

Moi, je ferais tout ce qu'il voudrait, d'abord, et puis tout ce que je voudrais, ensuite.

GUY.

La duchesse doit être rentrée. Je viens de la voir passer dans sa voiture; mais elle était tellement plongée dans ses réflexions qu'elle ne voyait personne.

ACTE DEUXIÈME.

MADAME DE RUMIÈRES.

Elle aura traversé son appartement avant d'entrer ici, pour changer de toilette.

CATHERINE, qui est entrée par la porte de côté conduisant à sa chambre.

Et pour ne pas entamer une discussion pénible, même devant des amis.

MADAME DE RUMIÈRES, après lui avoir serré la main.

Vous avez entendu?

CATHERINE.

Sans le vouloir. Au moment d'entrer, j'ai reconnu la voix de M. de Septmonts. J'ai mieux aimé attendre qu'il fût parti.

GUY.

Qu'avez-vous décidé?

CATHERINE.

Ce que j'avais décidé auparavant, que je n'irais pas chez cette dame.

GUY.

Vous avez raison.

MADAME DE RUMIÈRES.

Vous avez tort.

CATHERINE.

Vous me conseillez?...

MADAME DE RUMIÈRES.

Je vous conseille, en général, de ne jamais avoir de discussions qui puissent devenir sérieuses pour des choses qui ne le sont pas. Cette mistress Clarkson est peut-être calomniée; en tout cas, ce n'est pas la première venue. Elle a l'insolence des femmes qui ont à leur service un droit ou une force. Voyez-la; vous saurez bien vite à quoi vous en tenir. C'est votre mari qui est responsable, ce n'est pas vous, dans une pareille affaire. Messieurs nos maris ont décrété qu'ils sont nos maîtres, qu'ils ont la science infuse et que nous devons leur obéir; obéissons-leur; l'important, c'est d'avoir la paix. [Mon mari était comme le vôtre (ils sont tous pareils, à quelques nuances près!); il faisait la cour à toutes les femmes, pas longtemps, mais, pendant qu'il leur faisait la cour, il n'avait qu'une idée, lui aussi, c'était de me présenter ces dames. Je crois qu'il tenait un peu à mon opinion. Je la lui donnais toujours favorable. Du reste, j'avais l'air d'ignorer absolument de quoi il s'agissait, et, de son côté, il prenait toutes les précautions imaginables pour que je ne soupçonnasse rien. Au bout d'un certain temps, ces dames, quand elles voyaient une nouvelle figure chez moi, commençaient à me faire des observations. Elles reprochaient à mon amitié d'être banale, elles me faisaient de véritables scènes de jalousie; elles finissaient par s'en prendre à moi et par me dire, à mots couverts, que j'étais une sotte, si je ne voyais pas pourquoi cette nouvelle personne venait dans la maison. Je me blessais et je déclarais à la plaignante qu'elle avait été un peu loin; qu'elle m'avait fait beaucoup de peine, et que, si elle devait revenir sur ce sujet, nos relations en souffriraient beaucoup. Je disais à M. de Rumières qu'elle ne me paraissait pas avoir pour moi une véritable amitié; il me répondait : « Je ne sais même pas comment vous avez pu la prendre au sérieux si longtemps. » Je savais ce que cela voulait dire, et nous ne nous rencontrions bientôt plus, mon excellente amie et moi, que dans le monde. Quant M. de Rumières est mort, car il est mort assez jeune, pour lui, vous ne sauriez croire quelle consolation j'ai éprouvée à me souvenir que je lui avais rendu la vie aussi agréable que possible! Imitez-moi, ma chère enfant.] Des femmes comme nous ne sont jamais compromises par la mauvaise conduite des autres; elles ne le sont que par la leur. A une époque comme celle que nous traversons, la sévérité d'autrefois devient à peu près impossible. Nous avons encore un si grand avantage à être du monde dont nous sommes, que c'est bien le moins que nous payions un peu cet avantage. Faisons l'aumône à celles qui ne l'ont pas. Seulement, quoi qu'il arrive, restons toujours supérieures par notre dignité comme par notre rang; ne donnons jamais aux petits bourgeois, dont vous n'êtes plus, le plaisir de mal parler de nous, et gardons éternellement le droit d'avoir pitié des autres. Ai-je raison, Rémonin?

RÉMONIN.

Absolument. Vous avez toujours raison..

MADAME DE RUMIÈRES.

Êtes-vous de mon avis, mon cher monsieur Mauriceau?

MAURICEAU.

Je n'aurais pas mieux dit.

MADAME DE RUMIÈRES.

Vous me flattez. (A Guy.) Il n'y a que vous qui continuez à protester.

GUY.

C'est vrai.

MADAME DE RUMIÈRES.

C'est pour plaire à la maîtresse de céans. Aussi, pour vous punir, allez demander ma voiture.

CATHERINE, à Guy.

Adieu, mon cher monsieur des Haltes.

GUY.

Vous me congédiez?

CATHERINE.

J'ai besoin de causer avec mon père et M. Rémonin.

GUY.

Vous êtes cruelle pour moi; vous ne reconnaissez pas

une amitié véritable. Heureusement la mienne ne se décourage pas. Vous en aurez la preuve.

CATHERINE.

Comment?

GUY.

Vous le verrez. Adieu, madame, soyez heureuse. Personne ne le souhaite plus que moi.

Il sort. — Madame de Rumières et Catherine causent ensemble. — Catherine disparaît un moment en accompagnant madame de Rumières qui sort. Pendant ce temps-là Mauriceau et Rémonin échangent le dialogue suivant.

MAURICEAU.

Ah! cette madame de Rumières sent sa grande dame!

RÉMONIN.

Oui, il y en a quelques-unes comme celle-là qui ont bien le maniement de leur monde.

MAURICEAU.

Voilà ce que je voudrais que Catherine fût.

RÉMONIN.

Elle le deviendra. Pour l'être tout de suite, il faut une certaine naissance, une certaine éducation, un certain âge. Il faut aussi avoir derrière soi quelques générations d'ancêtres qui ont eu ces habitudes et ces façons et qui les transmettent à leurs descendants. C'est ce que nous appelons l'hérédité des facultés acquises.

MAURICEAU.

Eh bien, mon gendre a dû avoir des ancêtres bien désagréables, car il ne faut pas se le dissimuler, il n'est pas amusant pour une femme! Ce qu'il pourrait obtenir avec un peu de douceur, il l'exige d'un ton cassant qui donne envie de faire exactement le contraire! Des gens qui pourraient être si heureux! qui ont tout ce qu'il faut pour cela! (A Catherine. qui est revenue et qui s'assied près de la

ACTE DEUXIÈME.

cheminée.) Tiens, tu es là! Qu'est-ce que tu as fait de M. des Haltes?

CATHERINE.

J'ai prié madame de Rumières de l'emmener. Je ne suis pas d'humeur à écouter ses déclarations.

MAURICEAU.

Eh bien, le seul de nous qui soit de ton avis, tu le traites bien.

CATHERINE.

Que m'importe qu'on soit ou qu'on ne soit pas de mon avis! Je sais ce que j'ai à faire.

MAURICEAU.

Tu iras chez mistress Clarkson?

CATHERINE.

Non.

MAURICEAU.

Ton mari se fâchera.

CATHERINE.

Il se fâchera.

MAURICEAU.

Il s'obstinera.

CATHERINE.

Moi aussi.

MAURICEAU.

Mais, avec le caractère qu'il a, cela peut aller très loin.

CATHERINE.

Jusqu'où il voudra.

MAURICEAU.

Jusqu'à une brouille sérieuse.

CATHERINE.

Soit!

MAURICEAU.

Tu es folle!

CATHERINE.

J'ai tout mon bon sens.

MAURICEAU.

Tu vois que tout le monde te donne le même conseil que moi.

CATHERINE.

C'est possible. Tout le monde a ses raisons; moi, j'ai les miennes. Elles sont peut-être mauvaises, mais j'y tiens.

MAURICEAU.

Je t'assure qu'il n'y a rien entre mistress Clarkson et lui.

CATHERINE.

Tant mieux pour elle.

MAURICEAU.

Écoute.

CATHERINE.

Inutile; je n'irai pas, je n'irai pas, je n'irai pas.

MAURICEAU, à Rémonin.

Qu'est-ce qu'elle a? Il y a quelque chose. Quelle raison de se buter ainsi contre un incident sans importance? Est-ce qu'elle aurait vu Gérard hier?

RÉMONIN.

Je n'en sais rien.

MAURICEAU.

Il ne manquerait plus que ça! C'est un honnête homme. Toi qui le connais, cause avec lui, fais-lui comprendre... Tout cela est bien ennuyeux. Je vais te laisser avec elle. Tâche de savoir ce qu'elle a. A moi, elle ne dira rien. Elle a l'air de m'en vouloir. Je te demande un

ACTE DEUXIÈME.

peu pourquoi! Tu viendras me dire le résultat de votre conversation.

RÉMONIN.

C'est cela.

MAURICEAU.

Nous dînerons ensemble?

RÉMONIN.

Y aura-t-il une jolie femme?

MAURICEAU.

Oh! ma foi, non. Au diable les femmes! Si seulement elle avait un enfant ou deux, un garçon et une fille.

RÉMONIN.

Qui, elle?

MAURICEAU.

Catherine.

RÉMONIN.

Qu'est-ce que ça changerait?

MAURICEAU.

Ça changerait que nous pourrions envoyer promener le mari s'il était pas trop désagréable. Nous obtiendrions la séparation; je reprendrais ma fille, à qui le tribunal laisserait ses enfants; nous les élèverions.

RÉMONIN.

Et l'*Armorial* n'y perdrait rien. Mais nous n'avons pas les petits marquis, les petits comtes.

MAURICEAU.

Alors, patience.

RÉMONIN.

C'est cela.

MAURICEAU.

Au revoir, Catherine.

CATHERINE.

Au revoir, mon père.

MAURICEAU.

Qu'est-ce que tu as?

CATHERINE.

Rien.

MAURICEAU.

Tu ne m'embrasses pas?

CATHERINE, lui tendant son front.

Si, de grand cœur.

MAURICEAU.

Tu sais bien que, quoi qu'il arrive, je prendrai toujours ton parti.

CATHERINE.

Merci, mon père.

MAURICEAU, en sortant, à Rémonin.

Ça ne va pas du tout.

SCÈNE IV

CATHERINE, RÉMONIN.

CATHERINE, tendant la main à Rémonin.

Mon cher docteur!

RÉMONIN, lui prenant la main.

Ma chère enfant!

CATHERINE.

Vous qui m'avez aidée à naître, vous ne pourriez pas m'aider à mourir?

RÉMONIN.

Je m'en garderais bien. Ce n'est pas gai, la mort.

ACTE DEUXIEME.

CATHERINE.

Et la vie donc! Enfin! De quoi me plaindrais-je? L'homme de Dieu vient de me le dire tout à l'heure : « Mon enfant, vous avez la jeunesse, la beauté, la fortune, la noblesse, l'estime de tous ; demandez à Dieu d'ajouter à tous ces dons la résignation et la patience; veuillez fortement, et vous serez secourue. Pensez à tant de pauvres gens qui n'ont ni toit, ni vêtements, ni pain même pour leurs enfants, et vous verrez combien vos chagrins sont au-dessous des leurs. » C'est vrai; mais on n'empêchera jamais celui qui souffre de croire que la plus grande douleur est celle qu'il a. Que je rencontre demain une de ces misères dont cet homme me parle, je pourrai la soulager, faire qu'il n'en reste plus de traces. Je même y substituer la joie et le bonheur avec un peu de cet argent que j'ai, plus que je ne le désire et que je ne le mérite. Mais, moi, qui me soulagera dans ma misère dorée? qui me rendra mes illusions, mes espérances, ma dignité, ma foi? où est-il l'ami qui partagera son âme avec moi, comme je suis prête à partager ma fortune avec les misérables? [Ce ne sera pas mon père, qui est l'auteur involontaire de mon malheur ; ce ne sera pas mon mari, qui en est l'auteur conscient; ce ne sera pas un de ces jeunes hommes qui me font ce qu'ils appellent leur cour et qui me demandent galamment d'ajouter la honte à toutes mes autres amertumes.] Il y en avait un...

RÉMONIN, à part.

Nous y voilà.

CATHERINE.

Un qui m'avait paru plus noble, plus beau et plus intelligent que les autres, un qui a eu mon premier battement de cœur, qui a eu mon premier serrement de main! La première pensée qui n'ait pas appartenu au souvenir de ma mère, le premier rêve qui ait troublé mon sommeil, ma première insomnie, c'est lui qui les a eus. Tout ce que le cœur d'une jeune fille ignorante des réalités contient d'idéal, je le lui ai donné. Est-ce dans une parole? est-ce dans un sourire? je n'en sais rien, car j'avais l'habitude de l'aimer avant même de savoir si je l'aimais. Et puis, un jour, il m'a écrit : « Vous êtes riche, je suis pauvre; il y a entre nous un abîme infranchissable. Je n'ai jamais aimé et je n'aimerai jamais que vous. Ma vie, que j'aurais voulu vous consacrer, je vais la donner à la solitude et au travail. Le jour où je croirai que vous êtes malheureuse, vous me verrez passer à côté de vous; le jour où j'en serai sûr, vous me verrez apparaître, et je serai le soutien dont vous aurez besoin. » Je n'ai pas compris alors, moi qui aurais trouvé si simple d'être pauvre avec lui, qu'il ne voulût pas être riche avec moi. Depuis j'ai vu de près ce que c'est qu'un homme pauvre qui consent à épouser une fille riche. Heureusement ce n'est pas lui. Qu'attendait-il alors? Pourquoi n'apparaissait-il pas? Enfin, hier, je le vois à votre bras. Il savait donc à quoi s'en tenir. Me voilà pleine d'espérance et de joie; je me dis : « Il va venir à moi, me tendre la main. C'est alors que je le vois causer avec cette étrangère. Vous savez ce qui se passe. M. de Septmonts m'impose la présentation de cette créature, que l'on dit publiquement sa maîtresse. Oh! ce n'est pas cela que je lui reproche! Je suis bien sa femme, moi. Sa femme! la femme, la chose de cet homme! Est-ce parce qu'elle est compromise, parce qu'on ne connaît ni son origine, ni sa famille, ni la source de sa fortune, que je ne voulais pas recevoir mistress Clarkson? Que m'importe tout cela! Mais ce que vous ne savez pas, c'est que cette femme m'a vendue, oui, vendue à ce duc; le marché s'est fait chez elle, entre mon père et M. de Septmonts. C'est ainsi que je suis devenue duchesse. Un de ces messieurs m'a tout appris pour me plaire! Et quand je sais cela, et que je retrouve le seul homme en qui je croyais pouvoir espérer, c'est à côté de cette femme que je le retrouve! Enfin, pendant que je subis cet affront et cette douleur de la recevoir chez moi, savez-vous ce qu'elle me dit? « Venez me voir, madame, nous causerons de M. Gérard, que j'aime peut-être autant que vous l'aimez. » A-t-elle menti? a-t-elle dit vrai? Connaît-elle seulement mon amour d'autrefois, et n'a-t-elle voulu que me railler, me faire peur, me torturer pour se venger de l'insulte que je lui avais faite? Ou bien l'aime-t-elle? est-elle aimée? Et ils sont tous à me demander pourquoi je ne veux pas aller chez cette femme! S'il l'aime, voyez-vous... s'il l'aime!... Ah! je ne sais pas ce que je ferai à mon tour, car il sera aussi lâche, aussi méprisable que l'autre.

RÉMONIN.

Il ne l'aime pas.

CATHERINE.

Qu'en savez-vous?

RÉMONIN.

Il la connaît comme je la connais, comme tout le monde la connaît; mais il n'aime et n'a jamais aimé que vous.

CATHERINE.

Qui vous l'a dit?

RÉMONIN.

Lui, cent fois.

CATHERINE.

La dernière fois?

RÉMONIN.

Ce matin.

CATHERINE.

Vous l'avez vu?

RÉMONIN.

Oui, je ne voulais pas trop me mêler de tout cela; ce

n'est ni de mon âge, ni de mon caractère. Mais, dès ce matin, M. des Haltes est venu me trouver.

CATHERINE.

M. des Haltes?

RÉMONIN.

Lui-même. Et il m'a dit : « Madame de Septmonts aime quelqu'un que vous devez connaître, monsieur, vous qui êtes un vieil ami de sa famille; elle est très malheureuse. Je vous en prie, faites pour elle tout ce que vous pourrez faire. »

CATHERINE.

Pauvre garçon! Il a donc vraiment du cœur? C'est très bien, ce qu'il a fait là. Et ensuite?

RÉMONIN.

Ensuite, je suis allé chez Gérard qui s'apprêtait à venir chez moi. Ah! on s'en donne du mouvement pour vous. Si mes confrères de l'Institut me voyaient! Et je lui ai raconté ce qui s'était passé hier.

CATHERINE.

Alors?

RÉMONIN.

Alors, il va venir.

CATHERINE.

Ici?

RÉMONIN.

Oui.

CATHERINE.

Quand?

RÉMONIN.

Tout à l'heure.

CATHERINE.

Mais pourquoi ne me disiez-vous pas cela tout de suite?

ACTE DEUXIÈME.

RÉMONIN.

Vous parlez tout le temps.

CATHERINE.

Que voulez-vous! je suis folle! (La porte s'ouvre.) Mais je vous promets d'être calme.

RÉMONIN.

Oh! oui, j'y compte.

LE DOMESTIQUE, annonçant.

M. Gérard!

Il referme la porte.

CATHERINE, poussant un cri.

Ah!

Elle court à Gérard et va se laisser tomber dans ses bras; quand elle s'arrête et chancelle, il la retient par les mains.

RÉMONIN, à part.

Comme c'est simple! Je comprends qu'il y ait des gens qui aiment mieux ça que les mathématiques.

CATHERINE, s'essuyant les yeux.

Ah! il était temps que vous arriviez!

RÉMONIN, à part.

Il faudrait : « que vous arrivassiez », mais elle est si émue!

CATHERINE, à Gérard.

Enfin! allons, asseyez-vous là, monsieur, et causons.

RÉMONIN, à part.

La voilà revenue à dix-huit ans. Je puis m'en aller. (Haut.) Adieu, mon enfant.

CATHERINE.

Adieu, docteur.

RÉMONIN, souriant.

Je vous remercie d'insister pour que je reste, mais il faut absolument que je rentre pour travailler.

VI.

CATHERINE.

Pardonnez-moi! je suis si heureuse! et c'est la première fois depuis trois ans.

Rémonin serre la main à Gérard.

GÉRARD.

Au revoir, mon bien cher maître!

RÉMONIN.

Rappelez-vous votre promesse!

GÉRARD.

Soyez tranquille.

Rémonin sort.

SCÈNE V

CATHERINE, GÉRARD.

CATHERINE.

Trois ans! Que de choses! Est-ce bien vous? Est-ce bien moi? Oui, rien n'est changé, si vous m'aimez toujours. Car vous m'aimiez, n'est-ce pas?

GÉRARD.

Plus que tout au monde.

CATHERINE.

Et maintenant?...

GÉRARD.

Plus qu'autrefois : j'ai tant souffert par vous!

CATHERINE.

Avez-vous essayé de m'oublier?

GÉRARD.

Non.

CATHERINE.

Vous valez mieux que moi; car j'ai fait mon possible pour vous oublier et même pour vous en vouloir.

ACTE DEUXIÈME.

GÉRARD.

Vous aviez une excuse : vous apparteniez à un autre ; mais, moi, j'étais libre.

CATHERINE.

Vous n'avez pas disposé de cette liberté?

GÉRARD.

Jamais.

CATHERINE.

Pas une seule image n'a passé entre vous et moi.

GÉRARD.

Pas une.

CATHERINE.

Cette femme?

GÉRARD.

Quelle femme?

CATHERINE.

Qui est venue hier ici.

GÉRARD.

Mistress Clarkson?

CATHERINE.

Oui ; comment la connaissez-vous?

GÉRARD.

Elle m'a probablement sauvé la vie.

CATHERINE.

Vous avez manqué de mourir?

GÉRARD.

Oui.

CATHERINE.

Ah! mon Dieu! que serais-je devenue si c'était arrivé? Où cela?

GÉRARD.

A Rome.

CATHERINE.

Pourquoi ne me l'avez-vous pas fait dire?

GÉRARD.

Qu'auriez-vous fait?

CATHERINE.

Je serais partie, je serais allée vous soigner.

GÉRARD.

On ne vous aurait pas laissée partir.

CATHERINE.

Oh! que si!

GÉRARD.

Non; car c'était justement pendant les premiers jours de votre mariage.

CATHERINE, cachant son visage dans ses mains.

Malheureuse que je suis! Et c'était cette femme qui était là?

GÉRARD.

Non, je ne l'ai pas vue alors. J'avais pris les fièvres. J'étais fort modestement et fort dangereusement logé dans une de ces rues humides qui relient Rome à la campagne. Le médecin qui me soignait, un Français, raconta, par hasard, à mistress Clarkson la gravité du mal et l'inquiétude qu'il avait. Il fallait que je fusse transporté dans un endroit sain et très aéré. Mistress Clarkson, qui partait pour Naples le lendemain, mit à la disposition du docteur, pour moi, une maison avec un grand jardin qu'elle possédait à Albano. C'est là que je guéris. Je partis alors pour Naples, où j'allai la remercier.

CATHERINE.

Continuez... continuez...

GÉRARD.

[Elle vivait somptueusement : elle recevait tous les hommes distingués de la ville ; elle lisait beaucoup, des livres sérieux pour une femme. Elle s'intéressait aux monuments, aux souvenirs, à l'histoire de ce grand pays. Elle m'offrit quelquefois une place dans sa voiture, aux heures de la promenade, et nous allions à Pausilippe, à Baïa, à Portici, à Pompéi. Cela créa entre nous une certaine intimité. J'éprouvais le besoin de parler de vous à quelqu'un.] Elle était femme, elle pouvait me comprendre. Je lui racontai notre histoire, sans vous nommer, bien entendu. « Ah ! me dit-elle avec une certaine émotion, c'est de mademoiselle Mauriceau, c'est de la duchesse de Septmonts que vous êtes épris ? C'est chez moi que le duc a rencontré son père, qui m'avait raconté ce premier amour sans plus me nommer l'homme que vous ne m'avez nommé la femme ; mais c'est vous, je vous devine. C'est curieux ! Je suis désolée d'avoir contribué à un mariage qui est un si grand chagrin pour vous et pour elle. » La promenade s'acheva sans qu'elle revînt sur ce sujet. Le lendemain, quand je me présentai pour la revoir, elle était partie.

[CATHERINE.

Vous ne l'avez plus revue ?

GÉRARD.

Si, à l'Opéra, il y a sept ou huit mois. J'avais voulu entendre *Guillaume Tell*, que je n'avais pas entendu depuis le jour où nous l'avions entendu ensemble, dans la loge de votre père. J'espérais vaguement vous y revoir, et peut-être me montrer à vous. Vous n'y étiez pas.

CATHERINE.

Qu est-ce que je pouvais faire ce soir-là ? Elle y était, elle ?

GÉRARD.

Oui. Deux hommes très distingués, dont l'un célèbre

même, occupaient tour à tour le devant et le fond de sa loge. Dès qu'on baissait le rideau, un grand nombre de visiteurs. J'étais son obligé; je me présentai pendant un entr'acte. « Je vous avais vu, me dit-elle, bien que vous fussiez au fond d'une baignoire et tout seul; mais j'ai des yeux excellents. » En parlant ainsi, elle me regardait d'une façon étrange. Il y avait comme de la colère dans son regard. Elle ne me tendit pas la main, et, à la permission que je lui demandai d'aller lui présenter mes hommages chez elle, elle me répondit qu'elle n'était pas encore installée et que, jusqu'à nouvel ordre, elle ne recevrait pas. Je me retirai, et, quelques minutes après, M. de Septmonts entra dans sa loge et y passa le reste de la soirée. C'était la première fois que je voyais votre mari, et j'aurais ignoré qui il était, si deux spectateurs de l'orchestre, qui parlaient assez haut de mistress Clarkson, et qui nommaient tous les hommes qui venaient la saluer, n'avaient dit : « Voilà maintenant le duc de Septmonts. »

CATHERINE.

C'est tout ce qu'ils dirent?

GÉRARD, après un temps.

Oui.

CATHERINE.

Et croyez-vous qu'elle ait parlé de vous au duc?

GÉRARD.

Je ne le crois pas. Il n'a pas tourné une seule fois les yeux de mon côté, ce qu'il n'eût pas manqué de faire instinctivement si elle lui eût parlé de moi.]

CATHERINE.

Mais vous l'avez rencontrée hier?

GÉRARD.

Cette fête était publique; j'étais sûr de vous y voir;

j'espérais que vous me comprendriez et je pensais qu'il était temps de tenir ma promesse. Malgré l'accueil qu'elle m'avait fait à l'Opéra, je me suis approché de mistress Clarkson. Nous avons échangé de ces phrases banales qui font les frais de ces conversations de hasard, et nous avons causé ensuite d'un travail que cet excellent Rémonin m'a demandé pour M. Clarkson, et que j'ai terminé. Là où mon vieux maître a vu une occasion de me faire gagner une grosse somme, je ne vois, moi, qu'un moyen de m'acquitter d'une dette de reconnaissance. Cependant, hier, la voix de mistress Clarkson tremblait un peu. « Je suis installée, me dit-elle, et je serai heureuse de vous recevoir, d'autant plus que M. Clarkson va arriver et qu'il aura fort à s'entretenir avec vous et à vous remercier. » Elle m'a quitté là-dessus. Vous m'aviez vu ; vous étiez rentrée dans vos appartements ; je suis parti. C'est alors seulement qu'elle vous a fait passer sa carte. J'ignore ce qu'elle vous veut.

CATHERINE, se levant.

Elle me veut du mal : elle vous aime.

GÉRARD.

Elle n'a jamais aimé personne ; elle me l'a dit, et je suis sûr qu'elle m'a dit la vérité.

CATHERINE.

Parce qu'elle n'a jamais rencontré un homme tel que vous. Est-ce que vous ressemblez aux autres hommes ? Est-ce que je vous aurais aimé si vous leur ressembliez ? Bref, je suis jalouse... Vous ne savez pas ce que c'est que la jalousie !

GÉRARD, la regardant.

Croyez-vous ?

CATHERINE.

C'est vrai, j'oublie trop ; mais c'est si bon d'oublier ! Je vous en supplie, ne me faites pas souvenir, c'est horrible. Alors, vous avez été malheureux, vous aussi, et à cause de moi?

GÉRARD.

Oui, malheureux à me tuer, si je n'avais pas eu ma mère.

CATHERINE.

Elle vit toujours?

GÉRARD.

Oui.

CATHERINE.

Il a sa mère et il se plaint! Elle demeurera de nouveau avec moi.

GÉRARD.

Comment! avec vous?

CATHERINE.

Est-ce que vous croyez que je vais rester ici, maintenant?

GÉRARD.

Et votre mari?

CATHERINE.

Est-ce que j'ai un mari? Qu'y a-t-il de commun entre cet homme et moi? Je lui rendrai son nom. Croyez-vous que j'y tienne? Le peu de temps que je l'aurai porté, je l'aurai porté plus dignement que lui. D'ailleurs, je n'ai pas besoin d'être duchesse, et j'ai besoin d'être aimée.

GÉRARD.

Et alors vous serez ma maîtresse?

CATHERINE, troublée.

Votre maîtresse?

GÉRARD.

Oui... Quel autre titre pourrez-vous avoir auprès de moi? Et vous voyez l'effet que ce mot vient de produire sur vous. Consentez-vous à être déchue, non seulement de votre rang, mais de votre dignité? non seulement de l'estime des autres, mais de votre propre estime? Moi, je n'y consens pas. Si je reparais dans votre existence, si j'entre dans votre maison, ce n'est ni pour vous abaisser, ni pour vous compromettre, ni pour vous perdre. C'est pour vous aider, pour vous soutenir; c'est pour vous faire forte contre les autres et peut-être contre vous-même; c'est pour que vous sentiez auprès de vous l'appui qui vous a toujours manqué et qui ne faiblira pas; c'est pour vous sauver, enfin. A partir de cette minute, je réponds de votre honneur qui m'est plus cher que le mien. Je ne veux pas cesser de voir en vous ce que j'ai toujours vu : l'être sacré, la compagne de l'âme, celle dont j'aurais voulu faire l'épouse que le mari adore, la mère que les enfants vénèrent, la femme que tout le monde respecte et glorifie; je ne saurais vous voir autrement. Les événements et les hommes, si puissants que soient les uns, si cruels que soient les autres, ne peuvent rien modifier dans notre conscience, et nous ne devons pas leur permettre de nous faire descendre à leur niveau, au-dessous de nous-mêmes. Si je vis, si je meurs, ce sera pour vous, et ce que je veux de vous, c'est ce que vous n'avez pu donner à personne : c'est votre confiance, c'est votre estime, c'est votre pensée de tous les instants, c'est votre âme, c'est ce qu'il y a en vous de divin et d'éternel!

CATHERINE, avec exaltation.

Mon Dieu, que je vous aime! Je vivrai comme vous l'entendrez, je ferai tout ce que vous voudrez, c'est dit, c'est convenu, je suis à vous. Et, pour commencer, ordonnez. Tout le monde ici, sauf M. des Haltes, veut que je rende la visite à mistress Clarkson; dois-je le faire?

GÉRARD, naïvement.

Oui, à moins que vous ne préfériez que je la voie, et que je sache...

CATHERINE, l'interrompant.

Non, j'aime mieux aller chez elle, moi. Maintenant que je suis sûre que vous n'aimez pas cette femme, j'irai chez elle tant qu'on voudra. Mais vous allez me promettre de ne plus y retourner, jamais, jamais, sous quelque prétexte que ce soit.

GÉRARD.

Je vous le promets, et bien facilement. Cette femme n'existe pas pour moi, puisque je vous aime. Je lui ferai remettre par Rémonin le travail que j'ai fait pour elle; je ne lui devrai plus rien, et tout sera dit.

CATHERINE.

Merci. (Comme une enfant.) Je suis très heureuse.

Septmonts entre.

GÉRARD, bas.

Le duc!...

SCÈNE VI

Les Mêmes, SEPTMONTS.

Gérard salue le duc.

CATHERINE, présentant Gérard au duc.

M. Gérard, un ami de ma jeunesse. — M. de Septmonts.

Les deux hommes se saluent.

SEPTMONTS.

Soyez le bienvenu chez moi, monsieur, ou plutôt chez la duchesse, car nous sommes ici chez elle. (A Catherine.) Vous voyez, chère amie, que l'un des deux époux peut présenter un ami à l'autre sans que cela coûte vingt-cinq mille francs, ni à celui qui présente ni à celui qui est présenté. (A Gérard.) Tous les mercredis, la duchesse et moi, nous recevons, monsieur; mais elle est chez elle tous les jours de cinq à six heures, pour ses amis.

ACTE DEUXIÈME.

GÉRARD, saluant.

Monsieur... (A Catherine.) Madame...

Septmonts accompagne un peu Gérard et redescend la scène.

SCÈNE VII

CATHERINE, SEPTMONTS.

SEPTMONTS, à Catherine.

M. Mauriceau vous a-t-il dit ce que je l'ai prié de vous dire ?

CATHERINE.

Au sujet de mistress Clarkson ?

SEPTMONTS.

Oui.

CATHERINE.

Je suis prête à lui rendre sa visite quand vous voudrez ; seulement, puisque mon père est du même avis que vous et qu'il connaît cette dame, je désire que ce soit lui qui m'accompagne chez elle.

SEPTMONTS.

Comme il vous plaira.

Elle entre chez elle.

SCÈNE VIII

SEPTMONTS, seul.

M. Gérard, ami de la jeunesse, s'en va quand j'arrive, et, après sa visite, elle fait ce que je veux. Il faudrait être bien aveugle pour ne pas voir quelque chose là-dessous. Soit ! nous verrons !

ACTE TROISIÈME

Chez mistress Clarkson. — Petit salon très élégant et très confortable, Grande porte au fond, portes latérales.

SCÈNE PREMIÈRE

MISTRESS CLARKSON, CLARKSON.

MISTRESS CLARKSON, étendue sur une chaise longue.

Et maintenant, voyons l'histoire de mes derniers cinquante mille dollars.

CLARKSON.

Pour vous envoyer ces deux cent cinquante mille francs, je les avais convertis en lingots, plus faciles à transporter, et je venais de les expédier à la maison Smith, de New-York. J'apprends que le coche qui portait cette somme du placer au railway a été arrêté par trois aventuriers. C'est le cocher lui-même qui apportait la nouvelle; il n'apportait même plus que ça. Je prends deux revolvers, ma carabine Henry, une merveille de précision; je monte à cheval, et je pars tout seul à la recherche de mes trois gredins. J'aurais pu m'associer deux ou trois bons compagnons que cette chasse eût amusés; les amusements du désert ne sont pas ceux de Paris, et toutes les occasions y sont bonnes pour se distraire. Mais j'y mettais de l'amour-propre. Cet argent était pour vous; je voulais le reconquérir tout seul. Je me rends donc sur le lieu de l'attaque, et, à l'inspection du terrain, je comprends bien vite que mes voleurs ont dû descendre vers la rivière. Je suis leur piste, Dieu sait par quels chemins, au milieu des roches, des bois, des broussailles, des troncs d'arbres abattus...

MISTRESS CLARKSON.

Je connais le pays.

CLARKSON.

J'escalade un bloc de rocher, et je regarde autour de moi. A dix pas à peine, j'aperçois un de mes bonshommes, assis par terre, qui m'avait vu, et qui tire son revolver, à tout hasard, car il ne pouvait savoir dans quelle intention je venais là. Au même moment, un des hommes de la bande lève son fusil, appuyé contre un rocher, à tout hasard aussi. Charmantes relations! Tirer, tuer le premier, et me retourner vers l'autre, fut l'affaire d'une seconde. Celui-ci se cache derrière son rocher. Je ne voyais plus qu'un de ses yeux et le haut de sa tête. C'était assez, et, avant qu'il eût épaulé, je l'avais touché en plein front. Restait le troisième. Où était-il? Je regarde aux alentours, je l'aperçois qui se sauve à cent pas devant moi. Je l'avais beau, comme on dit, mais il n'y avait que lui qui pût me dire où les lingots étaient cachés. Je le tire, non pas à la tête, mais aux jambes. Il roule à son tour; je le désarme et le menace de l'achever s'il ne me dit pas où est le trésor. Il m'y conduit en boitant, et, comme, tout pionnier, trappeur et mineur qu'on a été, on est toujours chrétien quand on est citoyen de la libre Amérique, je vais chercher de l'eau à la rivière, je mouille mon mouchoir, et je panse la plaie de mon drôle, d'autant plus que, comptant bien qu'il serait pendu en arrivant au camp, je ne voulais pas qu'il mourût là, et que les camarades fussent privés de ce spectacle qui les intéresse toujours un peu. Là-dessus, je vais chercher un renfort de quelques hommes. Nous transportons la cassette et le blessé sur la route. On m'amène une charrette où nous déposons le tout. Je charge mon voleur de tenir les guides, je remonte sur mon cheval, et nous rentrons. Toute la population m'attendait. Vous entendez d'ici les acclamations. On me porte en triomphe; je fais raconter la vérité par mon prisonnier; puis, séance tenante, on le juge et on le pend à un réverbère qui, le soir, n'en brilla que mieux. Voilà, ma chère, l'histoire de vos cinquante mille dollars.

MISTRESS CLARKSON.

Mais si vous aviez été tué?

CLARKSON.

J'en ai vu bien d'autres! Puis, tous nos papiers sont en règle, et mon premier commis, qui est au courant de tous nos intérêts et qui est très honnête homme, vous aurait facilité toutes les formalités de partage et de liquidation. Vous n'auriez donc perdu que moi, ce dont vous vous seriez facilement consolée.

MISTRESS CLARKSON.

Vous vous trompez, je vous aime beaucoup.

CLARKSON.

Pourquoi n'en a-t-il pas toujours été ainsi?

MISTRESS CLARKSON.

C'est vous qui l'avez voulu, ce n'est pas moi. Vous n'auriez pas dû si facilement me croire coupable.

CLARKSON.

Tout autre, à ma place...

MISTRESS CLARKSON.

Soit! mais il fallait que ce qui a été fût. Ne regrettez rien. Cela vaut mieux comme cela est. Nous nous revoyons toujours avec plaisir, et nous pouvons causer de tout, comme de vieux amis.

CLARKSON.

Eh bien, moi, je ne vous revois jamais sans une grande émotion. Quand je suis là-bas, dans le travail et dans l'action, je me figure que je ne pense plus du tout à vous. Dès que je vous retrouve, je m'aperçois que j'y pense toujours.

MISTRESS CLARKSON.

Ça passera. Quand j'ai reçu votre dépêche m'annonçant votre arrivée pour ce matin, j'ai été vraiment heureuse. Je vous avais fait préparer votre appartement, comptant que vous descendriez tout droit ici.

CLARKSON.

Je craignais de vous déranger.

MISTRESS CLARKSON.

Vous savez bien que vous ne me dérangez jamais, et que vous êtes chez vous quand vous êtes chez moi

CLARKSON.

Pas partout.

MISTRESS CLARKSON.

Je vous abandonne toutes les chambres de l'hôtel, si vous voulez.

CLARKSON.

Excepté une.

MISTRESS CLARKSON.

Il faut bien que je loge quelque part. (Elle sonne.) Ainsi c'est convenu, je le désire. (Au domestique.) Faites prendre les bagages de M. Clarkson au Grand-Hôtel, et qu'on les porte dans l'appartement qu'on a préparé.

CLARKSON.

Du reste, je compte repartir dans deux ou trois jours.

[MISTRESS CLARKSON.

Alors, ne perdons pas de temps, et donnez-moi des nouvelles de Noémi-City.

CLARKSON.

La ville de Noémi, c'est son véritable nom, et elle ne

devait pas en avoir d'autre, car c'est réellement vous qui avez créé cette ville.

Il tire un cigare de sa poche.

MISTRESS CLARKSON.

Qu'est-ce que vous faites là?

CLARKSON.

Je prends un cigare.

MISTRESS CLARKSON.

Pour quoi faire?

CLARKSON.

Pour fumer.

MISTRESS CLARKSON.

On ne fume pas ici.

CLARKSON.

Vous voyez bien que je ne suis pas chez moi. Je croyais que vous ne receviez que des hommes.

MISTRESS CLARKSON.

C'est vrai, mais je ne leur permets pas de fumer; je vous le permettrais peut-être cependant à vous, pour vous dédommager de tous les chagrins que je vous ai causés, si, par hasard, je n'attendais aujourd'hui une dame.

CLARKSON.

N'en parlons plus; pardonnez-moi; vous savez ce que c'est que l'habitude. (Il remet son cigare dans sa poche.) Voilà le plan de notre ville. (Il prend dans une autre poche un papier qu'il déploie.) J'ai choisi une place, comme je vous l'ai écrit alors, dans l'Utah, bien avant l'inauguration du chemin de fer du Grand-Pacifique. Comme j'avais acheté à une très grande distance aux alentours tout le terrain qui n'était pas concédé à la Compagnie, comme j'avais demandé d'avance tout ce qu'il fallait à Chicago, où l'on fait des maisons en bois qui se montent, se démontent et se transportent comme vous savez, les premiers trains qui s'arrêtèrent devant la station qui devait devenir Noémi-City m'apportèrent un hôtel, un restaurant, une maison de jeu, une école, une imprimerie.

MISTRESS CLARKSON.

Et une église?

CLARKSON.

Et une église, naturellement, que nous louons, tour à tour, aux différents cultes. Au bout d'un mois, le camp était une ville, avec un véritable palais au milieu, le vôtre, qui vous attend toujours et qui est prêt à vous recevoir quand il vous plaira d'y venir. Nous publions un journal. Il ne nous manque qu'un théâtre, que nous aurons avant six mois. Ce que, dans le commencement, il s'est abattu de bandits dans ce nouveau campement, avant que le chemin de fer y arrivât, ce que nous avons échangé de coups de fusil, de revolver et de couteau avec les Indiens, ce que nous avons assommé et pendu de gens, cela ne se compte pas. Il est certain que je mourrai un jour; mais, après tout ce que j'ai vu, je serai curieux de voir comment la mort s'y prendra.]

MISTRESS CLARKSON.

Et cette mine d'or dont vous me parliez dans votre dernière lettre?

CLARKSON.

Elle existe, et dans des terrains qui sont bien à nous. Je les ai achetés et payés à l'État; nul ne peut y toucher, même en mon absence. Un jour que je me promenais dans la montagne, en frappant de temps en temps le sol, pour voir si je ne découvrirais pas une veine métallique, car c'est le plus souvent par hasard qu'on les découvre, je rencontre un Indien qui me dit : « Frère blanc cherche mine d'or? — Oui. — Viens par ici. » Il me découvrit une mine, et il s'en alla tranquillement. Ces gens-là méprisent absolument l'or.

MISTRESS CLARKSON.

C'est pour cela que leur race diminue tous les jours, et qu'elle disparaîtra tout à fait. Les hommes ont inventé bien des dieux depuis le commencement du monde; ils n'ont pas encore détrôné celui-là. « Le temps est de l'argent, » disent vos compatriotes; ils auraient dû ajouter : « Et l'argent est tout. » Je ne sais pas plus ce que je ferai de cette puissance, que vous ne savez ce que la mort fera de vous, Clarkson, mais cette puissance, je la proclame la première du monde. Elle aide à posséder ce qu'on désire et à ne pas regretter ce qu'on ne peut avoir. J'ai voulu cette puissance, je l'ai; je la veux plus grande encore. Ainsi donc, fais-nous riches, Clarkson! très riches, et peut-être, un de ces jours, quand je serai tout à fait lasse de leur civilisation européenne, qui me paraît quelquefois bien étroite et bien courte, peut-être te donnerai-je rendez-vous sur un Océan quelconque, pour que nous nous en allions dans l'Inde ou dans l'Afrique, nous faire roi et reine, ou dieu et déesse, si le trône ne me suffit pas et qu'il me faille le temple. Là-dessus, embrasse-moi, Clarkson, et, si tu cherches bien sur ma joue, tu y retrouveras le dernier baiser que tu y as mis. Personne ne l'a encore effacé.

CLARKSON, l'embrassant.

Vrai?

MISTRESS CLARKSON.

Sur ma mère. Ah! ils me l'auront payée, ma mère, puisqu'ils n'auront pas pu me la rendre.

Elle appuie un moment sa tête sur l'épaule de Clarkson.

LE DOMESTIQUE, annonçant.

M. Rémonin.

SCÈNE II

Les Mêmes, RÉMONIN.

MISTRESS CLARKSON.

Entrez, mon cher maître! vous tombez sur une scène d'intérieur. Cela ne vous choque pas, je pense?

RÉMONIN.

Rien ne me choque, et cela moins que le reste; c'est tout ce qu'il y a de plus naturel.

MISTRESS CLARKSON.

Vous êtes seul?

RÉMONIN.

Oui.

MISTRESS CLARKSON.

Et M. Gérard, que je vous avais prié d'amener avec vous?

RÉMONIN.

Il ne peut pas venir.

MISTRESS CLARKSON.

Il ne peut pas ou il ne veut pas?

RÉMONIN.

Il m'a dit qu'il ne pouvait pas; mais j'apporte son travail.

MISTRESS CLARKSON, présentant les deux hommes l'un à l'autre.

Soit. Je vous présente M. Clarkson; M. Rémonin, notre grand chimiste, qui vous fera connaître le mémoire de son élève, M. Gérard, sur le lavage de l'or.

CLARKSON, donnant la main à Rémonin.

Ah! monsieur! Vous avez là ce mémoire?

RÉMONIN.

Oui.

CLARKSON.

Moi, j'ai mes échantillons. Je vais vous les chercher.

RÉMONIN.

A la bonne heure. On ne perd pas son temps en préliminaires avec vous.

LE DOMESTIQUE, annonçant.

Monsieur le duc de Septmonts.

SEPTMONTS, à mistress Clarkson.

Bonjour, chère amie !

CLARKSON.

Je reviens tout de suite.

MISTRESS CLARKSON. présentant Clarkson à Septmonts.

M. Clarkson... (A Clarkson.) M. le duc de Septmonts...

CLARKSON, s'éloignant, son chapeau sur la tête et d'un ton très indifférent.

Bonjour, monsieur.

SCÈNE III

MISTRESS CLARKSON, RÉMONIN, SEPTMONTS.

SEPTMONTS.

Alors, c'est ça M. Clarkson?

MISTRESS CLARKSON.

Oui, c'est ça, comme vous dites. Est-ce qu'il ne vous plait pas?

SEPTMONTS.

Il a des façons de dire : « Bonjour, monsieur », avec son chapeau sur la tête, qui ne me plaisent pas beaucoup, en effet. Je suis habitué à ce qu'on soit plus poli avec moi.

ACTE TROISIÈME.

MISTRESS CLARKSON.

Quand on ne vous connaît pas surtout.

SEPTMONTS.

Qu'est-ce que ça veut dire?

MISTRESS CLARKSON.

Que vous êtes chez moi, mon cher, et que si les allures de M. Clarkson ne vous conviennent pas, vous n'avez qu'à vous retirer et à ne plus revenir.

SEPTMONTS.

Soit; mais alors ce ne sera pas avant d'avoir dit à ce monsieur ce que je pense de ses façons. C'est déjà bien assez qu'il soit votre mari, sans qu'il y ajoute encore d'être insolent.

MISTRESS CLARKSON.

Vous ne lui direz rien du tout, à M. Clarkson, et vous ferez bien. Vous ne trouverez jamais une meilleure occasion de tenir votre rapière en fourneau. [Je vous permets d'aller et venir dans ma vie extérieure, de telle façon que certaines gens croient et que vous finissez peut-être par croire vous-même que vous avez des droits chez moi et sur moi; mais vous savez bien que vous n'en avez aucun. Vous me compromettriez, s'il ne m'était absolument indifférent d'être compromise. Je laisse dire; cela vous flatte; cela vous pose; cela vous sert même. Il y a de certaines demoiselles qui, vous voyant souvent dans ma loge, projettent de vous ravir à moi, se figurant que c'est vous qui m'avez donné tous les diamants qui couvrent mes épaules. Vous m'en avez donné quelques-uns, et votre beau-père aussi; mais étaient-ce bien des cadeaux? Vous allez de temps en temps vous consoler, avec ces demoiselles et quelques bonnes bouteilles, des tourments où vous prétendez que mon indifférence vous jette; mais il est bon que M. Rémonin, qui a été témoin de la scène qui s'est passée chez vous, de la résistance de la duchesse à me laisser pénétrer dans son appartement, malgré le prix que j'y mettais, il est bon que M. Rémonin, qui va voir tout à l'heure madame de Septmonts venir chez moi, sache à quoi s'en tenir sur nos relations, et puisse affirmer à votre femme qu'elle n'a ni reçu ni visité votre maîtresse.] N'affectez donc ni jalousie ni susceptibilité devant M. Clarkson, qui ne vous connaît pas, qui ne tient pas à vous connaître, pour qui vous n'existez pas, qui traverse Paris pour ses affaires, qui n'est pas endurant, qui joue tous les jours de la carabine, du revolver et du couteau avec de bien autres adversaires que vous, et qui, à la première impertinence que vous lui adresseriez, vous tuerait comme un petit lapin. C'est convenu, n'est-ce pas?

Elle sort pour aller retrouver Clarkson, en faisant signe à Rémonin qu'elle va revenir.

SCÈNE IV

RÉMONIN, SEPTMONTS.

SEPTMONTS, à Rémonin.

Est-ce que vous avez vu beaucoup de femmes comme celle-là?

RÉMONIN.

Non.

SEPTMONTS.

Est-ce qu'il n'est pas tout naturel de l'adorer?

RÉMONIN.

Je ne sais même pas ce qui me retient.

SEPTMONTS.

A la bonne heure, vous comprenez ces choses-là, mon cher maître.

ACTE TROISIÈME.

RÉMONIN.

C'est mon métier de comprendre.

SEPTMONTS.

On dit : « Pourquoi Septmonts, qui a une femme jeune, jolie, vertueuse, ne s'occupe-t-il que de mistress Clarkson? » Pourquoi? pourquoi?... Est-ce qu'on peut le dire, pourquoi? C'est comme ça.

RÉMONIN.

Voilà tout; vous avez raison, ça ne se discute pas.

SEPTMONTS.

Il y a des attractions irrésistibles, vous le savez mieux que personne. Pourquoi l'aimant attire-t-il le fer? Moi, il faut que je vienne tous les jours ici, ne fût-ce que cinq minutes, mais il faut que j'y vienne. C'est en tout bien, tout honneur, comme mistress Clarkson vous l'a dit tout à l'heure, et je n'en rapporte souvent que des choses désagréables dans le genre de celles que vous venez d'entendre : n'importe, j'y reviens toujours, et si par hasard je n'y viens pas, c'est que je ne puis pas faire autrement d'abord, et, jusqu'au lendemain, je ne sais plus où j'en suis; il me manque quelque chose. Ainsi, à l'époque de mon mariage, elle est partie pour l'Italie; j'étais comme un fou. Alors, je soupais et je jouais pour me distraire.

RÉMONIN.

C'est curieux!

SEPTMONTS.

Très curieux! Il y aurait une étude intéressante à faire sur l'empire que certaines femmes exercent autour d'elles; car nous sommes plusieurs dans le même cas, et pas les premiers venus, je vous assure. Et elle a des qualités rares chez une femme. Pas l'ombre de coquetterie! Pas ça à dire sur son compte. Nous sommes tous à nous guetter les uns les autres pour surprendre quelque chose. Rien. Un vrai garçon!

RÉMONIN.

Mais qui porte et qui accepte volontiers des colliers de perles.

SEPTMONTS.

Oui, mais avec des façons à elle qui font qu'on n'a pas l'air de les lui donner, mais de les lui rendre. On croit qu'ils ont été toujours à elle, qu'on les lui avait empruntés et qu'on les lui rapporte. Et, en même temps, elle est capable de rendre de vrais services. Elle m'en a rendu un, à moi, et un très grand que je n'ai trouvé chez aucun de mes amis. Elle n'en a jamais parlé à personne, mais je ne l'ai jamais oublié. Aussi, quand elle a témoigné le désir d'être présentée à la duchesse, et de la recevoir chez elle, vous avez vu que je n'ai pas hésité.

RÉMONIN.

Je comprends que des hommes intelligents s'entêtent à dompter ces natures fauves. Une fois vaincues, elles doivent avoir des grâces, encore inquiétantes, mais pleines de charmes pour les véritables dompteurs.

SEPTMONTS.

Je ne pense qu'à ça; c'est une idée fixe. Il faut bien avoir un but dans la vie. Je connais les femmes; il y a toujours un moment, une occasion qu'on peut saisir; seulement, il faut être toujours là. J'y dépenserai trois ou quatre millions; j'y mettrai dix ans, s'il le faut, mais j'y arriverai.

RÉMONIN.

Dix ans et quatre millions, ce n'est peut-être pas assez, mais je crois qu'en y mettant vingt ans, et en vous ruinant tout à fait...

SEPTMONTS.

Vous vous moquez de moi! Qui vivra verra.

RÉMONIN.

Bonne chance!

SEPTMONTS.

Merci. Mais tout cela entre nous.

RÉMONIN.

Bien entendu. (Septmonts s'éloigne. A part.) Pauvre Catherine!

SCÈNE V

Les Mêmes, MISTRESS CLARKSON.

MISTRESS CLARKSON, rentrant.

Monsieur Rémonin, vos échantillons sont là.

RÉMONIN, à mistress Clarkson pendant que Septmonts se regarde dans la glace et arrange ses cheveux.

Voyons, madame, vous êtes une femme à part; on peut causer avec vous. Puisque M. de Septmonts voulait provoquer M. Clarkson, pourquoi ne l'avez-vous pas laissé faire? Est-ce que vous verriez un grand inconvévénient à ce que M. Clarkson le tuât?

MISTRESS CLARKSON.

Oui; je tiens non seulement à ce que M. de Septmonts vive, mais à ce qu'il se range, à ce qu'il devienne bon époux et bon père. Vous êtes de ceux auxquels il n'y a besoin de dire que la moitié des choses, n'est-ce pas; ils devinent le reste.

RÉMONIN.

Oui.

Il va rejoindre Clarkson dans la coulisse.

MISTRESS CLARKSON, à Septmonts.

Pourquoi, puisque la duchesse s'est décidée à venir, ne l'avez-vous pas amenée avec vous?

SEPTMONTS.

D'abord parce que je voulais vous voir seule quelques instants; ensuite parce qu'elle préférait venir de son côté avec son père.

MISTRESS CLARKSON.

Son père va venir aussi?

SEPTMONTS.

Oui, il l'accompagnera.

MISTRESS CLARKSON.

Ce n'est plus une entrevue, c'est un congrès. Elle a donc bien peur de moi qu'elle veut être ainsi entourée de toute sa famille?

SEPTMONTS.

Si elle savait comment vous me recevez, elle se demanderait comme elle va être reçue.

MISTRESS CLARKSON.

Plus je vous reçois mal, plus il y a de chances pour que je la reçoive bien.

SEPTMONTS.

Parce que?...

MISTRESS CLARKSON.

Parce qu'un de mes griefs contre vous, c'est la manière dont vous vous conduisez avec elle.

SEPTMONTS.

En voilà bien d'une autre!

MISTRESS CLARKSON.

Pourquoi n'aimez-vous pas votre femme?

SEPTMONTS.

Parce que je vous aime.

MISTRESS CLARKSON.

Oui, c'est convenu; mais alors il ne fallait pas l'épouser.

SEPTMONTS.

Vous savez mieux que personne pourquoi je l'ai fait. C'est vous qui me l'avez conseillé, qui m'y avez aidé; vous m'avez dit : « Mariez-vous d'abord ! et... »

MISTRESS CLARKSON, l'interompant.

Soit ! Aussi ma responsabilité est-elle engagée dans cette affaire, car j'ai voulu votre bonheur, à vous, sans vouloir son malheur, à elle. Et puis noblesse oblige, mon cher. Eh bien, la première chose à laquelle la noblesse oblige, c'est la transmission de cette noblesse à des descendants. Vos ancêtres, ceux qui étaient les familiers, les compagnons de plaisir de Louis XV et du Régent, étaient vicieux aussi; mais leurs vices avaient de l'élégance, de l'esprit, une sorte de probité. Ils se mésalliaient, comme vous avez cru devoir le faire, pour redorer leur blason; mais au moins avaient-ils le respect de leur signature, de la signature du contrat. Ils payaient scrupuleusement la dette du mariage comme la dette du jeu; ils donnaient à leurs femmes les hautes fonctions et les austères joies de la maternité. Si celles-ci avaient eu la sottise d'acheter un nom, elles avaient au moins la gloire et le plaisir de le continuer. Faites comme vos ancêtres, mon cher Septmonts, et, si ce n'est la délicatesse qui vous décide, que ce soit au moins l'intérêt. La duchesse peut mourir, nous sommes tous mortels, et, si elle mourait sans enfants, vous vous trouveriez ruiné du coup. La fortune retournerait au père Mauriceau, qui ne penserait pas une minute à vous faire son héritier. Mettez-vous à l'abri de ce malheur, derrière une nombreuse famille... d'autant plus...

SEPTMONTS.

D'autant plus?

MISTRESS CLARKSON.

D'autant plus que la duchesse est une personne fière

qui pourrait se lasser un jour du dédain qu'affecte pour elle l'homme dont elle a le droit de vouloir être appréciée, et qui pourrait bien demander à un second ce qu'elle aurait vainement espéré du premier.

SEPTMONTS.

Un second! Que voulez-vous dire?

MISTRESS CLARKSON.

Vous voyez, vous êtes jaloux d'elle, malgré votre grand amour pour moi.

SEPTMONTS.

Non.

MISTRESS CLARKSON.

Ce n'est que de l'orgueil, je le sais bien. Vous n'êtes pas capable de cette jalousie naturelle et noble qui naît de l'amour sincère; mais vous êtes capable peut-être de cet amour un peu bas qui naît de la jalousie, et je ne serais pas étonnée que, le jour où vous seriez sûr que votre femme aime un autre homme, vous ne vous prissiez de quelque fantaisie pour elle, palsambleu! Croyez-moi, n'attendez pas ce moment-là; mais, alors, hâtez-vous.

LE DOMESTIQUE, annonçant.

Madame la duchesse de Septmonts, M. Mauriceau.

SCÈNE VI

Les Mêmes, CATHERINE, MAURICEAU.

MISTRESS CLARKSON, allant au-devant de Catherine.

Soyez la bienvenue chez moi, madame. Je n'ai jamais laissé une femme franchir le seuil de ma maison. Les méchantes langues ont donné à cette singularité une foule de raisons auxquelles je vous suis on ne peut plus reconnaissante de n'avoir pas prêté plus de créance qu'il ne fallait.

ACTE TROISIÈME.

CATHERINE.

Il était tout naturel, madame, que je vous apportasse moi-même, comme présidente de l'œuvre à laquelle vous vous êtes intéressée, le reçu de la somme que vous avez bien voulu nous offrir. C'est le moins qu'on puisse faire pour une donatrice de votre importance.

Elle lui remet un reçu.

MISTRESS CLARKSON.

Maintenant que nous avons échangé les formules diplomatiques qui nous maintiennent, vous, madame, dans la réserve qui convient à votre situation, moi, dans la dignité qui convient à mon caractère, faites-moi l'honneur de vous asseoir chez moi. Nous avons à parler de choses graves qui vous paraîtraient peut-être un peu longues si vous les écoutiez debout. (Elle montre un siège à Catherine, qui s'assied. — A Mauriceau.) Bonjour, mon cher monsieur Mauriceau; je suis toujours très contente de vous voir, mais encore plus en cette circonstance.

MAURICEAU.

Oui, il y avait un malentendu qu'il fallait faire cesser.

MISTRESS CLARKSON, présentant à Catherine Clarkson, qui rentre avec Rémonin.

M. Clarkson, qui a eu la bonne chance d'arriver ce matin.

CLARKSON.

Et qui s'excuse, madame, de vous être présenté dans ce costume. Je suis un voyageur qui travaille toujours, même en voyageant.

RÉMONIN, à mistress Clarkson, en saluant Catherine et en lui donnant la main.

C'est un homme très intelligent que M. Clarkson.

MISTRESS CLARKSON.

N'est-ce pas?

RÉMONIN.

Nous ferons tout ce que nous pourrons, Gérard et moi pour lui être utile, et nous y arriverons, je l'espère.

MISTRESS CLARKSON, bas, à Rémonin et à Septmonts.

Demandez-moi à visiter ma galerie de tableaux : je désire causer quelques instants avec la duchesse et faire ma paix avec elle.

SEPTMONTS, haut.

Chère madame, vous venez de faire de nouvelles acquisitions ; voulez-vous me permettre de visiter votre galerie ?

MISTRESS CLARKSON.

Très volontiers, et d'en faire les honneurs à ces messieurs.

MAURICEAU, à Rémonin et à Septmonts.

Dans dix minutes, elles seront les meilleures amies du monde. Franchement, cela ne vaut-il pas mieux ainsi ?

RÉMONIN.

Évidemment ; tu es toujours conciliant, toi.

CLARKSON, à mistress Clarkson.

Eh bien, moi, je vais chez M. Gérard ; j'ai bien d'autres choses à faire que de regarder des tableaux.

Ils sortent.

SCÈNE VII

CATHERINE, MISTRESS CLARKSON.

MISTRESS CLARKSON.

Nous voilà seules, madame ; voulez-vous que nous causions à cœur ouvert ?

CATHERINE.

Du moment que je suis venue ici, madame, c'est vous dire que je suis à vos ordres.

MISTRESS CLARKSON.

Si j'ai forcé votre porte comme je l'ai fait, si j'ai tenu à ce que vous vinssiez ensuite chez moi, ce n'est ni pour la mesquine satisfaction de vous faire faire ce que vous ne vouliez pas faire, ni pour pénétrer dans votre monde. Si j'y avais un intérêt quelconque, je n'aurais qu'un signe à faire pour que votre monde vînt à moi. [J'ai mes tiroirs pleins de moyens pour le jour où cette fantaisie me serait utile ou agréable. Je doute qu'elle me vienne jamais, et je crois d'ailleurs que, d'ici à très peu de temps, votre monde n'existera plus. J'ai les trois biens les plus précieux pour une femme : la fortune; la jeunesse et la liberté; cela me suffit, et, cette visite terminée, vous n'entendrez plus parler de moi que si vous le souhaitez vous-même.] Je ne vous ai donc pas tendu le moindre piège, et, comme vous le voyez, vous ne vous trouvez ici qu'avec vos amis et vos proches. Cependant, madame, il est bon que vous sachiez chez qui vous êtes, et je veux vous dire, à vous, ce que je n'ai jamais fait à personne l'honneur de dire. Il y a à cette confidence des raisons que vous connaîtrez bientôt. On a dû vous raconter toutes sortes d'histoires sur mon compte. Voici la vérité : je suis fille et petite-fille d'esclaves. Mes aïeux, à moi, ont probablement été capturés sur la côte d'Afrique, et vendus sur le marché de la Louisiane ou de la Caroline du Sud. Voilà ma généalogie. Ma mère était mulâtresse, ce qui veut dire que ma grand'mère avait épousé ou aimé un blanc. Il paraît qu'elle était jolie, ma mère, et que son maître, riche colon, marié d'ailleurs et père de deux fils, daigna le remarquer. Je suis née de cette remarque. En venant au monde, je n'étais pas légalement la fille, mais j'étais légalement la propriété de mon père. Il avait le droit de m'imprimer ses initiales avec un fer rouge sur les épaules ou sur le front, et, s'il avait besoin d'argent, de me vendre. Mes épaules et mon front sont intacts;

mais il me vendit, ainsi que ma mère. (Elle se lève et s'appuie sur la table.) En 1856, j'avais six, sept ou huit ans, je ne sais pas très bien, n'ayant jamais eu plus d'état civil que les chevaux qui vous ont amenée ici, à moins qu'ils ne soient de pur sang comme les miens; en 1856, mon père nous envoya, ma mère et moi, à Charleston, pour y être vendues aux enchères. On nous conduisit dans une salle remplie du même bétail que nous, et l'on nous fit monter sur une estrade. Vous voyez d'ici le tableau : d'un côté la marchandise humaine, de l'autre les acheteurs; le vendeur à côté de nous. Cela se faisait à la criée comme à la halle.

CATHERINE.

C'est horrible!

MISTRESS CLARKSON.

Mais non; ce sont les blancs qui ont imaginé cela, ceux de la race supérieure. J'avais beau être blanche comme eux, je n'en étais pas moins pour eux de la race de Cham, maudite par Noé. Cela remonte loin, comme vous voyez; mais c'était une de leurs raisons. Il paraît même que c'était la meilleure. Vous croyez peut-être, madame, que nous étions vendues en un seul lot, ma mère et moi, et que qui achetait l'une achetait l'autre? Non pas. C'eût été presque humain. Non; nous étions vendues séparément, et, malgré nos cris, malgré nos larmes, nous fûmes adjugées, elle à un maître, moi à un autre.

CATHERINE.

Il ne se trouva pas un cœur?...

MISTRESS CLARKSON.

Pas un. On nous permit cependant, pour tout dire, de nous embrasser une dernière fois, et dans ce dernier baiser, ma mère murmura à mon oreille : « Rappelle-toi éternellement le nom de l'homme qui nous fait vendre et qui nous sépare, et, si tu vis, venge-nous. Tous les moyens sont bons. »

ACTE TROISIÈME.

CATHERINE.

Mais comment avez-vous passé de l'esclavage à la liberté, de la misère à la fortune?

MISTRESS CLARKSON.

J'étais belle. La nature a ses revanches. L'homme qui m'avait achetée comptait probablement faire de moi, après quelques années, ce que celui qui nous avait vendues avait fait de ma mère. Je ne fus pas livrée aux travaux grossiers, je fus élevée dans la maison; on me donna une certaine instruction; on cultiva ma beauté. Cependant, aidée par des nègres qui m'avaient prise en affection, je parvins à m'échapper... avant. Après toutes sortes d'épreuves, de luttes et de misères, je devins servante dans un hôtel de Boston. C'est là que je rencontrai M. Clarkson, qui revenait des mines avec vingt mille dollars à peu près. J'avais dix-sept ou dix-huit ans. Il s'éprit de moi. C'était tout ce que je pouvais espérer de mieux pour commencer ce que j'avais à faire. Il était grossier comme tous les chercheurs d'or, mais honnête et bon; il m'épousa. Les dernières paroles de ma mère me bourdonnaient encore aux oreilles. Tout ce que possédait mon mari était entre mes mains. Nous nous sommes mariés à midi; à deux heures, le même jour, j'avais quitté Boston toute seule. J'emportais cinq mille dollars, mes plus belles robes, les bijoux que ce brave garçon m'avait donnés, et je partais pour Charleston. Les fils de mon premier maître s'y trouvaient. Leur père était mort, malheureusement, mais eux vivaient encore, *mes frères*. L'un avait vingt-trois ans, l'autre vingt et un. Je n'eus qu'à passer entre eux pour les rendre ennemis mortels, et, trois mois après mon arrivée, l'aîné tuait le plus jeune d'un coup de couteau. La victime, qui m'aimait à la folie, avait eu le soin de faire son testament, et me laissait tout ce qu'elle possédait, cent mille dollars environ. Ce fut le commencement de ma fortune.

CATHERINE.

Et votre *second frère?*

MISTRESS CLARKSON.

Je connaissais sa retraite, où il avait eu l'audace de me demander de le rejoindre. J'allai naturellement dénoncer ce criminel. Comme la guerre de Sécession avait eu lieu, que le Nord avait triomphé, les blancs du Sud ne jouissaient plus de la même impunité qu'autrefois. L'assassin fut arrêté, jugé et pendu. Alors je quittai l'Amérique, qui n'avait plus d'intérêt pour moi, et je passai en Europe, dont j'étonnai toutes les capitales. On étonne si facilement les capitales! On ne m'appelait plus par mon nom, on m'appelait l'Étrangère, et l'on avait raison. Oui, étrangère, sans famille, sans amis, sans patrie; étrangère à toutes vos traditions, à toutes vos joies, mais aussi à toutes vos servitudes, n'ayant pour règle que ma fantaisie et de la haine plein le cœur, plein l'esprit et plein l'âme contre cet être qu'on appelle l'homme, et que je ne voyais s'approcher de moi que comme il s'était approché de ma mère, pour dégrader et avilir la femme au profit de son orgueil et de son plaisir. Ah! je le haïssais bien, ce roi de la création qui se proclame notre maître, à nous autres femmes. J'avais fait le calcul de ce que ses vices pouvaient me rapporter, sans que je lui donnasse rien en échange. Il n'est pas un homme, sur la terre ni dessous, qui ait jamais obtenu de moi ce que, dans la langue pudique et complaisante de vos salons, on appelle la moindre faveur. L'un d'eux, un peu plus spirituel que les autres, m'appelait la Vierge du mal. Puis, lorsque j'avais tiré de la sottise de ces hommes tout ce qu'elle pouvait produire, je les renvoyais à ce qu'ils avaient si bien mérité : la prison, la folie, le déshonneur, le meurtre ou le suicide. Quand les autres femmes auront, comme moi, conscience de leur force et de leur pouvoir, l'homme sera bien peu de chose.

CATHERINE.

C'est sans doute au nom de cette philosophie particulière que vous m'avez mariée, madame?

MISTRESS CLARKSON.

Oui. L'ambition de M. Mauriceau et la ruine de M. de Septmonts se sont rencontrées chez moi : cela valait bien un million, y compris ce que M. de Septmonts me devait déjà. Cependant, pour régler tout en une fois sans doute, M. de Septmonts m'avait fait le grand honneur de m'offrir sa main. J'aimais mieux laisser cet honneur à une autre ; je tenais à ma liberté et à ma fortune. J'ai donc répondu au duc que j'étais mariée, ce qui n'était plus vrai. Après le procès de Charleston, M. Clarkson avait fait constater ma disparition et prononcer le divorce. Mais nous nous sommes rencontrés depuis; il était pauvre, je le chargeai de mes intérêts. J'ai le sentiment des affaires; nous ne sommes plus des époux, nous sommes des associés; ce n'est plus son nom que je porte, c'est le nom de la maison Clarkson et Compagnie, une des plus considérables des États nouveaux.

CATHERINE.

Tout cela est très curieux, madame. Il ne me reste plus qu'à savoir pourquoi vous me faites l'honneur de me le raconter.

MISTRESS CLARKSON.

Parce que, à la fin de cette histoire qui vous montre quelles sont mes façons de combattre les gens et les choses, il y a un détail qui ne regarde que nous deux. Au milieu de tous ces faux hommes dont je me suis vengée, servie, moquée, j'en ai rencontré un vraiment grand d'esprit et de cœur; je n'ai pas besoin de vous dire que cet homme est celui que vous aimez et qui vous aime. C'est le seul qui n'ait pas subi mon empire, et j'ai senti tout de suite que j'allais peut-être subir le sien; mais je ne voulais pas me soumettre. Trois fois je l'ai fui, trois fois je l'ai retrouvé sur mon chemin. Je suis un peu superstitieuse ; cela tient à ma race. Je vis dans ces trois rencontres comme un arrêt de la destinée. Aussi, quand vous avez quitté vos jardins, l'autre soir, M. Gérard ayant disparu, j'ai éprouvé je ne sais quelle sensation de jalousie, et j'ai voulu voir s'il était chez vous ; c'est pour cela que j'ai tenu à y pénétrer ; et, si j'ai désiré votre visite, c'était pour que nous pussions causer plus à notre aise. Je n'ai jamais fait de mal à une femme, en souvenir de ma mère. Nous avons toutes, plus ou moins, le droit de nous plaindre, et si je n'ai jamais reçu de femmes chez moi, c'est pour éviter des contacts qui eussent pu amener des conflits. J'ai donc voulu vous prévenir loyalement, et ne vous déclarer la guerre que si vous m'y contraignez. Est-ce vraiment de l'amour que j'ai pour M. Gérard ? je n'en sais rien, puisque je n'ai jamais aimé ! n'est-ce qu'un caprice qui ne durera que quelques jours ? c'est possible. Ce qui est certain, c'est qu'il y a en moi une curiosité nouvelle et que je veux savoir à quoi m'en tenir sur cette passion que j'ai inspirée tant de fois, à laquelle j'ai vu faire tant d'infamies, et qu'on dit encore capable de tant d'héroïsmes ! Cet homme sera donc tout à moi ou il ne sera à personne, et quelqu'un en mourra : peut-être lui, peut-être vous, peut-être moi. Je ne crains pas plus la mort que le reste ; elle est amie ou ennemie suivant les circonstances et les points de vue ; mais c'est un instrument comme un autre. Je voulais donc vous donner le conseil de partir avec votre mari, et de ne plus revoir M. Gérard. Êtes-vous disposée à suivre ce conseil ?

CATHERINE.

Non.

MISTRESS CLARKSON.

Sans autre explication ?

CATHERINE.

Sans autre explication.

MISTRESS CLARKSON.

Vous le prenez de haut!

CATHERINE.

Je le prends d'où je suis.

MISTRESS CLARKSON.

C'est bien.

CATHERINE.

Voulez-vous avoir la bonté, madame, de me dire par où je pourrai rejoindre mon' père et prendre congé de vous?

MISTRESS CLARKSON.

Voici M. Mauriceau.

Mauriceau et Rémonin rentrent, puis Septmonts.

SCÈNE VIII

LES MÊMES, MAURICEAU, RÉMONIN, SEPTMONTS.

RÉMONIN, regardant les deux femmes.

Hum! cela sent la poudre ici!

CATHERINE, à Mauriceau.

Voulez-vous m'accompagner jusqu'à ma voiture, mon père?

MAURICEAU.

Très volontiers.

CATHERINE, saluant mistress Clarkson.

Adieu, madame.

MISTRESS CLARKSON.

Adieu, madame la duchesse.

MAURICEAU, en sortant.

Voyons, comment la trouves-tu, sincèrement?

CATHERINE.

Charmante!

MAURICEAU.

N'est-ce pas?

Ils sortent.

RÉMONIN, à mistress Clarkson.

Je ne sais pas pourquoi, je me figure que vous voulez faire du mal à cette enfant qui sort d'ici. Eh bien, rappelez-vous ce que vous dit un vieux philosophe : vous serez vaincue; le bien est plus fort que le mal.

MISTRESS CLARKSON.

Pourquoi voit-on alors si souvent le mal l'emporter sur le bien?

RÉMONIN.

Parce qu'on ne regarde pas assez longtemps.

MISTRESS CLARKSON.

Je regarderai; et, si vous avez raison, si je perds la partie, je vous promets de perdre en beau joueur.

RÉMONIN.

Adieu, madame.

Il salue et sort.

MISTRESS CLARKSON.

Au revoir, mon cher maître.

SCÈNE IX

SEPTMONTS, MISTRESS CLARKSON.

SEPTMONTS, entrant au moment où Rémonin sort.

La duchesse est partie?

MISTRESS CLARKSON.

Oui... Avant de la rejoindre, une question. Connaissez-vous un M. Gérard?

ACTE TROISIÈME.

SEPTMONTS.

Oui.

MISTRESS CLARKSON.

Vous l'avez vu chez la duchesse?

SEPTMONTS.

Oui.

MISTRESS CLARKSON.

Hier?

SEPTMONTS.

Oui; pourquoi me demandez-vous cela

MISTRESS CLARKSON.

Pour le savoir.

SEPTMONTS.

Vous connaissez ce monsieur?

MISTRESS CLARKSON.

Parfaitement.

SEPTMONTS.

Il a connu la duchesse quand elle était jeune fille.

MISTRESS CLARKSON.

Qui vous l'a dit?

SEPTMONTS.

C'est elle.

MISTRESS CLARKSON.

Vous a-t-elle dit aussi qu'il était le fils de sa gouvernante, qu'ils se voyaient ainsi souvent et facilement et qu'ils se sont aimés beaucoup?

SEPTMONTS.

Non. Qui vous a dit cela?

MISTRESS CLARKSON.

C'est lui. D'où il résulte, mon cher, qu'au lieu de faire

le braconnier chez les autres, vous feriez mieux de faire le garde champêtre chez vous. Quand je vous disais de ne pas attendre trop tard!

SEPTMONTS.

C'est bien, merci.

MISTRESS CLARKSON.

Il n'y a pas de quoi. Dinez-vous tout de même avec nous?

SEPTMONTS.

Certainement.

SCÈNE X

Les Mêmes, Un Domestique.

LE DOMESTIQUE, entrant.

Madame reçoit-elle maintenant?

MISTRESS CLARKSON.

Oui.

LE DOMESTIQUE, à un autre dans la coulisse.

Annoncez.

LE DEUXIÈME DOMESTIQUE, annonçant dans la coulisse.

Le prince de Sant-Orso, le baron de Sivonne, le comte de Bernecourt, Son Excellence...

Septmonts va au-devant des arrivants. — Le rideau tombe avant que le dernier nom soit prononcé.

ACTE QUATRIÈME

Décor du premier acte.

SCÈNE PREMIÈRE

CATHERINE, GUY.

CATHERINE, à Guy qui entre.

Je suis contente de vous voir.

GUY.

J'ai reçu votre billet et je suis accouru.

CATHERINE.

Oui. Je voulais vous serrer la main. J'ai été injuste avec vous. M. Rémonin m'a dit ce que vous avez fait. Il y a des moments où il est bon de sentir qu'on a un ami, et je suis dans un de ces moments-là.

GUY.

Ne me soyez pas reconnaissante. D'abord je n'ai fait que ce qu'un ami intelligent devait faire, et encore plus pour moi que pour vous.

CATHERINE.

Comment cela?

GUY.

Je ne vous dirai pas que je vous ai sacrifié le sentiment que vous m'inspiriez; il n'y a sacrifice que là où il pourrait y avoir réalité, ou tout au moins espérance. Un homme qui non seulement n'est pas aimé, mais qui sait que celle qu'il aime en aime un autre, où prendrait-il le droit de dire qu'il se sacrifie? Il se résigne forcément. Tout son héroïsme se borne là, et il ne lui reste plus qu'une ressource, s'il a quelque générosité dans l'âme, c'est de prouver la sincérité du sentiment qu'il éprouve en ne lui donnant plus que l'expression de l'amitié et en se dévouant même à un rival. Vous aimez depuis longtemps un homme qui n'a jamais aimé que vous. Je veux être l'ami de cet homme comme je suis le vôtre.

CATHERINE.

Merci; attendez quelques instants. Il ne peut tarder à venir. Je lui ai écrit en même temps qu'à vous. Je suis même étonnée qu'il ne soit pas encore là.

GUY..

Soyez prudente, je vous en prie; ne vous compromettez pas; que votre nom ne vole pas de bouche en bouche, escorté d'un autre nom. Souvenez-vous que vous avez un mari dont l'orgueil ne vous pardonnerait pas.

CATHERINE.

Je n'ai pas besoin d'être prudente; je n'ai rien à cacher. Je suis aimée comme je dois, comme je veux l'être.

LE DOMESTIQUE, annonçant.

M. Gérard.

Guy se lève et passe la main sur son front.

CATHERINE.

Qu'est-ce que vous avez?

GUY.

Rien.

SCÈNE II

Les Mêmes, GÉRARD.

CATHERINE, les présentant l'un à l'autre.

Monsieur Gérard, M. des Haltes, un ami sûr à qui vous pouvez tendre la main en toute confiance.

Gérard tend la main à Guy.

GUY.

Je ne puis que confirmer, monsieur, ce que la duchesse veut bien dire de moi; je ne vous connais que par ce qu'elle m'a dit de vous, mais cela me suffit pour vous assurer, dès notre première rencontre, de toute mon estime et de tout mon dévouement.

GÉRARD.

Merci, monsieur, et croyez-moi désormais, je vous prie, tout à vous.

GUY, à Catherine.

Adieu, madame. Je n'ai pas eu le temps de vous demander ce qui s'était passé entre vous et mistress Clarkson. C'était cependant pour cela que j'étais venu.

CATHERINE.

Cela me fournira l'occasion de vous revoir. A bientôt.

Il sort.

SCÈNE III

CATHERINE, GÉRARD, puis UN DOMESTIQUE.

CATHERINE.

Comment se fait-il que vous ne soyez pas venu plus tôt?

GÉRARD.

Je ne savais même pas si je viendrais; je crains tant de vous compromettre!

CATHERINE.

Puisque ma lettre vous priait de venir.

GÉRARD.

Quelle lettre?

CATHERINE.

La lettre que je vous ai écrite hier et que vous avez dû recevoir à l'heure où M. des Haltes a reçu celle que je lui ai écrite en même temps : à neuf heures, ce matin.

GÉRARD.

Je n'ai rien reçu. (Catherine sonne.) Et je sors de chez moi. J'ai travaillé jusqu'à présent.

CATHERINE, au domestique qui entre.

J'ai donné plusieurs lettres pour la poste hier.

LE DOMESTIQUE.

Oui, madame la duchesse.

CATHERINE.

Qu'est-ce qu'elles sont devenues?

LE DOMESTIQUE.

Elles ont dû être expédiées.

CATHERINE.

Il y en a une qui n'est pas arrivée à son adresse. Qui est chargé de ce service?

LE DOMESTIQUE.

La femme de chambre me donne les lettres de madame la duchesse; je les dépose sur la table du portier, et celui-ci va les mettre à la poste. C'est la même chose pour M. le duc.

CATHERINE.

Informez-vous si le portier a fait comme à l'ordinaire.

Le domestique sort.

GÉRARD.

Que me disiez-vous dans cette lettre?

ACTE QUATRIÈME.

CATHERINE.

Je vous priais de venir aujourd'hui, pour que je vous raconte mon entrevue avec mistress Clarkson.

GÉRARD.

Voilà tout?

CATHERINE.

Voilà tout. (Faisant un signe de tête qui dément ce qu'elle vient de dire.) Non. Je vous écrivais encore autre chose.

GÉRARD.

Quoi?

CATHERINE.

Vous voulez me le faire dire? Vous trouvez que ce n'est pas assez que je vous l'aie écrit? Eh bien, je vous disais que je vous aime.

GÉRARD.

Imprudente!

CATHERINE.

Pourquoi!

GÉRARD.

Si cette lettre est égarée!

CATHERINE.

Elle sera égarée!

GÉRARD.

Si elle est ouverte et lue?

CATHERINE.

Il y aura quelqu'un qui saura que nous nous aimons. Comme je suis prête à le dire au monde entier, cela m'est fort indifférent.

GÉRARD.

Et si c'est votre mari?

CATHERINE.

Il le saura. S'il doit le savoir, mieux vaut que ce soit tout de suite, et par moi que par un autre.

GÉRARD.

Et s'il nous sépare?

CATHERINE.

Je l'en défie bien! Est-ce que, quand une femme aime véritablement, il y a quelque chose dans le monde qui peut la séparer de l'homme qu'elle aime? Celle qui n'est pas prête à tout sacrifier à son amour a peut-être raison, mais elle n'aime pas.

GÉRARD.

Alors, tout cela est vrai; je n'ai pas rêvé?

CATHERINE.

Je ne pense qu'à vous! Si je vous perdais maintenant, je me tuerais.

LE DOMESTIQUE, rentrant.

Le portier a mis à la poste, comme à l'ordinaire, toutes les lettres qu'il a trouvées sur la table.

CATHERINE.

C'est bien.

Le domestique sort.

GÉRARD.

Il n'y a peut-être qu'un retard à la poste.

CATHERINE.

Non. Il y a autre chose; mais qu'importe!... J'ai donc vu mistress Clarkson, comme vous m'avez dit de le faire. Eh bien, monsieur, quoiqu'elle vous aime... (Mouvement de Gérard.), c'est elle qui me l'a dit, ici et chez elle!... quoiqu'elle soit libre, je ne la crains pas, ou plutôt je ne la crains plus. Elle a un peu trop dévalisé, dénoncé et tué les gens pour vous plaire. Mon ami n'est pas fait pour elle. Aussi, quand, après son long récit de haine et de vengeance, cette femme m'a pour ainsi dire intimé l'ordre de partir avec le duc et de ne plus nous revoir, car c'était là qu'elle voulait en venir, je lui ai répondu tout simplement : « Non ! » et je suis partie aussitôt pour respirer à mon aise. J'avais hâte de m'éloigner de cette créature, qui n'est ni de ma race, ni de mon monde, ni de mon sexe. Mais laissons ces gens ; la vie n'est pas assez longue pour que nous nous occupions si longtemps d'eux. Vous avez travaillé ; et puis après ?

GÉRARD.

J'ai dormi toute la nuit, ce qui ne m'était pas arrivé depuis des années et j'ai chanté ce matin, comme autrefois, les matins des jours où je venais vous voir. C'est au point que ma mère est entrée dans ma chambre et que, me voyant si gai, elle m'a dit, avec cette intuition des mères qui sont deux fois femmes : « Tu l'as revue ! » Alors je lui ai tout raconté. Elle m'a écouté jusqu'au bout et elle m'a embrassé en ajoutant : « Prends garde ! son honneur et ta vie sont en jeu dans un amour comme celui-là. »

CATHERINE.

Craignez-vous pour vous? Non, n'est-ce pas? Vous n'êtes pas de ceux qui ont peur de quelque chose et je ne crains rien pour moi. Du reste, j'irai la voir. N'a-t-elle pas été un peu ma mère aussi à moi? Pourquoi avons-nous laissé traverser notre destinée par autre chose? C'était si facile d'être heureux tout de suite, comme nous le sommes là ! Car vous êtes heureux, n'est-ce pas?

GÉRARD.

Oui, complètement heureux.

CATHERINE.

C'est cela, disons-nous que nous sommes heureux ; c'est si bon d'être heureux, et cela paraît si naturel et si juste, surtout quand la veille, on se croyait le plus malheureux des êtres humains ! Et puis, je me sens absolument à mon aise avec vous et devant vous. Je suis si sûre de vous, que je ne m'occupe pas d'être sûre de moi. Je me réchauffe à votre amour, je m'appuie sur votre honneur, je me repose dans votre conscience. Mistress Clarkson n'avait pas besoin de m'en dire si long pour m'expliquer qu'elle vous aime. Cela se comprend tout de suite qu'on vous aime. A quelles heures travaillez-vous?

GÉRARD.

Pourquoi?

CATHERINE.

Je veux le savoir.

GÉRARD.

Je travaille toute la journée.

CATHERINE.

Quand vous étiez triste, quand vous aviez du chagrin, quand vous croyiez que je ne vous aimais pas. Mais maintenant que vous êtes rassuré et content, que vous dormez la nuit, comment osez-vous avouer que vous dormez? est-ce qu'on doit dormir quand on aime? Oui, je sais ce que vous allez me dire : que c'est pour rêver de moi; eh bien, moi aussi, j'ai dormi comme un enfant; donc, maintenant que le cœur ne tourmente plus l'esprit, vous allez pouvoir travailler le double en moitié moins de temps. Et ce temps que nous allons gagner sur le travail qui n'en sera que meilleur, vous verrez, ce sera pour moi, car je veux vous voir tous les jours, ne fût-ce que trois ou quatre heures.

GÉRARD.

Rien que cela! Et où nous verrons-nous ainsi?

CATHERINE.

Dans les promenades, dans les théâtres, dans les magasins, dans les rues, chez votre mère, ici, partout enfin.

GÉRARD.

Qui vous entendrait croirait entendre une jeune fille

disposant des heures qu'elle peut, avant son mariage, donner à son fiancé.

CATHERINE.

Oui, fiancé, ce mot me plaît, c'est cela ; vous êtes mon fiancé... (Riant.) un fiancé éternel! Ses papiers n'arrivent pas, il y a des retards, toujours des retards, mais ça n'empêche pas de s'aimer, ça, au contraire.

GÉRARD.

Et, pendant un de ces retards, on marie la jeune fille à un autre homme, et, quand son fiancé la retrouve, elle appartient à cet autre homme. Ce qu'il y a dans ce mot, vous ne le comprenez donc pas?

Il se lève et s'éloigne d'elle.

CATHERINE.

Si, mais il ne signifie rien. J'appartenais; eh bien, je n'appartiens plus. On m'a donnée quand je ne savais pas; dès que j'ai su, je me suis reprise. C'est fini! Je ne crains qu'une chose, c'est de ne plus me souvenir assez d'un serment qu'on m'a fait prendre dans un jour d'ignorance et de doute, et de vous appeler Gérard devant tout le monde comme si vous étiez réellement mon époux. Demandons l'avenir à Dieu, puisque c'est le seul moyen qu'il ait de réparer le passé, et, en attendant, revenez là, et dites-moi que toute votre pensée, toute votre âme, toute votre vie est à moi. Et, quand vous me l'aurez dit cent fois, vous recommencerez, et tous les jours de même et ce ne sera jamais assez, et je ne m'en lasserai jamais.

GÉRARD, qui s'est rassis, la contemplant.

Vous êtes toute ma pensée, toute mon âme, toute ma vie.

LE DOMESTIQUE, entrant.

M. le duc fait demander si madame la duchesse peut le recevoir.

CATHERINE.

Certainement. (Le domestique sort. — A Gérard.) Et ne vous

en allez pas tout de suite, comme vous avez fait l'autre jour. Vous êtes ici dans mes appartements à moi, chez moi, chez moi seule. Vous voyez que M. de Septmonts ne s'y présente, quand je reçois, qu'après m'avoir fait demander si je suis visible. Ah! il a tous les dehors d'un gentilhomme : à ne voir que les surfaces, on s'y tromperait.

SCÈNE IV

Les Mêmes, SEPTMONTS.

Septmonts, en entrant, salue Gérard, qui lui rend son salut.

SEPTMONTS, à la duchesse, en lui baisant la main.

Comment vous trouvez-vous aujourd'hui, ma chère amie?

CATHERINE, étonnée que son mari lui baise la main.

Très bien, merci.

SEPTMONTS.

Je ne vous dérange pas?

CATHERINE.

A quel propos pourriez-vous croire que vous me dérangez?

SEPTMONTS.

Monsieur... Gérard. (A Gérard.) C'est bien votre nom, Gérard, n'est-ce pas, monsieur?

GÉRARD.

Oui, monsieur.

SEPTMONTS.

Je ne me rappelais pas très bien si c'était ça. Eh bien, M. Gérard est parti tout de suite, l'autre jour, quand je suis arrivé; ce qui m'a fait croire que j'avais interrompu une conversation qui n'intéressait que vous deux. C'est pour cela qu'aujourd'hui je me suis fait annoncer. (A Gérard, en lui faisant signe de s'asseoir et en s'asseyant.) La duchesse m'a dit, monsieur, que vous êtes un des amis de sa jeunesse, que vous aviez été élevé avec elle. De plus, vous êtes le fils de son ancienne gouvernante, qui doit être une personne très distinguée, si j'en juge par l'éducation qu'elle a donnée à mademoiselle Mauriceau. Il est donc tout naturel qu'en vous retrouvant avec madame de Septmonts, vous ayez tous deux une foule de choses à vous dire, que gênerait la présence d'un tiers, ce tiers fût-il un mari... Vous avez encore madame votre mère?

GÉRARD.

Oui, monsieur.

SEPTMONTS.

Est-ce qu'elle s'occupe toujours d'éducation?

GÉRARD.

Non, monsieur.

SEPTMONTS.

Elle est retirée?

GÉRARD.

L'éducation de mademoiselle Mauriceau a été la seule qu'elle ait faite.

SEPTMONTS.

C'est dommage. J'aurais été heureux de la recommander à quelques personnes de mes amies qui, pour avoir auprès de leurs filles une personne sûre, feraient tous les sacrifices d'argent possibles.

GÉRARD, se levant.

Catherine le regarde pour lui recommander la patience.

Ma mère n'a plus besoin de rien. Je ne vous en remercie pas moins, monsieur le duc, de vos bonnes intentions.

SEPTMONTS.

Et ne m'appelez pas monsieur le duc, je vous en prie, dans les termes où nous sommes maintenant et où j'espère que nous resterons; c'est bon pour les inférieurs de donner leurs titres aux gens titrés. Madame votre mère n'étant plus au service de ma femme, je ne vois plus de distance entre nous, et, avec un peu de bonne volonté d'ici à très peu de temps, je crois qu'il n'y aura plus de différence.

Catherine se lève à son tour.

GÉRARD, qui a peine à se contenir.

Que voulez-vous dire, monsieur?

SEPTMONTS.

Je veux dire que, comme vous êtes des amis de la duchesse, je ne doute pas que vous deveniez bientôt des miens. Et, pour vous montrer tout de suite que je vous traite comme si vous étiez déjà ou encore de la maison, je vous demanderai la permission de m'entretenir quelques instants avec ma femme. Je ne vous congédie pas, et vous pourrez revenir dès aujourd'hui, d'ici à une heure, si vous voulez reprendre l'entretien que je coupe en deux. Il faut que ce que j'ai à dire à la duchesse soit tout à fait grave et confidentiel pour que je ne le dise pas en votre présence. Je ne vous en promets pas moins, s'il me faut jamais revenir sur ce sujet, de ne le faire que devant vous.

GÉRARD.

C'est bien, monsieur, je me retire.

CATHERINE, qui a été à la table et s'est mise à écrire.

Pour occuper votre temps jusqu'à votre retour, mon cher monsieur Gérard, — car je compte sur vous dans une heure, nous dînerons même ensemble, si votre soirée n'est pas prise... — voulez-vous bien remettre cette lettre chez mon père, qui habite la maison à côté de celle-ci? Je lui demande de venir dîner avec nous, en tout petit comité, vous deux et moi. Il m'a dit qu'il serait très heureux de vous revoir. S'il est chez lui, soyez assez bon pour entrer et lui dire que je l'attends le plus tôt possible. Je vous demande pardon de vous charger de cette commission, mais j'ai écrit hier une lettre qui n'est pas arrivée, et je craindrais que celle-ci, qui est pressée, n'arrivât pas davantage. A tantôt!

Elle lui donne la lettre et lui tend la main.

GÉRARD, lui serrant la main.

A tantôt, madame... Au revoir, monsieur.

SEPTMONTS.

Au revoir.

SCÈNE V

CATHERINE, SEPTMONTS.

CATHERINE.

C'est vous qui avez intercepté la lettre que j'ai écrite hier à M. Gérard?

SEPTMONTS.

Intercepté? non; trouvé, oui.

CATHERINE.

Ne jouons pas sur les mots, et, du reste, il n'y a de juste que celui dont je me suis servie. Quand on trouve une lettre cachetée qui ne vous est pas adressée, ne pas l'envoyer à la personne dont elle porte le nom, cela s'appelle l'intercepter. Et vous avez lu cette lettre?

SEPTMONTS.

J'avais eu hier comme un pressentiment, après notre visite à mistress Clarkson, que vous écririez à M. Gérard. Ce pressentiment s'est réalisé. J'ai trouvé cette lettre et je l'ai lue.

CATHERINE.

De quel droit ?

SEPTMONTS.

Du droit qu'a un mari de savoir avec qui sa femme correspond et quel est le sujet de la correspondance.

CATHERINE.

Je croyais que le cachet de mes lettres devait être aussi sacré pour vous que le cachet des vôtres l'a toujours été pour moi.

SEPTMONTS.

Ce n'est pas la même chose.

CATHERINE.

Soit! Que comptez-vous faire de cette lettre?

SEPTMONTS.

Je n'en sais rien encore.

CATHERINE.

Répondez-moi, je vous prie.

SEPTMONTS.

Ayez un peu de patience, j'en ai bien eu tout à l'heure, moi, avec M. Gérard. Ce n'était pourtant pas l'envie de le mettre à la porte qui me manquait. Si je ne l'ai pas fait, si je me suis contenté de le traiter comme le fils d'une ancienne servante...

CATHERINE.

Monsieur!

SEPTMONTS, continuant.

... Comme le fils d'une ancienne servante doit être traité quand sa mère a été congédiée, car elle a été congédiée par votre père, à cause de la complicité qu'elle prêtait à vos entrevues et à vos amours avec M. Gérard (Mouvement de Catherine.); bref, si j'ai traité M. Gérard aussi doucement que je l'ai fait, c'est que je voulais avoir d'abord une explication avec vous.

CATHERINE, se dirigeant vers sa chambre.

S'il en est ainsi, croyez-moi, monsieur, n'ayons pas d'explication.

SEPTMONTS.

Parce que?

CATHERINE.

Parce que le jour où nous en aurons une, ce sera tout ce qu'il y aura de plus pénible et de plus humiliant.

SEPTMONTS.

Pour qui?

CATHERINE, s'arrêtant et le regardant en face.

Pour vous.

SEPTMONTS.

J'en cours la chance, parce que je sais comment cela se terminera. Soyez donc assez bonne pour me répondre. Vous êtes la maîtresse de M. Gérard?

CATHERINE.

Non, monsieur.

SEPTMONTS.

Mais vous l'aimez.

CATHERINE.

Oh! cela, oui, et de toute mon âme.

SEPTMONTS.

Et vous prétendez me faire croire?...

CATHERINE.

Je ne prétends rien vous faire croire. Vous m'interrogez, je vous réponds ce qui est.

SEPTMONTS.

Peu importe, du reste! Votre lettre est conçue dans des termes qui n'établissent aucune nuance entre le vraisemblable et le vrai, et cette lettre seule vous constituerait coupable, si nous arrivions à un procès en séparation.

CATHERINE.

Auquel je suis prête.

SEPTMONTS.

Mais que je ne veux pas faire, maintenant du moins.

CATHERINE.

Je comprends; mais ce procès que vous ne voulez pas faire, je le ferai, moi.

SEPTMONTS.

Non, parce que, auparavant, je provoquerais M. Gérard et que je le tuerais.

CATHERINE.

A moins qu'il ne vous tuât. Quant à moi, s'il meurt, je mourrai.

SEPTMONTS.

On dit ces choses-là.

CATHERINE, fièrement.

Et on les fait, quand on est la femme que je suis.

SEPTMONTS, changeant de ton.

Alors, il me reste un dernier moyen, et je dois dire que c'était le seul auquel je pensais en entrant ici.

CATHERINE.

Et ce moyen est?...

SEPTMONTS.

De vous pardonner.

CATHERINE.

Vous, monsieur? Avec quoi?

SEPTMONTS.

Avec l'amour que j'ai pour vous.

CATHERINE.

Ne plaisantons pas; je vous asure que la situation est sérieuse.

SEPTMONTS.

Pourquoi ne vous aimerais-je pas?

CATHERINE.

Parce que vous ne m'avez jamais aimée.

SEPTMONTS.

Je ne vous connaissais pas; je puis apprendre à vous connaître. Serais-je le premier mari qui se repentirait et réparerait ses torts?

CATHERINE.

Où voulez-vous en venir?

SEPTMONTS.

Vous êtes franche avec moi, je serai franc avec vous. Quand j'ai lu cette lettre adressée à un autre, il s'est passé une chose étrange en moi. D'abord, bien que les expressions de cette lettre soient celles de l'amour le plus tendre, et qu'elle puisse vous accuser aux yeux des juges les plus impartiaux, j'ai senti tout de suite que vous étiez aussi innocente et aussi pure que le jour où je vous ai reçue de votre père. Voyez un peu le cœur humain : au lieu d'en vouloir à cet homme, je l'ai envié; au lieu de vous accuser, je vous ai comprise, et je me suis plu à me figurer que cette lettre m'était adressée, à moi! Je la relisais et je me disais : « Quelle éloquence! quelle noblesse! Il faut que je reçoive un jour, de la même personne, une lettre semblable à celle-là... » C'est dans ces dispositions, aussi nouvelles pour moi que pour vous, que je me suis présenté tout à l'heure; et ce qui a motivé mon attitude vis-à-vis de M. Gérard, voulez-vous le savoir? C'est un mouvement de jalousie auquel je n'ai pu résister. J'ai pris plaisir à humilier, devant vous, cet homme que vous aimez, et à qui son amour pour vous interdisait de me répondre autrement qu'il ne l'a fait. Mais je suis prêt à lui tendre la main quand il va revenir; cela dépend de vous. Tandis que vous vous demandez, si injustement, quelle combinaison machiavélique je médite pour vous remettre en possession de cette lettre, je ne cherche, moi, que le moyen de vous la restituer aussi galamment que possible, et je suis prêt à l'échanger contre la seule espérance d'en recevoir, un jour, une pareille. Puisque votre mari a été un maladroit qui n'a pas su vous apprécier, permettez-moi de vous disputer à lui, et de faire tout mon possible pour vous le faire oublier. Je regretterai peut-être un peu cette colère de tout à l'heure qui vous seyait à merveille ; mais j'aurai tant de plaisir à la calmer ! et l'indulgence doit vous aller tout aussi bien, si ce n'est mieux. En vérité, je ne suis plus le même homme depuis que j'ai lu cette lettre, probablement parce que vous n'êtes plus la même femme depuis que vous l'avez écrite. Dites un mot, et je vous rends cette lettre.

Il lui tend la lettre.

CATHERINE, se levant et le laissant avec la lettre dans la main.

Gardez-la, monsieur.

SEPTMONTS.

Vous êtes cruelle et imprudente.

CATHERINE.

Il est probable que l'étrange discours que je viens d'entendre cache quelque arrière-pensée. J'aime mieux le croire que d'admettre que l'insulte soit encore plus grande, et que, pour comble d'infamie, vous soyez sincère. Je ne veux rien approfondir ; je ne veux rien savoir ; mais, comme cette conversation est sans doute la dernière que nous aurons ensemble, quoi qu'il arrive ; comme c'est vous qui l'avez exigée, je veux qu'elle soit claire et précise. Quand nous nous sommes mariés, je ne vous aimais pas, mais je croyais fermement ne plus aimer l'homme qui renonçait à moi par dignité. Dans mon ignorance des choses, je ne demandais qu'à l'oublier, et, si vous m'aviez tenu alors, de bonne foi ou non, le langage que vous

m'avez tenu tout à l'heure, il est probable, il est certain
que j'aurais été une femme heureuse et fidèle. Il faut si
peu de chose à un mari pour convaincre une jeune fille,
à qui Dieu et les hommes ont dit que c'est elle qui a tous
les devoirs et que c'est lui qui a tous les droits! Malheureusement, vous ne m'aviez épousée que pour payer les
folies, les écarts, les fautes de votre vie passée et pour
pouvoir continuer cette vie à votre aise. Vos amis commençaient à rougir de vous; votre famille s'apprêtait à
vous renier; votre monde n'attendait que l'occasion de
vous exclure, votre cercle allait vous afficher et vous
chasser pour vos dettes de jeu, quand vous les avez payées
par une combinaison que je commence à entrevoir.
Vous en étiez à vouloir épouser mistress Clarkson. Elle a
mieux aimé que ce fût moi; elle me l'a dit hier. C'est à
n'y pas croire quand on se rappelle le nom que vous
portez, que nous portons, heureusement pour vous. J'i-
gnorais tout cela, bien entendu. Eh bien, tout cela, monsieur, je vous le pardonne parce que ce n'est pas votre
faute. On vous avait élevé dans le luxe, la paresse et le
plaisir; on ne vous avait pas appris le travail et vous
aviez désappris le respect de vous-même; mais ce que je
ne vous pardonne pas, ce qui fait que je vous hais, c'est
que vous n'avez pas su estimer, c'est que vous n'avez même
pas su respecter cette jeune fille qui vous rendait non pas
à l'estime, mais au respect des autres, et qui vous réinté-
grait dans votre monde où vous étiez censé la faire entrer;
c'est que vous ayez assimilé cette enfant, qu'on vous li-
vrait ignorante et sans défiance, aux plus dégradées de
vos filles de plaisir; c'est que j'ai dû, moi, des mains que
voici, vous jeter hors de ma chambre nuptiale, où vous
entriez trébuchant de débauche et d'ivresse; c'est que j'ai
tellement rougi de vous et de moi, que j'ai enseveli ces
effroyables souvenirs au plus profond de mon âme, d'où
ils ne seraient jamais exhalés même devant vous, si vous
n'aviez eu l'audace de m'offrir de nouveau ce que vous

avez appelé votre amour. Misérable! (Septmonts, qui a écouté jusque-là avec indifférence d'abord, puis avec une impatience contenue, se lève.) Eh bien, oui, j'ai retrouvé l'ami de ma jeunesse, ce cœur généreux, cette âme loyale et fière, et je lui ai rendu tout mon cœur; oui, en sortant de chez cette femme que vous m'avez imposée chez moi et chez elle, et qui vaut encore mieux que vous! oui, j'ai écrit à cet homme la lettre que vous avez volée, et où je lui dis que je vous méprise et que je l'aime. Et si vous lui manquez de respect une seconde fois, il vous soufflettera, et il vous tuera; et alors je pourrai être tout entière à lui, car il y aura eu assez de larmes et assez de sang pour effacer la trace de vos abominables baisers.

SEPTMONTS, au paroxysme de la colère, portant la main vers elle et la saisissant par le bras.

Madame!

CATHERINE.

Frappez-moi donc! ce sera complet, et vous savez bien que je ne le dirai pas plus que le reste. (A Mauriceau qui entre.) Ah! vous voici, mon père! Je vous ai écrit de venir, parce que je prévoyais ce qui vient de se passer. Je regrette que vous ne soyez pas arrivé plus tôt, vous auriez pu voir par vous-même où aboutissent les unions formées par l'ambition du père, l'ignorance de la fille et la bassesse de l'époux. Cela s'est terminé par une scène d'un goût exquis, vraiment, que nous venons d'avoir, monsieur et moi. Au moins cette scène aura-t-elle eu cet avantage de rendre désormais entre nous tout rapprochement, toute rencontre même impossible. — Je vous laisse, moi j'en ai assez! — Monsieur sait que j'aime un autre homme. Il a trouvé, pris, saisi, dérobé, intercepté, volé une lettre; il veut faire du scandale; tâchez qu'il y en ait le moins possible, à cause de vous. Pour moi, cela m'est absolument égal : s'il veut de l'argent, donnez-lui-en; l'important, c'est que je ne le revoie plus. Adieu.

Elle sort.

SCÈNE VI

MAURICEAU, SEPTMONTS.

SEPTMONTS, qui a écrit pendant cette tirade et qui a sonné pendant les derniers mots, remettant la lettre au domestique.

Qu'on porte tout de suite cette lettre à M. Clarkson.

Le domestique sort.

MAURICEAU

Qu'est-ce que cela signifie ?

SEPTMONTS.

Cela signifie, monsieur, que votre fille se conduit de telle façon qu'un duel et un procès en séparation sont devenus inévitables, quoi que j'aie fait pour les éviter.

MAURICEAU.

Pourquoi ce duel ? Pourquoi ce procès ? Pourquoi ce scandale ?

SEPTMONTS.

Parce que mademoiselle Mauriceau a un amant.

MAURICEAU.

Ce n'est pas vrai.

SEPTMONTS.

La lettre que j'ai le prouve cependant.

MAURICEAU.

A qui est adressée cette lettre ?

SEPTMONTS.

A M. Gérard.

MAURICEAU.

Gérard n'a cessé d'estimer et de respecter votre femme. je viens de le voir ; Je réponds de lui ; c'est le plus honnête homme du monde.

SEPTMONTS.

Il fallait lui donner votre fille, alors.

MAURICEAU.

Je regretterai peut-être bientôt de ne pas l'avoir fait. Et cette lettre condamne Catherine ?

SEPTMONTS.

Elle l'accuse; cela me suffit maintenant.

MAURICEAU.

Et comment cette lettre est-elle entre vos mains ?

SEPTMONTS.

Mademoiselle Mauriceau vous l'a dit : Je l'ai volée.

MAURICEAU.

Catherine était en colère; je vous en prie, songez qu'il y va de la réputation de ma fille.

SEPTMONTS.

C'était à elle d'y penser.

MAURICEAU.

Gérard était un ami d'enfance. Cette lettre n'est pas une faute, ce n'est peut-être qu'une imprudence.

SEPTMONTS.

Une imprudence se paye.

MAURICEAU.

Allons, combien ?

SEPTMONTS.

Oh! maintenant, plus cher que vous ne pouvez y mettre.

Il fait un mouvement pour s'éloigner.

MAURICEAU, *lui barrant le passage.*

Réfléchissez à ce que vous allez faire.

SEPTMONTS.

C'est tout réfléchi.

MAURICEAU.

Un pareil duel et un pareil procès, c'est le déshonneur pour une femme.

SEPTMONTS.

Et le silence, c'est la honte et le ridicule pour moi.

MAURICEAU.

Mais, moi, je ne veux pas que ma fille soit déshonorée. Voulez-vous me rendre cette lettre ?

SEPTMONTS.

Nous recommençons ?

MAURICEAU, déposant son chapeau sur une chaise.

Eh bien, je vous assure que vous allez me la rendre.
Il marche vers lui pour lui prendre la lettre de force.

SEPTMONTS, très calme.

Les menaces sont inutiles ; j'ai tout prévu ; c'est cette lettre que je viens d'envoyer à mon témoin.

MAURICEAU.

Monsieur Clarkson ?

SEPTMONTS.

Justement ; j'ai mes raisons ; il est bien le témoin qu'il me faut dans un duel de ce genre. (Gérard paraît.) Gérard ! (A part avec un sourire de satisfaction.) Ah !

SCÈNE VII

Les Mêmes, GÉRARD.

SEPTMONTS, très calme.

Si c'est la duchesse que vous cherchez, monsieur, elle n'est pas dans cette chambre. (Il montre la chambre de la duchesse.) Elle est dans celle-là.

GÉRARD.

Ce n'est pas madame la duchesse que je cherche, monsieur, c'est vous. Et justement, ce que j'ai à vous dire, je ne pouvais pas vous le dire en sa présence; c'est pour cela que je me suis retiré tout à l'heure comme je l'ai fait.

SEPTMONTS.

Pouvez-vous le dire devant monsieur?

GÉRARD.

Parfaitement! Vous avez parlé tout à l'heure de ma mère dans des termes qui ne me conviennent pas, et cela devant une femme.

SEPTMONTS.

Et devant une femme que vous aimez!

GÉRARD.

Et devant une femme que j'aime.

SEPTMONTS.

Je n'avais pas l'intention de vous blesser, moi, monsieur, au contraire; tandis que vous l'avez certainement, vous, en me faisant une pareille déclaration que j'ai le droit de prendre pour une offense.

GÉRARD, marchant vers lui.

Si cette offense ne suffit pas...

SEPTMONTS, très calme.

Elle suffit: dans une heure, deux de mes amis se présenteront chez vous, vous n'aurez à discuter que le lieu et l'heure de la rencontre. Je suis l'offensé, j'ai le choix des armes.

GÉRARD.

C'était ce que vous vouliez probablement.

SEPTMONTS, saluant.

Comme vous dites.

MAURICEAU, allant à Gérard et lui prenant la main.

Et c'est moi, mon cher Gérard, qui serai votre témoin.

ACTE CINQUIÈME

Même décor.

SCÈNE PREMIÈRE

MAURICEAU, GUY, RÉMONIN, puis MADAME DE RUMIÈRES.

MAURICEAU, à Guy.

Voilà l'histoire, cher monsieur. Vous avez bien voulu accepter d'être avec moi le témoin de Gérard; je ne vous ai rien caché, parce que vous êtes un galant homme et que ma fille m'a dit que je pouvais avoir toute confiance en vous.

GUY.

Et elle a raison. Personne ne l'estime et ne la respecte plus que moi, surtout après ce que vous venez de m'apprendre, et dans la situation où elle se trouve...

MAURICEAU, à Rémonin.

Quant à toi, je te prierai d'être là sur le terrain, en cas de blessure dangereuse, que tes soins immédiats pourront empêcher d'être mortelle.

RÉMONIN.

Compte sur moi.

GUY.

Vous êtes toujours décidé, monsieur, à servir de témoin à M. Gérard?

MAURICEAU.

C'est le seul moyen que j'aie d'affirmer publiquement l'innocence de Catherine. On commencera par dire que je suis un père immoral et que j'ai prêté la main aux amours de ma fille; soit. On peut ne pas être éloquent dans les événements ordinaires de la vie; quand il s'agit de ces choses-là, on trouve dans son cœur, dans sa conscience et dans ses entrailles, des mots et des cris si sincères, que les honnêtes gens ne s'y trompent pas. Lorsque, dans le procès qui aura certainement lieu, en plein tribunal, je dirai la vérité sur cet homme, lorsque j'étalerai toute sa vie à côté de la mienne et de celle de ma fille, lorsque je raconterai comment ce mariage s'est fait et ce que nous a coûté l'honneur d'être duchesse, on dira peut-être : « Le beau-père est un imbécile! » mais on dira certainement : « Le gendre est une canaille! »

RÉMONIN.

Mais tu oublies que la véritable raison du duel doit rester ignorée et que ce n'est par ta fille qui est en jeu, mais la mère de Gérard.

MAURICEAU.

Cela ne trompera personne, et j'aime autant faire les choses franchement. J'ai été assez bête jusqu'à présent; il me reste à essayer de réparer les sottises et les malheurs que mon orgueil et ma bêtise ont causés. Si le duc est tué, tout est dit; s'il survit, il faut une séparation entre lui et Catherine. Je connais assez mon gendre pour savoir qu'il fera alors tout ce qu'il pourra pour l'éviter, ou du moins, pour la faire payer cher; mon intervention comme témoin dans le duel la rend inévitable.

GUY.

Je vais tout de suite chez M. Gérard pour qu'il puisse sortir. On a toujours beaucoup à faire la veille d'un duel.

ACTE CINQUIÈME.

MAURICEAU.

Merci encore une fois, monsieur. Bien des gens de votre monde, s'ils étaient à votre place, se contenteraient de rire de moi. Je vous remercie de l'honneur que vous me faites et de la sympathie que vous me témoignez. A bientôt.

GUY.

A bientôt, monsieur, et comptez sur moi

LE DOMESTIQUE, entrant.

Madame de Rumières fait demander si madame la duchesse est visible pour elle.

MAURICEAU.

Non.

RÉMONIN.

Si... Dites à madame de Rumières que madame la recevra avec plaisir. (Le domestique sort.) Il faut que ta fille, — n'est-ce pas, monsieur des Haltes? — remplisse son rôle de femme du monde jusqu'au bout. Et puis madame de Rumières est une femme d'esprit, et, avec cela, elle est la parente du duc. Le moindre incident peut nous servir, au point où nous en sommes.

MADAME DE RUMIÈRES, entrant.

Bonjour, mon cher monsieur Mauriceau. (Elle serre la main à des Haltes.) La duchesse n'est pas là? On m'a dit cependant que je puis la voir.

MAURICEAU.

C'est nous qui avons répondu pour elle. Je sais tout le plaisir que ma fille prend à vos visites, madame, et on va la prévenir; seulement, elle termine quelques affaires importantes et se fera peut-être attendre quelques minutes. Je dis un mot à monsieur et je reviens.

MADAME DE RUMIÈRES.

En compagnie de Rémonin, j'attendrais patiemment la résurrection.

Mauriceau et Guy sortent.

SCÈNE II

RÉMONIN, MADAME DE RUMIÈRES.

MADAME DE RUMIÈRES.

Eh bien, en voilà du nouveau!

RÉMONIN, d'un air étonné.

Quoi?

MADAME DE RUMIÈRES.

Ah! c'est bien. Du moment que vous faites de la discrétion avec moi, n'en parlons plus.

RÉMONIN.

Qui a pu vous dire?...

MADAME DE RUMIÈRES.

Est-ce qu'on ne sait pas tout ce qui se passe chez nous, mon cher? Est-ce que nous ne sommes pas le spectacle de nos domestiques? Seulement, ils le regardent par le trou des serrures et par l'entrebâillement des portes. Le valet de chambre, qui avait écouté et entendu la scène qui a eu lieu entre Catherine et Maximin, est venu tout raconter à ma femme de chambre, qui a des bontés pour lui, je crois, et qui m'a tout répété, en témoignant le plus vif intérêt pour la duchesse. J'ai fait atteler, et me voilà, pour avoir des nouvelles, car je veux bien que mes domestiques m'en donnent quand je ne leur en demande pas, mais je ne veux pas leur en demander.

RÉMONIN.

Eh bien, vous en savez aussi long que nous, et, si j'ai fait le discret, c'est qu'en ces sortes d'affaires, on est tenu à la discrétion, à moins qu'on ne soit un domestique.

MADAME DE RUMIÈRES.

C'est juste, et puis vous êtes humilié!

ACTE CINQUIÈME.

RÉMONIN.

Parce que?...

MADAME DE RUMIÈRES.

Parce que votre combinaison chimique ne réussit pas; le troisième élément, le réactif, a été un peu trop violent; le vibrion m'a tout l'air de triompher et de devoir entamer prochainement les parties saines; et les dieux qui devaient arriver n'ont même pas télégraphié qu'ils ne pouvaient pas venir.

RÉMONIN.

Et cela vous amuse?

MADAME DE RUMIÈRES, se levant.

Non, au contraire. Cette petite m'intéresse, je vous l'ai déjà dit et je vous le répète. Et puis je ne serais pas une femme si je ne prenais pas parti pour l'amour. Aussi je viens me mettre à son service. Du reste, je crois que nous serons pour elle, nous, les femmes, et que, si Maximin est tué, nous dirons toutes que c'est bien fait.

RÉMONIN.

Jolie oraison funèbre! Espérons qu'il l'aura.

MADAME DE RUMIÈRES.

Est-ce que M. Gérard tire bien?

RÉMONIN.

Comme un ingénieur.

MADAME DE RUMIÈRES.

Cependant, on fait des armes à l'École polytechnique?

RÉMONIN.

On y fait des mathématiques surtout. Mais nous avons notre conscience pour nous.

MADAME DE RUMIÈRES.

Comme dans *les Huguenots* : « En mon bon droit, j'ai confiance! « J'aime bien avoir ma conscience pour moi, et je m'efforce de l'avoir toujours; mais, dans certains cas extrêmes, comme celui-ci par exemple, ou comme un incendie ou un naufrage, je ne serais pas fâchée de pouvoir y ajouter une échelle ou une barque. [Le bon droit et la justice, qui sont très réclamés partout, n'ont qu'à être occupés autre part ce jour-là, et ne pas pouvoir se rendre à notre appel, on est brûlé ou noyé, ce qui trouble toujours un peu. Je sais bien qu'on nous promet une seconde vie avec la réparation des injustices que nous aurons souffertes et des peines que nous aurons endurées dans ce monde; mais c'est justement ces promesses de la seconde vie qui m'inquiètent un peu. Moi, j'aurais mieux aimé le bonheur tout de suite, ici-bas, quitte à être jugée plus sévèrement après. Enfin, c'est comme ça, nous n'y pouvons rien. Mais vous me diriez que M. Gérard est de première force aux armes, que je m'en irais plus tranquille sur son compte.]

RÉMONIN.

Il arrivera peut-être quelque chose.

MADAME DE RUMIÈRES.

Vous avez la confiance tenace.

RÉMONIN.

Très tenace.

MADAME DE RUMIÈRES.

Ce qui pourrait arriver de plus heureux serait encore un malheur. Si M. Gérard tue le duc, il ne pourra pas épouser sa veuve.

RÉMONIN.

Elle changera de patrie. La patrie de la femme, c'est le pays où elle aime.

MADAME DE RUMIÈRES.

Eh bien, moi, je ne crois plus du tout en vous: vous m'aviez promis de me montrer M. Gérard, c'était pourtant bien facile, et je mourrai ou il mourra sans que je le voie.

ACTE CINQUIÈME.

RÉMONIN.

Non, car, si vous restez encore quelques instants ici, vous le verrez.

MADAME DE RUMIÈRES.

Il va venir?

RÉMONIN.

Nous l'attendons.

MADAME DE RUMIÈRES.

Dans l'hôtel même du mari?

RÉMONIN.

Hôtel payé par le beau-père, qui sert de témoin contre son gendre. A cette heure, nous ne sommes plus dans les petites conventions du monde, et toutes les traditions sont renversées. La situation a même l'avantage d'être franche et nette. On se déteste bien de part et d'autre, et là surtout où l'on s'était promis de s'aimer. Le duc veut bien tuer Gérard et déshonorer la duchesse, qu'il sait parfaitement innocente; Gérard veut bien tuer le duc, ce qui ne lui sera pas facile; le beau-père prend bien fait et cause contre son gendre et la femme contre son mari. On se demande, en voyant ces situations étranges, que le mariage peut seul créer, si les gens qui ne sont pas mariés connaissent véritablement leur bonheur.

SCÈNE III

Les Mêmes, CATHERINE.

CATHERINE.

Pardon, chère madame.

MADAME DE RUMIÈRES.

C'est moi qui dois m'excuser de venir vous déranger un jour où n'êtes pas chez vous; mais j'ai appris, Rémonin vous dira comment, ce qui se passe, et je venais, si vous ne comptez pas demeurer ici pendant et après le duel, je venais vous offrir de rester chez moi. Il est bon qu'en face du scandale qui va avoir lieu, vous ayez la caution d'une femme du monde et d'une femme inattaquable. Je vous propose la mienne. Si vous êtes dans ma maison, personne ne vous jettera la pierre; les murs sont trop hauts.

Mauriceau est entré et a entendu.

CATHERINE.

Merci, madame, je compte aller chez mon père.

MADAME DE RUMIÈRES.

C'est naturel; mais ce n'est pas suffisant. Un père qui prend le parti de sa fille, ça ne prouve rien.

MAURICEAU.

La marquise a raison, et je suis on ne peut plus touché de la démarche qu'elle fait. Tu iras chez elle, elle remplacera ta mère que j'ai si mal remplacée... (S'attendrissant un peu.) Quelle autorité aurais-je devant l'opinion, moi? Je suis un sot vulgaire et ridicule! Bourgeois bouffi d'orgueil, parvenu ambitieux qui te figures qu'on achète le bonheur et la noblesse pour ses enfants avec des sacs d'écus, comme une terre ou un fonds de commerce! tu n'as que ce que tu mérites. Ma fille aimait un honnête homme, cet honnête homme l'aimait; il fallait les marier, c'était bien simple. Je n'ai pas trouvé ça, imbécile! Et je suis cause que cet honnête homme va être tué peut-être et que ma fille en mourra; et il se trouve encore des gens pour me plaindre! Je ne suis pourtant pas intéressant; mais je suis bien malheureux!

Il essuie ses yeux et se laisse tomber sur le canapé.

CATHERINE.

Mon père!

MAURICEAU.

Permets-moi de t'embrasser, ma pauvre chère enfant.

ACTE CINQUIÈME.

Tiens, devant madame de Rumières, qui est si bonne pour toi, devant notre vieil ami Rémonin, et je voudrais que tous les pères de famille fussent là pour me voir, je me mets à genoux, ma bien chère fille, et je te demande pardon de tout le mal que je t'ai fait et de tout le mal qu'on te fera encore.

CATHERINE, le relevant et le prenant dans ses bras.

Mon père, mon pauvre père!

MAURICEAU.

Ne me pardonne pas, mais embrasse-moi tout de même, Et puis, tu sais, si tu as trop de chagrin après, si tu veux mourir, je t'aurai bientôt rejointe, va, ce ne sera pas long.

MADAME DE RUMIÈRES, émue.

Voyons, mon cher monsieur Mauriceau, calmez-vous.

MAURICEAU.

Ah! je suis calmé maintenant qu'elle m'a embrassé et que j'ai pleuré; mais j'en avais bien besoin.

LE DOMESTIQUE, annonçant Gérard qui entre.

M. Gérard.

MAURICEAU.

Permettez-moi, madame la marquise, de vous présenter M. Gérard. Madame la marquise de Rumières...

MADAME DE RUMIÈRES.

Qui sera heureuse de vous recevoir, monsieur, car elle a beaucoup d'affection et d'estime pour tous ceux que vous aimez et qui vous aiment. (A Catherine, en l'embrassant.) Au revoir, mon enfant, je vous attends dès ce soir; mieux vaut que vous ne passiez pas la nuit ici. Rémonin et moi nous allons entrer chez votre père et causer de tout cela. (A Rémonin.) Il est très bien, ce garçon! (A Mauriceau, qui parle à Gérard.) Allons, venez, Mauriceau, il faut que je vous parle.

Ils sortent tous les trois.

SCÈNE IV

CATHERINE, GÉRARD, puis UN DOMESTIQUE.

CATHERINE.

J'allais me rendre chez votre mère quand mon père m'a dit que vous alliez venir.

GÉRARD.

Je m'en doutais; c'est pour cela que je suis venu. Vous ne devez pas venir chez ma mère, qui demeure avec moi.

CATHERINE.

Vous avez vu M. des Haltes?

GÉRARD.

Oui.

CATHERINE.

Les témoins du duc?

GÉRARD.

Ont rendez-vous ce soir avec les miens.

CATHERINE.

Ces témoins sont?

GÉRARD.

M. de Bernecourt et M. Clarkson, que le duc n'avait pas encore pu rencontrer.

CATHERINE.

Et le duel?

GÉRARD.

Sera pour demain, sans doute.

CATHERINE.

Mon Dieu!

GÉRARD.

Ne parlons plus de cela! Parlons de vous. Que comptez-vous faire?

ACTE CINQUIÈME.

CATHERINE.

Quitter cette maison.

GÉRARD.

Après?

CATHERINE.

Après, cela dépendra des événements.

GÉRARD.

Si je survis?

CATHERINE.

Je serai votre femme.

GÉRARD.

Hélas! c'est impossible, et la séparation entre nous est éternelle, même si je survis.

CATHERINE.

Parce que?

GÉRARD.

Parce que les hommes ont tout prévu dans leur morale cruelle, qui n'a pas cru devoir rechercher les causes et n'a tenu compte que des effets; ils ont interdit au meurtrier d'un homme d'épouser sa veuve; ils n'ont prévu que le cas où le meurtre serait un moyen.

CATHERINE.

Eh bien, je ne serai pas votre femme. Vivez, c'est l'important. Quant aux lois qu'ont établies les hommes, elles m'ont déjà fait assez souffrir pour que je ne me soucie plus d'elles. Veuve, je suis libre, et, comme je n'ai pas d'enfants, je n'ai de comptes à rendre de ma vie à personne.

GÉRARD.

Mais si je succombe?

CATHERINE.

Nous ne nous quitterons pas davantage. Dans la vie

comme dans la mort, je suis à vous. Si vous mourez, je ferai comme vous, pour être où vous serez.

GÉRARD.

Non.

CATHERINE.

Qui m'en empêchera?

GÉRARD.

Moi.

CATHERINE.

Comment?

GÉRARD.

En vous ordonnant de vivre.

CATHERINE.

De quel droit?

GÉRARD.

Du droit qu'on a de donner un ordre à ceux qui vous aiment quand on a lieu de croire qu'on va mourir. Si la mort sépare, pourquoi mourriez-vous? Si elle réunit, pourquoi vous hâter? Quand on a l'éternité, qu'importent quelques jours de plus ou de moins, surtout quand ces quelques jours peuvent être la consolation d'autres êtres qui vivent?

CATHERINE.

Lesquels?

GÉRARD.

Votre père.

CATHERINE.

Mon père!

GÉRARD.

Votre père s'est trompé; mais il vous aime et il souffre. Une erreur ne doit pas être expiée comme un crime, et ma mère, qui n'a pas commis d'erreur, elle, et que je

ACTE CINQUIÈME.

vous sacrifie, qui réparera mon crime envers elle? Si je meurs, si je lui prends son fils, qu'au moins je lui laisse sa fille!

CATHERINE, se jetant dans ses bras.

C'est bien, je vivrai.

GÉRARD, la tenant appuyée contre son cœur.

Et alors, pauvre chère victime de l'erreur humaine, tu auras accompli ton sacrifice jusqu'au bout. Et si Dieu réunit véritablement dans son sein, comme on nous l'affirme, comme je le crois, ceux qui se sont aimés profondément et uniquement sur cette terre, tu arriveras devant lui avec ton droit complet, puisque tu auras attendu l'heure qu'il t'aura fixée. Si je meurs demain, moi, d'une mort violente et en essayant de tuer un autre homme, j'aurai cette excuse que je défendrai l'honneur et la liberté de la femme à qui Dieu lui-même avait voulu que je fusse uni, puisqu'elle m'aimait comme je l'aimais. Voilà tout ce que nous devons nous dire à ce moment suprême, voilà ce qui doit élever et fortifier nos âmes à cette heure solennelle où nous sommes en face de l'amour et de la mort, les deux seuls points par lesquels l'homme touche à l'infini. Quand je t'ai revue, il y a deux jours, quand je croyais avoir encore de longues années à vivre, j'ai voulu que tu restasses pure puisque tu n'étais pas libre. Dieu soit béni! Nous n'avons rien à nous reprocher. Je pourrai mourir sans remords et tu pourras vivre sans honte!

Il l'embrasse sur le front.

CATHERINE, s'arrachant de ses bras.

Partez, vous avez besoin de toute votre force et de tout votre courage. Je ne veux pas que vous me voyiez pleurer.

LE DOMESTIQUE, entrant.

M. Clarkson, à qui M. le duc a écrit pour une affaire pressante, demande à parler à M. le duc.

CATHERINE.

Prévenez M. le duc; il n'est pas ici.

LE DOMESTIQUE.

Mais M. le duc n'est pas non plus dans son appartement, et M. Clarkson, qui est très pressé, demande si madame la duchesse sait de quoi il s'agit, et, dans ce cas-là, si elle veut lui faire l'honneur de le recevoir?

CATHERINE, après un moment de réflexion.

Oui; faites entrer M. Clarkson.

Le domestique sort.

GÉRARD.

Pourquoi le recevez-vous? C'est le témoin du duc, et, dans les circonstances actuelles...

CATHERINE, réfléchissant.

Il demande à me parler... Vous retournez auprès de votre mère?

GÉRARD.

Oui.

CATHERINE.

Si j'ai quelque chose à vous dire, on vous trouvera là?

Elle réfléchit de nouveau.

GÉRARD.

Oui... A quoi pensez-vous?

CATHERINE.

A rien. (Lui serrant la main.) Éternellement, n'est-ce pas?

GÉRARD.

Éternellement!

CATHERINE, voyant entrer Clarkson.

Allez!

CLARKSON, à Gérard.

Ah! je suis bien aise de vous rencontrer, cher monsieur. — Vous permettez, madame la duchesse, que je ne laisse pas monsieur s'éloigner sans le remercier encore de ce qu'il a fait pour moi? (A Gérard.) J'allais passer chez vous. J'ai fait, d'après votre travail, une première expérience, qui me paraît bonne. Si nous réussissons, c'est une fortune pour moi. Il est bien naturel que vous en ayez votre part.

GÉRARD.

Que je refuse, monsieur. J'ai reçu jadis de mistress Clarkson un service bien autrement important, et ce que je fais pour vous m'acquitte à peine envers elle.

CLARKSON.

Oh! mistress Clarkson et moi, ça fait deux. Vous vous acquitterez comme vous l'entendrez avec elle; moi, je m'acquitterai comme je le dois avec vous. Du reste, nous nous reverrons toujours avant mon départ.

Gérard salue après avoir donné la main à Clarkson et sort.

SCÈNE V

CATHERINE, CLARKSON, puis UN DOMESTIQUE.

CLARKSON.

Je vous demande pardon, madame la duchesse, d'avoir insisté pour pénétrer auprès de vous, mais j'ai trouvé tout à l'heure, en rentrant, une lettre de M. le duc de Septmonts, qui, sans me dire de quoi il s'agit, me demande un rendez-vous le plus tôt possible. M. de Septmonts est sorti. Permettez-moi de vous demander, à mon tour, si vous savez comment je puis lui être agréable.

CATHERINE.

Je croyais que, dans sa lettre, M. de Septmonts vous avait expliqué en quoi il avait besoin de vos services, monsieur.

CLARKSON.

Non.

CATHERINE.

Et sa lettre ne contenait pas une autre lettre cachetée qu'il déposait entre vos mains?

CLARKSON.

Non.

CATHERINE.

Vous me dites bien la vérité, monsieur?

CLARKSON.

Je ne mens jamais, madame; je suis très occupé; ça m'embrouillerait trop.

CATHERINE.

Il s'agit quelquefois d'un secret que l'on est forcé de garder. Peut-être est-ce à mistress Clarkson que M. de Septmonts a confié cette lettre?

CLARKSON.

Non. Elle me l'aurait dit quand je lui ai dit, moi, que j'avais reçu une lettre du duc et que je venais ici.

CATHERINE.

Elle ne vous dit peut-être pas tout?

CLARKSON.

Elle n'a plus aucun motif de me cacher quoi que ce soit.

CATHERINE.

Oui, je sais qu'elle n'est plus votre femme que de nom; elle me l'a appris hier quand je suis allée chez elle.

CLARKSON.

Il faut qu'elle vous aime bien, car elle ne raconte pas facilement ses affaires.

CATHERINE.

Malheureusement, c'est tout le contraire, et elle ne m'a

pas caché, en même temps, qu'elle me détestait et qu'elle me ferait tout le mal possible.

CLARKSON.

A vous, du mal? A quel propos? Qu'est-ce que vous lui avez fait?

CATHERINE.

Rien. Je ne la connaissais pas il y a deux jours... seulement...

CLARKSON.

Seulement?...

CATHERINE.

Ce n'est pas mon secret, monsieur, c'est le sien, et elle seule peut vous le dire. Quant à cette lettre que M. le duc avait dit à mon père qu'il vous a envoyée, c'est moi qui l'ai écrite. Sachez qu'elle m'a été soustraite, et qu'avec cette lettre on peut me faire tout le mal dont mistress Clarkson m'a menacée.

CLARKSON.

Il faut savoir immédiatement si elle a cette lettre. Je lui écris de venir tout de suite ici, que j'ai quelque chose de très important à lui communiquer. Vous voulez bien la recevoir?

Il a écrit pendant qu'il parlait.

CATHERINE.

Certainement.

CLARKSON.

Et alors, nous nous expliquerons ensemble. Soyez sûre, madame, que je ne prêterai jamais les mains à quoi que ce soit, ni contre vous, ni contre aucune femme; je suis d'un pays où on les respecte.

CATHERINE, qui a sonné, au domestique qui paraît.

Faites porter cette lettre... Qu'on ne l'égare pas! Ce n'est pas moi, c'est monsieur qui l'a écrite.

Le domestique sort.

CLARKSON.

Et maintenant, madame, savez-vous de quoi M. de Septmonts veut m'entretenir?

CATHERINE.

Oui, monsieur; cela me concerne peut-être, mais cela ne me regarde pas; ce sont ses affaires à lui, et lui seul doit vous les faire connaître. Je vous prierai seulement de vous faire bien expliquer toutes choses et de les bien examiner.

UN DOMESTIQUE.

M. le duc est de retour et prie M. Clarkson de passer dans son appartement.

CLARKSON.

J'y vais. — Adieu, madame.

CATHERINE, au domestique.

Attendez un moment. (Bas, à Clarkson.) Si je vous demandais un grand service, monsieur?

CLARKSON.

Parlez, madame.

CATHERINE.

Si je vous priais de dire à M. de Septmonts que vous l'attendez dans ce salon et de causer avec lui ici?

CLARKSON.

Ce n'est que cela; je ne demande pas mieux, madame. (Au domestique.) Dites à M. de Septmonts que c'est moi qui le prie de venir me rejoindre dans ce salon.

Le domestique sort.

CATHERINE.

Et maintenant, monsieur, je vous laisse; car, si je sais de quoi il va être question dans cet entretien, je ne puis ni ne dois y assister. Quoi qu'il arrive, je n'oublierai jamais que vous aurez fait tout ce que vous aurez pu pour m'obliger et que vous êtes un galant homme.

Elle salue et sort.

CLARKSON, seul.

Elle est charmante, cette petite femme; mais, si je comprends un mot à tout ce qui se passe ici, je veux bien être pendu!

SCÈNE VI

SEPTMONTS, CLARKSON.

SEPTMONTS.

Je viens de passer chez vous, monsieur. Mistress Clarkson m'a dit que vous étiez ici. Je suis revenu en hâte. Excusez-moi de vous avoir dérangé. Si, en rentrant, je vous ai fait prier de passer dans mon appartement, ce qui était vous déranger encore, c'est qu'on m'avait dit que, ne m'ayant pas trouvé, vous m'attendiez auprès de la duchesse, dont ce salon est le salon particulier, et, comme ce que nous avons à dire ne regarde que des hommes...

CLARKSON.

Aussi madame la duchesse s'est-elle retirée dans son appartement à l'annonce de votre retour.

SEPTMONTS.

C'est elle qui a dit au valet de chambre que vous préfériez que notre conversation eût lieu ici?

CLARKSON.

Non, c'est moi. (Septmonts va à la porte de la chambre par laquelle Catherine est sortie et baisse les portières. A part.) Que de mystères et de précautions!

SEPTMONTS.

Voici de quoi il s'agit. Je dois me battre demain matin. Ce duel ne peut se terminer que par la mort de l'un des deux adversaires. Je suis l'offensé : j'ai donc le choix des armes : je choisis l'épée.

CLARKSON.

Vous tirez bien?

SEPTMONTS.

Je crois être un des premiers tireurs de Paris; mais celui de mes amis sur qui je compte pour qu'il me serve de témoin avec vous est un de ces hommes du monde qui discutent tous les points d'une affaire, et avec qui les préliminaires de la rencontre peuvent durer plusieurs jours. Je désire que ce soit fini tout de suite.

CLARKSON.

Le fait est qu'en France vous donnez à ces sortes de choses une importance et une solennité que nous ne comprenons pas, nous autres Américains, qui vidons la question en cinq minutes, au premier coin de rue et devant tout le monde.

SEPTMONTS.

C'est justement pour cela que je me suis permis de m'adresser à vous. Êtes-vous disposé à m'assister?

CLARKSON.

De très grand cœur! Mistress Clarkson, quand je lui ai communiqué votre lettre, m'a dit de faire tout ce que je pourrais pour vous être agréable. Il y a longtemps que vous la connaissez?

SEPTMONTS.

Quatre ans, à peu près, et je lui dois beaucoup, moralement, je ne vous le cacherai pas. J'étais garçon, quand j'ai connu mistress Clarkson. Un jour, j'avais perdu au jeu une grosse somme : cent cinquante mille francs que je n'avais pas et que j'essayais vainement de me procurer, car j'étais complètement ruiné à cette époque. Mistress Clarkson m'a très généreusement prêté cette somme, que je lui ai rendue avec des intérêts équivalant au capital.

CLARKSON.

Mais, puisque vous étiez ruiné, comment avez-vous pu rendre ce gros capital et payer ces gros intérêts? Votre père est mort ou votre mère? En France, la mort des parents est une grande ressource.

SEPTMONTS.

Non. J'étais orphelin et je n'avais plus rien à attendre. Je me suis marié.

CLARKSON.

Ah! c'est vrai; vous avez encore le mariage d'argent, vous autres Français! c'est un grand avantage sur nous, qui ne nous marions que par amour. Chez nous, dans un cas comme le vôtre, on entreprend quelque chose, on va aux mines, on travaille. Enfin, chaque pays a ses habitudes. — Je vous demande pardon de vous avoir interrompu. Tout cela ne me regarde pas au fond. Revenons à notre duel.

SEPTMONTS.

Je suis enchanté, au contraire, de vous donner tous les détails possibles; vous pourriez vous étonner, en effet, quand vous allez entrer en relation avec les témoins de mon adversaire, de voir qu'un de ces deux témoins est M. Mauriceau.

CLARKSON.

Le père de votre femme?

SEPTMONTS.

Lui-même.

CLARKSON.

Témoin de votre adversaire, contre vous! C'est assez nouveau, ça.

SEPTMONTS.

Oui ; vous voyez qu'il y a là-dessous des circonstances que l'on ne peut faire connaître à tout le monde.

CLARKSON.

On le dirait.

SEPTMONTS.

La raison apparente du duel entre M. Gérard et moi...

CLARKSON.

Comment! c'est avec M. Gérard que vous vous battez?

SEPTMONTS.

Vous le connaissez?

CLARKSON.

Pas depuis longtemps ; mais enfin, je le connais, et puis j'avais entendu parler de lui par mistress Clarkson, qui lui a rendu aussi un grand service. C'est inouï, ce qu'elle a rendu de services, en Europe, mistress Clarkson! Elle lui a sauvé la vie, à M. Gérard.

SEPTMONTS.

Eh bien, je ne crois pas qu'elle soit maintenant dans les mêmes dispositions à son égard.

CLARKSON.

Pourquoi lui en voudrait-elle?

SEPTMONTS.

Les femmes sont si capricieuses!

CLARKSON.

Est-ce qu'il serait amoureux d'elle?

SEPTMONTS.

En général les femmes n'en veulent pas à mort pour cela.

CLARKSON.

C'est plutôt pour le contraire, quand elles aiment et

qu'on ne les aime pas. Ce n'est pas parce que mistress Clarkson aime M. Gérard que vous voulez vous battre avec lui?

SEPTMONTS.

Non; c'est parce qu'il a l'audace d'aimer une autre personne qui me touche de très près.

CLARKSON.

La duchesse, peut-être?

SEPTMONTS.

Oui, monsieur.

CLARKSON.

Charmante femme! Je comprends cela!

SEPTMONTS.

Je le comprends aussi, mais je ne puis l'admettre.

CLARKSON.

S'il n'a pas le bonheur d'être aimé d'elle, ce n'est qu'un hommage qu'il lui rend.

SEPTMONTS.

J'ai entre les mains une lettre.

CLARKSON.

Ah! vous avez entre les mains une lettre...

SEPTMONTS.

Une lettre qui prouve qu'il est aimé.

CLARKSON.

C'est une autre affaire, alors. Je suis complètement à votre service. Je suis de ceux qui n'admettent aucun compromis en ces matières.

SEPTMONTS.

Alors, ce n'est pas tout ce que je réclamerai de vous. Je puis être tué, il faut tout prévoir, et, si je succombe, j'ai été offensé de telle façon par la duchesse que je veux être vengé.

CLARKSON.

Comment?

SEPTMONTS.

Je désire que cette lettre que j'ai en ma possession devienne alors publique.

CLARKSON.

Ah! et à quoi puis-je vous servir là dedans?

SEPTMONTS.

Je vous confierai cette lettre cachetée. (Il prend la lettre dans sa poche.) La voici.

CLARKSON.

Bien!

SEPTMONTS.

Si je survis, vous me la rendrez telle quelle; sinon, dans le procès qui aura lieu, vous en donnerez lecture au tribunal. On saura alors que j'ai vengé mon honneur, sous un prétexte qui n'était pas le vrai, et M. Gérard et la duchesse seront compromis de telle sorte, qu'ils ne pourront plus jamais se revoir.

CLARKSON.

Peuh! une fois que vous seriez mort, qu'est-ce que ça pourrait vous faire?

SEPTMONTS.

J'y tiens. Acceptez-vous cette mission?

CLARKSON, après un moment de réflexion.

Parfaitement.

SEPTMONTS.

Voici cette lettre.

CLARKSON la prend, et tout en la tenant :

Mais, j'y pense, quand le procès aura lieu, il est probable, il est même certain que je ne serai plus en

France. Je comptais partir demain matin au plus tard. Je resterai jusqu'à demain soir pour vous être agréable et vous assister dans votre duel; mais c'est tout ce que je puis faire.

SEPTMONTS.

Eh bien, alors, vous aurez la bonté de remettre cette lettre à mistress Clarkson avec les recommandations que je viens de vous faire, et elle sera en aussi bonnes mains que les vôtres.

CLARKSON, regardant la lettre.

Très bien. Une enveloppe blanche. Qu'est-ce qui prouve que cette lettre est adressée à M. Gérard?

SEPTMONTS.

L'enveloppe qui porte le nom de M. Gérard est dedans.

CLARKSON.

Vous avez trouvé cette lettre?

SEPTMONTS.

Je l'ai trouvée... avant qu'elle fût mise à la poste.

CLARKSON.

Et, comme vous aviez des soupçons, vous l'avez décachetée?

SEPTMONTS.

Oui.

CLARKSON.

Je vous demande pardon de vous questionner ainsi, mais c'est vous-même qui m'avez fait l'honneur de me dire que vous désiriez que je fusse tout à fait au courant de l'affaire... Vous saviez que les relations entre la duchesse et M. Gérard duraient depuis longtemps?

SEPTMONTS.

Elles datent d'avant le mariage.

CLARKSON, regardant du côté de la chambre de Catherine.

Oh! oh! c'est grave!

SEPTMONTS.

Ils s'aimaient et voulaient s'épouser, mais le père n'a pas voulu.

CLARKSON.

Et M. Gérard tenait au mariage, lui?

SEPTMONTS.

Oui; mais quand il a su que mademoiselle Mauriceau était millionnaire, comme il n'avait rien et qu'il s'appelait Gérard tout court, il s'est retiré.

CLARKSON.

C'est très bien, ce qu'il a fait là, ce jeune homme! Ça ne m'étonne pas!

SEPTMONTS.

Oui! mais, maintenant, il revient.

CLARKSON.

Et il est l'amant de votre femme?

SEPTMONTS.

Ah! je ne dis pas cela!

CLARKSON.

Qu'est-ce que vous dites, alors?

SEPTMONTS.

Mais, comme la lettre le fait croire, cela revient au même pour le procès.

CLARKSON.

Oh! oh!

SEPTMONTS.

Vous n'êtes pas de mon avis?

CLARKSON.

Non! pas tout à fait. Je comprends qu'on se venge des gens qui vous font du mal, mais non de ceux qui ne vous en font pas, et je n'aime pas beaucoup qu'on se venge d'une femme, même coupable, à plus forte raison quand elle est innocente et qu'on lui doit beaucoup, car vous lui devez beaucoup, à votre femme, entre nous. Je m'explique alors que M. Mauriceau prenne fait et cause pour sa fille, et pour M. Gérard, du moment qu'il est sûr de leur innocence à tous les deux. Sait-il que cette lettre a été écrite, M. Mauriceau?

SEPTMONTS.

Oui; et il a même voulu me la prendre de force.

CLARKSON.

Pourquoi ne l'a-t-il pas prise?

SEPTMONTS.

Parce que j'ai eu la présence d'esprit de lui dire que je n'avais plus cette lettre et que je vous l'avais envoyée.

CLARKSON.

C'est très ingénieux!

SEPTMONTS.

C'est alors que, M. Gérard m'ayant provoqué, M. Mauriceau a cru faire un coup de théâtre en lui disant devant moi : « Je serai votre témoin! »

CLARKSON.

Voilà toute l'histoire?

SEPTMONTS.

Oui.

CLARKSON.

Eh bien, cher monsieur, à vous parler franchement, tous ces gens-là me font l'effet d'être des braves gens. Votre petite femme me paraît être la victime de préjugés, de mœurs et de combinaisons auxquelles nous ne comprenons rien, nous autres sauvages de l'Amérique. Dans notre société que je ne saurais comparer à la vôtre, puisque nous datons d'hier, si mademoiselle Mauriceau eût aimé un brave garçon comme M. Gérard, son père l'eût donnée à celui qu'elle aimait, et, si son père n'avait pas voulu, elle serait allée tout bonnement se marier chez le juge de paix du district. Le père ne l'eût peut-être pas dotée, mais le mari eût travaillé et les deux jeunes gens eussent été heureux. Quant à M. Gérard, c'est un homme de cœur et de talent. Nous aimons les gens qui travaillent, nous autres, et, à quelque pays qu'ils appartiennent, nous les tenons pour des compatriotes, toujours sans doute parce que nous sommes des sauvages. Vous comprenez donc que je ne partage pas tout à fait vos idées dans la question qui nous occupe.

SEPTMONTS.

Ce qui veut dire?

CLARKSON.

Que, si je vous donne cette explication, c'est que je crois comprendre qu'en me faisant l'honneur de me choisir pour premier témoin, vous avez pensé que les gens de mon pays étaient moins clairvoyants ou moins scrupuleux que les gens du vôtre. Bref, vous vous êtes figuré que je prêterais les mains à toutes les petites malpropretés dont vous venez de me faire le récit avec une candeur qui vous honore. Eh bien, vous vous êtes trompé, cher monsieur.

SEPTMONTS.

C'est à moi que vous parlez?

CLARKSON.

C'est à vous, puisqu'il n'y a que nous deux ici; mais, si vous voulez, on fera entrer du monde.

SEPTMONTS.

Alors, vous me dites en face?...

CLARKSON.

Je vous dis en face que gaspiller l'héritage qu'on a reçu, perdre au jeu l'argent qu'on n'a pas, en emprunter à une femme sans savoir ni quand ni comment on le lui rendra, se marier pour payer ses dettes et continuer ses farces, se venger d'une femme innocente, dérober des lettres, abuser de sa force aux armes pour tuer un galant homme, je vous dis en face que tout cela est le fait d'un drôle, que, par conséquent, vous êtes un drôle, et ce qui m'étonne c'est que cinquante personnes ne vous l'aient pas déjà dit avant moi et qu'il ait fallu que je fisse trois mille lieues pour vous renseigner à ce sujet, car vous n'avez par l'air de vous en douter et vous n'en paraissez pas encore très convaincu.

SEPTMONTS, se contenant avec la plus grande peine.

Vous savez que je ne puis vous demander raison avant d'en avoir fini avec votre ami, M. Gérard. Vous en abusez étrangement, monsieur, mais nous nous retrouverons. Veuillez me rendre le papier que vous avez à moi.

CLARKSON.

Jamais de la vie! Puisque c'est à M. Gérard que ce papier était adressé, c'est à M. Gérard qu'il appartient et c'est à M. Gérard que je compte le remettre. S'il veut vous le rendre, lui, je ne l'en empêcherai pas, mais j'en doute.

SEPTMONTS.

Vous vous battez, n'est-ce pas?

CLARKSON.

Oh! ça, tant qu'on veut!

SEPTMONTS.

Eh bien, quand j'en aurai fini avec l'autre, nous aurons affaire ensemble.

CLARKSON.

Après-demain, alors?

SEPTMONTS.

Après-demain.

CLARKSON.

Mais il faut que je parte demain soir, au plus tard.

SEPTMONTS.

Vous attendrez. Et, en attendant, sortez!

CLARKSON.

Comme j'ai l'air d'un monsieur à qui on dit comme ça : « Sortez! » et qui sort... Regardez-moi donc, ce n'est pas difficile de voir à quoi je suis décidé. Je ne veux pas que vous vous battiez avec Gérard avant de vous être battu avec moi. Si Gérard vous tue, je n'aurai pas le plaisir de croiser le fer avec un des premiers tireurs de Paris, ce qui m'amuserait cependant; et, si vous le tuez, vous aurez causé des malheurs irréparables. Si vous croyez que je vais vous laisser tuer un homme qui va me faire une économie de vingt-cinq pour cent sur le lavage de l'or, vous vous trompez. Allons, prouvez que vous êtes brave, même quand vous n'êtes pas sûr d'être le plus fort. Allez chercher dans votre chambre une bonne paire d'épées, puisque c'est ça que vous tirez le mieux, moi aussi, du reste, et suivez-moi dans ces grands terrains déserts qui sont derrière votre hôtel. Je me demandais en venant pourquoi on ne les utilisait pas. En pleine ville ça vaut de l'argent! Eh bien, nous allons les faire connaître. Quant à nos témoins, aux arbitres du point d'honneur, ce seront les gens qui passeront, s'il en passe. (Septmonts se dirige vers la porte, mais, quand il y est, il étend la main vers la sonnette pour appeler. — Clarkson se jette entre la sonnette et lui.) Ah! pas de sonnette! Ne faisons pas le gentilhomme Louis XV et n'essayons pas de faire bâtonner le croquant par nos gens, ou, aussi vrai que je m'appelle Clarkson, je vous soufflette devant tous vos laquais!

SEPTMONTS.

Eh bien, soit, monsieur, je commencerai par vous.

CLARKSON.

A la bonne heure! (Regardant sa montre.) Allons, je pourrai peut-être partir ce soir.

Septmonts est sorti. Clarkson sort par le fond.

SCÈNE VII

CATHERINE, seule; puis **MISTRESS CLARKSON**.

Catherine a entr'ouvert la portière, elle regarde la porte par laquelle les deux hommes sont sortis; elle traverse la chambre, très émue, en s'arrêtant une fois; elle sonne et fait un effort pour paraître calme. — Le domestique entre.

CATHERINE, d'une voix mal assurée.

Qu'on prie mon père de passer tout de suite ici! (Elle regarde la fenêtre et fait un mouvement pour y aller.) Je ne veux pas regarder, je ne veux pas savoir, je ne sais rien, je n'ai rien entendu. Les minutes que cette aiguille marque sur cette pendule, personne ne sait ce qu'elles me disent. Il y en aura une qui décidera de ma vie, voilà tout. J'aurais pu ne pas écouter, et alors les choses s'accompliraient à mon insu et je serais surprise en les apprenant. Au lieu de ne pas savoir, je n'ai qu'à ne pas me souvenir. Non, je cherche en vain à étouffer la voix de ma conscience. Ce que je fais est mal. Du moment que je sais, je suis complice, et, si l'un de ces deux hommes est tué, il l'aura été avec mon consentement. Non, je ne dois pas, je ne veux pas... (Elle court vers la porte. Mistress Clarkson paraît.) Vous, madame!

SCÈNE VIII

CATHERINE, MISTRESS CLARKSON.

MISTRESS CLARKSON.

Aujourd'hui, madame la duchesse, ne m'attendez-vous pas? M. Clarkson m'a écrit tout à l'heure que vous et lui aviez à me parler tout de suite.

CATHERINE.

Mais, depuis que M. Clarkson vous a écrit, il s'est passé une chose que ni M. Clarkson, ni moi, ni vous-même qui prévoyez tout, ne pouvions prévoir.

MISTRESS CLARKSON.

Quoi donc?

CATHERINE.

Pendant que le duc expliquait à M. Clarkson les raisons, celles qu'il croyait devoir donner, du duel que vous avez provoqué, madame, M. Clarkson, qui ne trouvait ces raisons ni suffisantes ni honorables, a pris tout à coup notre défense, à mon père, à Gérard, — à M. Gérard, — et à moi et si violemment, qu'à cette heure même...

MISTRESS CLARKSON.

Ils se battent ensemble?

CATHERINE.

A quelques pas d'ici.

MISTRESS CLARKSON.

Ah! je reconnais bien là Clarkson!

Elle fait un mouvement vers la porte.

CATHERINE.

Eh bien, madame, il faut empêcher ce duel.

MISTRESS CLARKSON, s'arrêtant.

A quoi bon?

CATHERINE.

Je ne veux pas qu'un de ces deux hommes soit tué pour moi.

MISTRESS CLARKSON.

Que vous importe? Ils ne font que ce qu'ils veulent faire. Rien ne va plus, comme disent les croupiers, et on ne doit plus toucher à la bille quand elle tourne. Vous avez souvent souhaité d'être libre, n'est-ce pas?

et vous aviez bien raison; vous ne le disiez à personne, mais vous le demandiez tout bas à celui qui peut tout. Il vous a entendue et il se sert de moi, qui ai voulu vous perdre, pour vous sauver. C'est de la bonne justice. Est-ce que je me révolte, moi qui suis vaincue? Dans la partie que je joue avec le Destin, chaque fois que je sens Dieu contre moi, je baisse la tête, et je jette mon jeu. Je ne crains que lui, il est pour vous, n'en parlons plus. (Voyant entrer Clarkson.) Tenez, vous êtes veuve!

SCÈNE IX

Les Mêmes, CLARKSON.

CLARKSON, à mistress Clarkson.

Ma chère Noémi, veuillez remettre ce papier à madame la duchesse; elle éprouverait peut-être quelque embarras à le recevoir directement de ma main, et il faut qu'il lui soit rendu. C'était certainement la dernière volonté de son mari; il n'a pas eu le temps de me la dire, mais je crois l'avoir devinée.

MISTRESS CLARKSON, qui s'est approchée de Catherine,
lui remettant la lettre.

J'ai dit à M. Rémonin que, si je perdais la partie, je perdrais en beau joueur; j'ai perdu, je paye. C'est par moi que s'est fait votre mariage, c'est par moi qu'il se défait. Et maintenant allons-nous-en, Clarkson. Tu es un bon et brave garçon. Je partirai avec toi. J'en ai assez de l'Europe; c'est trop petit. Comprends-tu que j'allais devenir amoureuse, moi? Allons, partons, j'étouffe!

CLARKSON.

Allons!

Au moment où ils vont partir, les valets et les hommes de police, accompagnés d'un commissaire de police, se présentent et montrent Clarkson.

SCÈNE XI

Les Mêmes, Le Commissaire, Des Valets, Des Gens de police, MADAME DE RUMIÈRES, RÉMONIN, MAURICEAU.

LE COMMISSAIRE, à Clarkson.

Pardon, monsieur! il y a eu un meurtre!

CLARKSON.

Non, monsieur, pas un meurtre, mais un duel.

LE COMMISSAIRE.

Et c'est vous, monsieur?...

CLARKSON.

Oui, monsieur, c'est moi. Vous venez pour m'arrêter?

LE COMMISSAIRE.

Oui, monsieur.

CLARKSON.

Drôle de pays! Je suis prêt à vous suivre, monsieur. Je suis citoyen américain, je fournirai caution; mais la loi avant tout.

MAURICEAU.

Je vais vous accompagner, monsieur.

MADAME DE RUMIÈRES, à Rémonin.

Qu'y a-t-il?

RÉMONIN.

Les dieux sont arrivés.

MADAME DE RUMIÈRES.

Mon cousin?..

RÉMONIN, répétant le jeu du deuxième acte.

Hu-u-u-u-u-u-u!

MISTRESS CLARKSON.

Comptez sur moi, Clarkson; je vais m'occuper de vous.

CLARKSON.

Comment cela?

MISTRESS CLARKSON.

Cela me regarde.

Elle traverse le théâtre, dit un mot tout bas au commissaire, qui la salue respectueusement; puis elle sort.

LE COMMISSAIRE, à Rémonin.

Vous êtes docteur, monsieur?

RÉMONIN.

Oui, monsieur le commissaire.

LE COMMISSAIRE.

Voulez-vous bien venir constater le décès?

RÉMONIN.

Avec plaisir!

FIN DU TOME SIXIÈME

TABLE

MONSIEUR ALPHONSE. 1
    Préface 3
L'ÉTRANGÈRE. 169
    Préface 173

www.ingramcontent.com/pod-product-compliance
Lightning Source LLC
Chambersburg PA
CBHW060612170426
43201CB00009B/993